L'AUTO
ÉLECTRIQUE,
HYBRIDE OU ÉCOÉNERGÉTIQUE

D1318420

DANIEL BRETON - JACQUES DUVAL

85 MODÈLES

LE GUIDE COMPLET POUR TOUT SAVOIR

Avec la collaboration de Sylvain Juteau et Pierre Langlois

Une société de Québecor Média

TABLES DES MATIÈRES

MODE D'EMPLOI 7
MA COURSE À L'ENVIRONNEMENT . . . 8
J'AIME L'AUTOMOBILE 10

PREMIÈRE PARTIE : MYTHES ET RÉALITÉS . . . 12

Le transport électrique en 2016 : retour à la case départ . . . 14
La frayeur du premier voyage solo . . . 18
L'ABC des voitures hybrides, rechargeables et électriques . . . 20
Avez-vous vraiment besoin d'une voiture ? . . . 24
Voitures électriques : mythes et préjugés . . . 26
Elon Musk ou l'âme d'un révolutionnaire . . . 30
L'hiver et l'auto électrique : mode d'emploi . . . 34
Recharger sa voiture électrique : un jeu d'enfant . . . 38
Une voiture électrique coûte-t-elle plus cher ? . . . 42
L'entretien d'une auto électrique : quel entretien ? . . . 44
Toutes les batteries ne sont pas nées égales . . . 46
La batterie : clé de l'auto électrique . . . 52
Vers l'hydrogène ou l'électrique ? . . . 56
Quelle est votre meilleure option ? Hybride, hybride rechargeable, électrique ? . 60
Méfiez-vous des vendeurs d'autos hybrides et électriques . . . 64
Quel avenir nous réserve la voiture électrique ? . . . 68
Voiture concept : l'anti-Tesla signée Porsche . . . 72
Voyager électrique en Amérique . . . 74
« Voitures vertes » : le top 10 du déshonneur . . . 76
Autopartage et covoiturage . . . 80
Scandale Volkswagen : le diesel et les tests d'émissions au banc des accusés . . . 82

DEUXIÈME PARTIE : LES ESSAIS 84

Acura RLX 86
Audi A3 e-tron...................... 88
BMW i3/i3 REx..................... 90
Cadillac ELR........................ 94
Chevrolet Bolt EV.................. 96
Chevrolet Silverado 1500/ GMC Sierra 1500 100
Chevrolet Spark EV 102
Chevrolet Trax...................... 104
Chevrolet Volt 2017................. 106
Fiat 500e 110
Fiat 500X.......................... 112
Ford C-MAX/Energi 114
Ford F-150 EcoBoost 116
Ford Fiesta/Focus 1 L 118
Ford Focus EV...................... 120
Ford Fusion Hybrid/Fusion Energi 122
Ford Mustang EcoBoost.............. 124
Honda Civic........................ 126
Honda Fit.......................... 128
Honda HR-V 130
Hyundai Sonata Hybrid.............. 132
Hyundai Sonata PHEV............... 134
KIA Soul EV....................... 136
Lexus CT 200h 140
Lexus ES 300h..................... 142
Lexus GS 450h 144
Lexus LS 600h L 146
Lexus NX 300h 148
Lexus RX 450h 150
Mazda3............................ 152
Mazda CX-3........................ 154
Mazda MX-5 156
Mitsubishi i-MiEV 158
Nissan Juke........................ 160
Nissan Leaf 162
Nissan Micra 166
Porsche Cayenne S E-Hybrid/ Panamera S E-Hybrid.............. 168
Ram 1500 EcoDiesel................ 170
Smart Fortwo 172
Smart Fortwo Electric Drive 174
Subaru Crosstrek Hybrid............. 176
Subaru Impreza PZEV 178
Tesla Model S 70/S 70D.............. 180
Tesla Model S 85................... 182
Tesla Model S P85D/P90D 184
Tesla Model X P90D 186
Toyota Camry Hybrid/Avalon Hybrid .. 190
Toyota Highlander Hybrid 192
Toyota iM......................... 194
Toyota Prius....................... 196
Toyota Prius C..................... 200
Toyota Prius V..................... 202
Toyota RAV4 204
Volkswagen e-Golf 206
Volkswagen Jetta Turbo Hybrid....... 208

PRIMEURS ET PERLES RARES 210

Tesla Model 3 : le *buzz* de l'année 211
BMW X5 xDrive 40 e 212
Chrysler Pacifica PHEV 2017 212
Ferrari LaFerrari................... 213
Honda FCV 213
ACURA NSX........................ 214
Hyundai Ioniq...................... 215
Hyundai Tucson à hydrogène 215
Kia Niro 2017 216
Kia Optima hybride et PHEV 2017 216
BMW i8 217
Chevrolet Malibu hybride 218
Lexus LC 500h 2018................. 219
Lincoln MKZ hybrid 2017............ 219
Mercedes B 250 e 220
Mitsubishi Outlander PHEV.......... 220
Toyota Mirai 221
Volvo XC90 PHEV.................. 221

LES MÉDAILLÉES DU GUIDE 222
VOITURES ÉLECTRIQUES *VS* ÉNERGIES FOSSILES : 226
RÉFÉRENCES.................... 238
REMERCIEMENTS 239
CRÉDITS PHOTOGRAPHIQUES 240

Édition : Agnès Saint-Laurent
Design graphique : François Daxhelet
Infographie : Chantal Landry, Johanne Lemay
Traitement des images : Johanne Lemay
Coordination : Julien Rodigue

Données de catalogage disponibles auprès de Bibliothèque et Archives nationales du Québec

DISTRIBUTEURS EXCLUSIFS :

Pour le Canada et les États-Unis :
MESSAGERIES ADP inc.*
Téléphone : 450-640-1237
Internet : www.messageries-adp.com
* filiale du Groupe Sogides inc.,
filiale de Québecor Média inc.

Pour la France et les autres pays :
INTERFORUM editis
Téléphone : 33 (0) 1 49 59 11 56/91
Service commandes France Métropolitaine
Téléphone : 33 (0) 2 38 32 71 00
Internet : www.interforum.fr
Service commandes Export – DOM-TOM
Internet : www.interforum.fr
Courriel : cdes-export@interforum.fr

Pour la Suisse :
INTERFORUM editis SUISSE
Téléphone : 41 (0) 26 460 80 60
Internet : www.interforumsuisse.ch
Courriel : office@interforumsuisse.ch
Distributeur : OLF S.A.
Commandes :
Téléphone : 41 (0) 26 467 53 33
Internet : www.olf.ch
Courriel : information@olf.ch

Pour la Belgique et le Luxembourg :
INTERFORUM BENELUX S.A.
Téléphone : 32 (0) 10 42 03 20
Internet : www.interforum.be
Courriel : info@interforum.be

05-16

Imprimé au Canada

Dépôt légal : 2016
Bibliothèque et Archives nationales du Québec

ISBN 978-2-7619-4660-5

Gouvernement du Québec – Programme de crédit d'impôt pour l'édition de livres – Gestion SODEC – www.sodec.gouv.qc.ca

L'Éditeur bénéficie du soutien de la Société de développement des entreprises culturelles du Québec pour son programme d'édition.

Conseil des Arts du Canada | Canada Council for the Arts

Nous remercions le Conseil des Arts du Canada de l'aide accordée à notre programme de publication.

Financé par le gouvernement du Canada
Funded by the Government of Canada | Canada

Nous reconnaissons l'aide financière du gouvernement du Canada par l'entremise du Fonds du livre du Canada pour nos activités d'édition.

MODE D'EMPLOI

100 % électrique

HYBR

Hybride rechargeable ou électrique à prolongateur d'autonomie

Hybride

ECO

Écoénergétique

H

Hydrogène

❶

PRIX : 39 200 $
CONSOMMATION : 6,7 L/100 km
AUTONOMIE ÉLECTRIQUE : 50 km
TEMPS DE CHARGE : 120 V : 8 h – 240 V : 2,2 h
❷ **GES :** 98,7 g/km
❸ **COTE D'ÉMISSIONS DE GES :** 10/10
❹ **COTE DE SMOG CALIFORNIENNE :** nd

❶ **COTE EN FEUILLES**
Note (de 1 à 10 feuilles) attribuée à un véhicule, 10 étant la meilleure. Nous comparons des véhicules d'une même catégorie. Un véhicule traditionnel peut donc avoir une meilleure note qu'un hybride : il n'est pas plus vert que l'hybride, mais plus vert que d'autres au sein de sa catégorie.

❷ **GES (GAZ À EFFET DE SERRE)**
Quantité en grammes de CO_2 émise par kilomètre parcouru. Les émissions de GES contribuent au réchauffement climatique.

❸ **COTE D'ÉMISSIONS DE GES**
Les notes vont de 1 à 10, 10 étant la meilleure.

❹ **COTE DE SMOG CALIFORNIENNE**
Note attribuée en fonction des émissions polluantes qui contribuent à la pollution atmosphérique et créent des problèmes environnementaux (smog) et de santé (affections pulmonaires, cancers).

ZEV : Zero Emission Vehicle (le plus propre) : 10/10
PZEV : Partial Zero Emission Vehicle : 9/10
SULEV II : Super Ultra Low Emission Vehicle : 8/10
ULEV 70-50 : Ultra Low Emission Vehicle : 7/10
ULEV II : Ultra Low Emission Vehicle : 6/10
LEV II : Low Emission Vehicle : 5/10
LEV II option I : Low Emission Vehicle : 4/10
SULEV II/Light Truck : 2/10
ULEV et LEV II/Light Truck : 1/10

MA COURSE À L'ENVIRONNEMENT

JACQUES DUVAL

Aux yeux de plusieurs, je serais le dernier individu à pouvoir traiter de façon crédible d'un environnement que j'ai souvent massacré dans une autre vie. Pour ceux qui l'ignoreraient, j'ai passé une bonne vingtaine d'années de mon existence à piloter des voitures de course, un peu partout en Amérique et en Europe, et à chanter les mérites des autos dites à haute performance à la télévision, à la radio, dans les journaux et divers magazines, mais avant tout dans un livre qui vient à peine de célébrer son 50e anniversaire. Il s'agit du *Guide de l'auto,* que j'ai fondé et exploité pendant une bonne quarantaine d'années, dans lequel les voitures sport, extravagantes, avides de pétrole, occupaient une place de choix. Et ce, jusqu'à ce que je me rende compte que, pour satisfaire mon plaisir, je risquais de gâcher celui de mes héritiers.

Moi qui pensais prendre ma retraite après la publication du 50e *Guide de l'auto,* me revoilà au boulot à ma 81e année bien sonnée. Les vacances, le doux farniente, devront attendre, et je me devais de consacrer mon énergie et mon savoir à cette cause qui me tient à cœur, celle de la voiture électrique, afin d'éclaircir les points d'ombre de cette technologie d'avenir. Employer le mot « cause » pour traiter de ce sujet me paraît déjà hors contexte, pour la simple raison que c'est laisser croire qu'il faut livrer un combat pour que cette conversion se produise, alors que j'ai la certitude qu'elle est incontournable.

Dissiper l'angoisse

Mais je ne nierai pas qu'il existe une certaine angoisse à l'égard d'un changement si radical. À nous – Daniel, Pierre, Jacques, Jean-François, sans oublier Sylvain, le plus ardent activiste de la voiture électrique – de lever le voile sur les questions que l'on se pose, tant sur la nature des solutions avant-gardistes mises de l'avant que sur les divers véhicules actuellement proposés sur le marché. Les autos électriques n'étant pas encore très nombreuses sur notre marché, nous avons pris la décision de traiter de l'ensemble des véhicules dits « branchables », c'est-à-dire rechargeables. Et, pour ceux et celles qui hésitent toujours à faire le plongeon, nous avons aussi recensé quelques voitures à essence qui ont au moins l'avantage de consommer le pétrole à la petite cuillère.

Nous avons aussi demandé à trois femmes férues de voiture électrique de nous parler de leurs expériences vertes en toutes circonstances. Elles nous ont aidés à clarifier et à renverser certains mythes et préjugés.

Des chapitres entiers dissiperont toutes vos craintes, tout comme des essais axés sur le rendement énergétique des véhicules passés au crible.

Cela dit, économisez en paix et roulez électrique, sans souci.

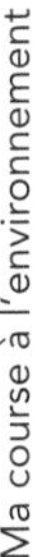

J'AIME L'AUTOMOBILE, MAIS J'AIME ENCORE PLUS UNE PLANÈTE VIABLE

DANIEL BRETON

J'aime l'automobile

J'ai grandi dans un monde et une famille où l'automobile tenait une place très importante. D'ailleurs, mon oncle Chuck, mes cousins Kirk et Denis et moi-même avons tous travaillé dans le secteur automobile (aux États-Unis et au Canada) et en avons discuté toute notre vie.

Il y avait des raffineries à deux rues de chez moi. C'est ainsi que j'ai été témoin, dès mon plus jeune âge, de déversements, d'incendies et même de l'explosion d'un camion-citerne qui a fait des morts à 100 mètres de la maison familiale.

C'est ainsi qu'il y a plus d'une vingtaine d'années, j'ai amorcé un «virage» dans ma façon d'aborder le transport et l'automobile, car ce que je constatais et apprenais me faisait prendre conscience qu'on ne pouvait plus continuer à soutenir un mode de vie où il y avait:

- plus de consommation de pétrole;
- plus d'émissions de gaz à effet de serre (GES);
- plus d'émissions polluantes;
- plus de dépendance aux compagnies pétrolières;
- plus d'argent qui sortait de chez nous et grevait notre balance commerciale;
- plus de désastres écologiques;
- plus d'explosions, de déversements et d'incendies;
- plus de guerres pour le pétrole.

J'ai donc commencé à étudier la question de près avec des ingénieurs, des scientifiques, des écologistes, des économistes et des chercheurs. Je suis retourné aux études afin de peaufiner mes connaissances. Je me suis mis à militer au sein de groupes et mouvements environnementaux.

Et je me suis acheté une petite Honda Insight 2001 que je possède toujours, 15 ans plus tard.

Il y a 12 ans, j'ai commencé à écrire des articles dans les médias sur les véhicules hybrides et écoénergétiques, sur l'environnement et les modes de transport alternatifs. Je passais alors pour un hurluberlu auprès de la communauté des chroniqueurs automobiles.

Plus tard, j'ai été ministre de l'Environnement du Québec, puis le premier élu au Canada dont la responsabilité était la rédaction et la mise en place d'une stratégie d'électrification des transports.

Je baigne donc dans un univers où les enjeux écologiques et la conscience de notre dépendance au pétrole et à l'automobile sont très présents.

Si la baisse du prix du pétrole a fait en sorte que des gens se soucient moins de leur consommation de carburant, une partie croissante de la population ne veut plus revenir en arrière.

Ainsi, après des années passées à répondre aux questions de gens de partout sur ce qu'ils peuvent faire afin de diminuer leur consommation de pétrole et leur empreinte écologique, nous avons cru que le moment était venu d'écrire *L'auto électrique, hybride ou écoénergétique*.

Ce livre s'adresse à la majorité de la population qui veut des pistes de solution afin de diminuer sa consommation de pétrole, ses émissions polluantes et de GES, que cela soit fait grâce au covoiturage, à l'autopartage ou en roulant en véhicule qui consomme moins, voire zéro pétrole.

Il s'adresse à ceux et celles qui veulent des propositions concrètes et crédibles pour leur réalité en matière de transport.

Il s'adresse à ceux et celles qui s'intéressent aux enjeux énergétiques, au cycle de vie des batteries des voitures électriques, au débat sur l'hydrogène par rapport à l'électrique et à l'avenir du transport.

Et, finalement, il s'adresse aussi aux sceptiques et à ceux qui ont envie qu'on tente de les convaincre.

Tout ça dans ce guide.

Nous espérons que vous l'apprécierez.

Comme je l'écrivais tout au début, j'aime l'automobile, mais j'aime plus encore une planète viable. C'est pourquoi ma conjointe et moi roulons chacun en voiture électrique quand nous ne pouvons prendre les transports collectifs ou nos vélos.

À la COP21 de Paris, où nous sommes allés, les pays du monde se sont engagés dans un accord visant à diminuer leurs émissions de gaz à effet de serre pour l'avenir de la planète.

Et c'est dans cet esprit que nous vous invitons à signer votre propre accord avec vous-même en ce sens.

Bonne lecture !

PREMIÈRE PARTIE

MYTHES ET RÉALITÉS

La « Jamais Contente ».

LE TRANSPORT ÉLECTRIQUE EN 2016 : RETOUR À LA CASE DÉPART

DANIEL RUFIANGE

Mine de rien, nous sommes les témoins privilégiés d'une phase de changements majeurs dans l'histoire du transport motorisé. L'arrivée graduelle, voire massive, de véhicules mus par autre chose que le seul moteur à combustion caractérise cette nouvelle ère. Cette fois, on ose croire que c'est pour de bon. Il faut se rappeler qu'au début du siècle dernier, le moteur à essence était sérieusement concurrencé, entre autres par le moteur électrique. Retour sur une première tentative manquée. Et pour bien la comprendre, il est essentiel d'analyser deux pôles : le transport individuel et le transport collectif.

Transport individuel

Il faut revisiter la première moitié des années 1800 pour voir apparaître les premiers véhicules électriques, essentiellement des carrioles animées par un moteur à charge unique. Par la suite, l'invention et la mise au point de la pile rechargeable, dans la seconde moitié de ce siècle, vont favoriser l'apparition de nombreuses compagnies dédiées à la cause du transport électrique.

Le cas de la Columbia Automobile Company d'Hartford, au Connecticut, est intéressant. Alors qu'à la fin du XIXe siècle la plupart des manufacturiers produisaient leurs véhicules à essence à la pièce, cette entreprise assemblait annuellement des centaines d'exemplaires de son modèle Electric Coach, une voiture capable de franchir 50 km grâce à son moteur de 2 chevaux. Ce n'est pas la volonté ni la capacité qui manquait.

En 1899, la barrière des 100 km/h sera franchie pour la première fois par *La Jamais contente*, une voiture électrique de la Compagnie générale belge des transports automobiles Jenatzy.

La première voiture à motorisation hybride suivra peu après ; un certain Ferdinand Porsche y était associé.

Une autre hybride voit le jour aux États-Unis en 1911 grâce à la Woods Motor Vehicle Company de Chicago. Trop chère, trop lente et trop dispendieuse à entretenir, elle n'a pas fait long feu.

La plus célèbre des entreprises vouées à la cause sera l'Anderson Electric Car Company (la Detroit Electric Car Company à compter de 1920) qui produisait la Detroit Electric, une voiture qui a été produite à 13 000 exemplaires de 1907 à 1939. Au début des années 1910, de 1000 à 2000 modèles sortaient annuellement de son usine. Lors de la Première Guerre mondiale, sa popularité atteignit un sommet en raison de la hausse du prix du pétrole.

Tiens, tiens

Cependant, la technologie était en sursis. Le prix, le poids et la faible autonomie handicapaient les véhicules électriques. Et plus le moteur à combustion évoluait, plus les jours des voitures électriques étaient comptés. En outre, le réseau de transport se développait, par exemple chez nous, avec l'asphaltage du chemin du Roy, de 1913 à 1918. Les gens découvraient les plaisirs de prendre la route. Dans ce contexte, l'intérêt pour la chose électrique pouvait difficilement se développer. Et au début du siècle dernier les considérations environnementales étaient encore loin des priorités.

Pour toutes ces raisons, la production massive de voitures électriques s'est graduellement estompée à l'approche de la Seconde Guerre mondiale.

La « Detroit Electric ».

Un tramway nommé « Rocket ».

Transport collectif

Le cas de Montréal présente un réel intérêt pour le transport collectif. L'histoire des véhicules électriques dans ce secteur a été quelque peu différente, même si au bout du compte ils ont connu un sort similaire.

C'est en 1892 qu'on voit apparaître le premier tramway électrique à Montréal. Le *Rocket* de la Montreal City Passenger Railway Co., capable d'atteindre la vertigineuse vitesse de 13 km/h (8 mph), entre en service dans la rue Sainte-Catherine. Cela annonce le commencement de la fin pour les tramways à chevaux. Deux ans plus tard, les dernières bêtes rentrent à l'écurie.

L'arrivée du tramway électrique permit à la compagnie de développer le réseau qu'elle exploitait. Cet élément fut très important pour la croissance économique de la ville. Quant à la population, elle se réjouit de l'arrivée du tramway électrique qui répondait à son goût pour le modernisme.

En quelques années seulement, le réseau passa de 50 à 368 km. Le nombre de voyageurs annuels se multiplia par 15 pour atteindre 107 millions en 1910.

L'époque des « p'tits chars » allait connaître ses heures de gloire.

Bus électriques

En 1937, ce qui était devenu la Montreal Tramways Company faisait l'acquisition de sept trolleybus. Même si des expériences avaient été menées à Windsor et à Toronto, respectivement en 1922 et en 1926, Montréal fut la première ville canadienne à se doter de tels véhicules. Le réseau se développa principalement dans le nord de la ville. De 1947 à 1952, la compagnie fera l'acquisition de 105 autres trolleybus.

Cependant, tout comme pour les tramways, les trolleybus étaient voués à la disparition. À compter de 1951, certaines lignes de tramways disparaissent pour être remplacées par des circuits d'autobus. Le 30 août 1959, le tramway

3057, qui assurait le service sur la dernière ligne électrifiée, Papineau-Bélanger, fut le dernier à rentrer au garage municipal. On fêta la fin de cette époque avec un immense défilé dans les rues de la ville. Le 18 juin 1966, quelques mois avant l'inauguration du métro de Montréal, le dernier trolleybus fut retiré de la circulation.

À ce moment, 103 des 105 véhicules commandés de 1947 à 1952 étaient toujours en fonction. Cent furent vendus à la Société de transport de Mexico.

Notre regard demeure étonné, voire attristé de ce déclin prématuré du transport collectif électrique. Il faut toutefois comprendre que, dès le début des années 1950, la culture de l'automobile s'impose. Et, quoi qu'on en dise, cela s'est fait au détriment du transport en commun. Les gens rêvaient d'avoir leur voiture et la liberté qu'elle garantissait. Le réseau de transport public a eu beau se développer parallèlement, il a toujours dû rivaliser avec l'automobile. Dans cette optique, le transport par autobus à essence permettait d'atteindre des endroits plus reculés, ce que ne pouvaient faire les transports électrifiés. Le métro fut l'exception qui confirma la règle.

Mais la concurrence que représente l'automobile face aux transports collectifs demeure très actuelle même en versions électriques.

L'avenir

Aujourd'hui, on assiste à un retour à la case départ. Les voitures électriques sont très présentes et meilleures que jamais. Cependant, l'ardeur du consommateur est parfois ralentie par des questions d'autonomie et d'ordre économique. Mais ces deux obstacles devraient disparaître d'ici quelques années, voire quelques mois.

De leur côté, les sociétés de transport collectif d'Amérique du Nord intègrent de plus en plus d'autobus hybrides, hybrides rechargeables et électriques dans leurs circuits. Cela dit, certaines sociétés se dirigent plutôt vers le gaz naturel.

Quelle différence observe-t-on, quelque cent ans plus tard ? Nous avons aujourd'hui la volonté et la motivation de faire les changements qui s'imposent.

Si l'humanité avait le choix au début du siècle dernier, elle ne l'a plus aujourd'hui : il en va de son avenir.

Autobus 100 % électrique.

LA FRAYEUR DU PREMIER VOYAGE SOLO

JACQUES DUVAL

Un peu comme l'apprenti pilote qui fait son premier vol solo, celui qui conduit une Tesla Model S sur de longs trajets, seul, peut éprouver du stress. Évidemment, un échec serait sans doute moins catastrophique en voiture qu'en avion.

À l'occasion d'un grand ralliement de voitures électriques à Summerside (Île-du-Prince-Édouard), j'avais un filet de sécurité en la personne de Sylvain Juteau (le grand manitou des voitures vertes au Québec). Celui-ci m'accompagnait à bord de ma Tesla Model S, récemment acquise.

Avec lui à bord, aucune crainte, aucune angoisse, car le gars sait tout, y compris organiser de longs déplacements dans un véhicule d'une autonomie d'environ 430 km. Nos 2300 km se sont déroulés sans le moindre souci de « manquer de courant ». Cela m'amène à ce que j'appellerais mon premier long voyage en solo, quelques semaines plus tard.

430 km d'autonomie

J'étais attendu dans la région d'Ottawa pour prononcer une conférence sur la voiture électrique dans une école secondaire d'Orléans. La veille du départ, j'avais pris soin d'opter pour la recharge des batteries la plus élevée, soit environ 430 km. Soulignons ici que Tesla ne recommande pas de se prévaloir de cette charge maximale qui pourrait être dommageable pour les 7500 batteries emmagasinées dans le plancher de la voiture afin d'abaisser le centre de gravité. On peut le faire occasionnellement, mais pas de façon régulière.

À partir de ma résidence de Saint-Bruno, le système de navigation par satellite me signifiait que j'avais 223 km à parcourir pour atteindre ma destination. En réalité, cela ne tenait pas compte de la quasi-fermeture du pont Champlain, qui m'a forcé à emprunter le pont Honoré-Mercier, un détour d'environ 18 km. Avec une réserve de 430 km et un trajet de 241 km à parcourir, ma marge de sécurité était largement suffisante, même avec le chauffage (il faisait -8 °C à l'extérieur) et quelques pointes de vitesse. L'aller s'est donc déroulé dans une parfaite quiétude et je suis arrivé à destination autour de midi, après avoir quitté ma résidence vers 9 h 15.

Savants calculs

À mon arrivée, on m'a tout de suite indiqué une prise de 40 ampères, à l'école même. Comme il me restait 140 km en banque, les cinq heures passées au Salon du livre de la jeunesse devaient me permettre d'y ajouter près de 200 km pour rentrer à Saint-Bruno sans problème. Toutefois, la connexion électrique n'était pas aussi généreuse qu'on aurait pu le croire, et, au moment de débrancher, j'avais 310 km d'autonomie. Disons que 241 km à parcourir avec 310 km en caisse paraissait un peu serré, pour la simple raison qu'il faisait maintenant -14 °C. C'est donc dire que le pied droit de votre serviteur devait se calmer et que j'allais peut-être me geler les foufounes. Et je devais m'assurer de rester dans le droit chemin. Une erreur de parcours aurait été vraiment inquiétante. Tout s'est bien passé au cours des 90 premières minutes, mais, lorsque l'ordinateur d'autonomie est tombé dans les nombres à deux chiffres, j'ai décidé d'arrêter le chauffage.

Un principe bien connu, qui vaut pour toutes les voitures électriques, y compris les hybrides rechargeables, stipule qu'il faut s'attendre à une diminution de l'autonomie d'environ 20 % par temps froid. Pour me rendre à destination, il valait donc mieux endurer le froid en roulant que de me voir immobilisé sur le bord de la route, en panne d'électricité.

Tableau de la Tesla Model S indiquant son autonomie.

Petite frayeur

Ce n'est qu'à l'apparition au compteur des 50 km d'autonomie que j'ai ressenti une petite panique. Je me suis rangé sur le bas-côté de la route pour consulter le site « Plug Share » sur le grand écran de 17 pouces. Peine perdue, car à l'époque les bornes de recharge n'étaient pas aussi répandues qu'aujourd'hui. Il y en avait certes des centaines, mais elles étaient très éloignées de ma position, ou elles étaient aux États-Unis. J'ai donc repris la route et, en reconnaissant un environnement un peu plus familier, j'ai poussé un soupir de soulagement. Je savais que mes 37 km restants étaient suffisants pour me conduire à la maison, vers une bonne bouteille de vin rouge, pendant que ma Tesla Model S retrouverait son biberon dans mon garage, avec 29 km au cadran et tous les *warnings* d'usage. Ouf… Moralité : Voyager électrique exige un peu de recherche afin de repérer l'emplacement des bornes publiques et de se préparer en conséquence. Car, pour bien bénéficier d'une auto électrique, les longs déplacements doivent être planifiés. Cela se résume à voyager différemment.

L'ABC
DES VOITURES HYBRIDES, RECHARGEABLES ET ÉLECTRIQUES

DANIEL BRETON

La voiture à moteur hybride

La première voiture hybride a été dévoilée au Salon de Paris en 1900 par le Viennois Jacob Lohner qui avait fait appel à un jeune ingénieur du nom de Ferdinand Porsche pour perfectionner ce système. Il s'agissait alors d'une voiture dont le moteur à combustion interne était combiné à deux moteurs-roues électriques.

Le moteur hybride est ensuite tombé dans l'oubli pour à peu près tout le monde pendant plusieurs décennies, mais les crises combinées des pics de pollution atmosphérique causés par l'automobile et du choc pétrolier de 1973 ont provoqué une « tempête parfaite » à la suite de laquelle ce moteur a été relancé, puis perfectionné par Andrew Alfonso Frank en 1971 et par Victor Wouk en 1974. Ce dernier a mis au point un système de récupération de l'énergie au freinage.

C'est en 1997 que la voiture à moteur hybride a réellement pris son envol, lorsque

Toyota a lancé la première génération de la Prius. Depuis, des millions de voitures hybrides ont été vendues dans le monde et, malgré les doutes et les dénigrements de nombreux observateurs et « spécialistes », ce nombre ira croissant au fil des prochaines années.

Le moteur hybride se caractérise par une combinaison de deux moteurs : un moteur thermique et un moteur électrique. Le principe consiste à faire recharger une batterie par un moteur thermique, tandis que la batterie récupère aussi l'énergie de freinage et permet des démarrages moins énergivores. Cela ressemble un peu à une sorte de « turbo électrique » permettant au véhicule d'obtenir les performances d'un moteur plus gros, mais avec la consommation et les émissions de GES d'un moteur plus petit. Ainsi, le moteur électrique intervient quand le moteur thermique est peu efficace, soit lors de l'accélération, à basse vitesse ou à l'arrêt.

Il existe trois types d'architectures hybrides :

Hybride série. Pendant que le moteur électrique fait avancer le véhicule, le moteur thermique entraîne une génératrice qui recharge les batteries. Le moteur thermique n'étant pas relié aux roues, il peut tourner à son régime optimal. La Chevrolet Volt fonctionne la plupart du temps de cette manière.

Hybride parallèle. Les deux moteurs sont reliés à la transmission. Les mouvements des moteurs thermique et électrique sont raccordés au même arbre. La Honda Insight est un exemple de voiture à moteur hybride parallèle.

Hybride série-parallèle. Les moteurs thermique et électrique sont combinés de manière plus élaborée, ce qui permet des vitesses de rotation différentes pour chaque moteur. La Toyota Prius est un parfait exemple de voiture à moteur hybride série-parallèle qui peut fonctionner en mode uniquement électrique, uniquement mécanique, et parfois selon les deux modes.

Fonctionnement d'un véhicule à moteur hybride sur la route

- Lorsque le véhicule est immobile, les deux moteurs sont à l'arrêt.
- Lors d'un démarrage lent, c'est souvent le moteur électrique qui assure la mise en mouvement de la voiture, jusqu'à une vitesse de l'ordre de 50 à 70 km/h.
- Lors d'un démarrage rapide, les deux moteurs fonctionnent ensemble pour permettre une accélération plus vive.
- À vitesse plus élevée, le moteur thermique prend le relais pour remplacer progressivement le moteur électrique.
- En décélération, descente ou freinage, une partie de l'énergie cinétique est transformée par le moteur/générateur en électricité pour recharger les batteries, assurant ainsi un rôle de frein moteur accru, ce qui par ailleurs soulage les freins mécaniques.

La voiture à moteur hybride rechargeable

La voiture à moteur hybride rechargeable partage les caractéristiques du moteur hybride, mais on y ajoute la possibilité de recharger les batteries de manière externe, c'est-à-dire en les branchant. La batterie peut être rechargée sur le réseau électrique conventionnel (à la maison) ou à divers types de points de charge publics : au travail, dans des parkings publics, sur rue, dans des stations-service de recharge, etc.

Un autre système consiste à produire de l'électricité au moyen d'un petit moteur à essence quand la batterie est déchargée. On peut faire fonctionner ce petit moteur à son régime de rendement maximum pendant la recharge et l'arrêter ensuite pour limiter la pollution.

Andrew Alfonso Frank, professeur émérite de l'université UC Davis (Californie), est considéré comme le père des voitures hybrides rechargeables.

La voiture à moteurs-roues de Pierre Couture

Une des premières motorisations hybrides rechargeables a été élaborée en 1994 par l'équipe de l'ingénieur Pierre Couture d'Hydro-Québec à partir d'une Chrysler Intrepid. Le moteur à essence de cette voiture a été remplacé par quatre moteurs-roues développés à l'Institut de recherche en électricité du Québec (IREQ). Lors de tests effectués en laboratoire et sur la route, les performances des moteurs-roues dépassaient de beaucoup celles des moteurs conventionnels, aussi bien par leur efficacité énergétique que par leur puissance.

Le système électrique a été conçu pour être couplé à une génératrice à essence fournissant l'énergie manquante pour recharger les accumulateurs. Ce système aurait permis de diminuer d'environ 80 % la consommation d'essence du véhicule. Ce dernier pouvait également être rechargé à l'aide d'une prise électrique. Ainsi, M. Couture estimait qu'une voiture électrique de ce type pourrait être branchée une fois par jour.

En 1995, le projet a été abandonné dans des circonstances qui donnent encore lieu à des controverses, 20 ans plus tard.

La Chevrolet Volt : première voiture « hybride rechargeable » à succès

Vendue depuis 2010, cette voiture hybride rechargeable (les dirigeants de Chevrolet insistent pour qu'on dise de la Volt qu'elle est une « voiture électrique à autonomie prolongée ») est un succès technologique comme on n'en a peu vu ces dernières décennies, hormis celui de la Toyota Prius.

Le système de la Volt s'est avéré particulièrement fiable et bien adapté aux besoins des utilisateurs moyens qui cherchent une voiture électrique sans craindre de manquer d'électricité lors de plus longs déplacements. La plupart des utilisateurs de la Volt ont vu leur consommation d'essence diminuer de 60 à 90 %, à tel point que, pour la première fois, des fidèles de la marque Toyota et de la Prius se sont tournés vers Chevrolet et la Volt. Qui l'eût cru ?

Nul doute que la technologie utilisée pour cette voiture aura un brillant avenir et qu'elle constitue une des principales pistes de solution pour l'avenir du transport individuel qui va dans le sens de la décarbonisation.

D'autres modèles de voitures à motorisation hybride rechargeable, plus conventionnels, sont aussi sur le marché : Toyota Prius Plug-In, Ford Fusion Energi, Porsche Cayenne S E-Hybrid, etc.

La voiture électrique

Une voiture électrique est propulsée par un ou des moteur(s) électrique(s), alimenté(s) soit par une batterie d'accumulateurs, soit par une pile à combustible.

Une batterie d'accumulateurs fournit l'énergie provenant de la recharge par câble depuis une source électrique extérieure (borne à la maison, borne publique de niveau 2 ou 3) et, selon les modèles, de la récupération d'énergie lors de la décélération du véhicule ou comme frein moteur lors des descentes, le moteur électrique fonctionnant comme un générateur.

En 2016, les voitures électriques ont une autonomie de 100 à 500 km et nécessitent des temps de recharge directement proportionnels à la grosseur de la batterie et du chargeur embarqué.

Les deux exemples les plus évocateurs de voitures électriques à succès sont:

- La Nissan Leaf, une voiture électrique d'un prix abordable, dont l'autonomie peut maintenant aller jusqu'à 250 km en version de 30 kWh (autonomie moyenne de 200 km). Cette voiture est sur le marché depuis la fin 2010.
- La Tesla Model S, voiture de luxe 100 % électrique, est en train de révolutionner le marché de haut de gamme. Extrêmement performante, silencieuse, très sûre, elle déclasse ses concurrentes allemandes et japonaises à un point tel que nombre de constructeurs ont récemment annoncé qu'ils lanceraient sous peu leurs propres voitures de luxe électriques. Il faut bien le dire, cette petite entreprise de Silicon Valley a bouleversé le monde de l'automobile.

D'autres voitures électriques, qui risquent de chambouler davantage le marché (par exemple la Chevrolet Bolt EV et la Tesla Model 3), s'en viennent à grands pas. En matière de véhicules électriques, les prochaines années seront captivantes.

À suivre…

Tesla Model 3.

Vélos en partage « Bixi ».

AVEZ-VOUS VRAIMENT BESOIN D'UNE VOITURE ?

DANIEL BRETON

Cette question est loin d'être anodine. En effet, lorsque vient le temps pour vous de déterminer quel sera votre moyen de transport privilégié pour les années à venir, il est important de vous poser cette question.

Ce guide de l'auto électrique n'a pas pour seul but de vous faire passer d'un véhicule X à un véhicule moins polluant Y. Il cherche aussi à faire évoluer la réflexion quant à nos modes de déplacement et à leurs conséquences.

Par exemple, moins vous vous déplacerez seul en voiture, plus vous serez efficace relativement à vos émissions polluantes, aux GES, à la consommation énergétique et à la congestion.

Devez-vous posséder votre propre voiture ?

La fabrication d'une voiture demande une quantité considérable de matière première, d'énergie et d'eau. C'est pourquoi il est important que vous vous posiez cette question : ai-je vraiment besoin de posséder une voiture ou devrais-je plutôt passer au covoiturage, à l'auto partagée, au transport collectif ou actif, ou même aux taxis pour mes déplacements quotidiens ?

Vous DEVEZ vous poser cette question.

Si vous vivez en région urbaine, il y a fort à parier que tous ces services sont disponibles et constituent des solutions de rechange valables et efficaces à la possession d'un véhicule personnel pour vos besoins quotidiens. Sachez que 90 % des automobilistes d'Amérique du Nord parcourent moins de 60 km par jour lors de leurs déplacements travail/famille.

Vous tous, amis urbains, êtes tout à fait conscients des nombreux inconvénients qui vont de pair avec la possession d'un véhicule personnel en ville : stationnement, vol, contraventions, déneigement, congestion, prime d'assurance plus élevée, etc. Vous savez donc à quel point la possession d'un tel véhicule en ville s'accompagne souvent de nombreux maux de tête.

Par ailleurs, si à l'occasion vous avez besoin d'une automobile pour parcourir de plus grandes distances, vous pourrez toujours faire affaire avec une société de location de voitures. De plus, depuis peu il est possible pour la plupart des automobilistes d'Amérique du Nord de louer des véhicules hybrides, hybrides rechargeables ou 100 % électriques. Certaines entreprises sont maintenant spécialisées dans ce créneau et proposent un service et une compétence très supérieurs aux locateurs « généralistes ».

Et en région...

Si vous vivez en banlieue ou en région, ces services (covoiturage, auto partagée, transport collectif, transport actif, etc.) sont, la plupart du temps, moins bien développés... s'ils existent.

Après avoir vécu au centre-ville de Montréal, je vis maintenant à la campagne, et je sais donc qu'il est nécessaire pour bien des gens de posséder un véhicule personnel, spécialement en région. Mais, quels que soient vos besoins, gardez toujours à l'esprit que la possession d'un véhicule personnel, fût-il électrique, a un impact sur notre environnement. Et cet impact sera augmenté si vous faites de l'*auto solo*.

Métro de Montréal.

Chevrolet Spark EV branchée à une borne sur rue.

VOITURES ÉLECTRIQUES : MYTHES ET PRÉJUGÉS

DANIEL BRETON, ÈVE-MARY THAÏ THI LAC, JENNIFER ST-YVES-LAMBERT ET ELVIRE TOFFA JUTEAU

Moi qui écris depuis longtemps sur les voitures hybrides et électriques, je peux témoigner que certains mythes et préjugés tenaces persistent à ce sujet. En effet, si, il y a 15 ans, je pouvais comprendre l'ignorance des gens sur ces voitures, je suis étonné de ce que je lis et entends encore aujourd'hui. C'est pourquoi nous avons invité trois personnes, qui possèdent chacune une voiture électrique, à rendre compte de leur expérience pour contribuer à démythifier ce qu'on colporte encore à ce sujet.

Une voiture électrique coûte beaucoup trop cher

Si certaines voitures électriques sont très chères, il existe des modèles très abordables (20 000 $ et moins), par exemple la Smart Fortwo Electric Drive et la Mitsubishi i-MiEV. Mais, effectivement, il y a des voitures électriques beaucoup plus chères… Tout comme il y a des voitures à essence chères. Mais plus le temps passe, plus le prix des voitures électriques baisse, alors que celui des voitures à essence augmente. D'ici cinq ans, elles devraient coûter à peu près le même prix.

Mme Ève-Mary Thaï Thi Lac nous parle de son expérience :

« Les coûts d'entretien et de réparation de ma dernière voiture à essence ont été faramineux. En 2014, la facture s'est élevée à plus de 2000 $. Sans parler de la consommation moyenne de 11 L/100 km. Il était donc temps pour moi de trouver un nouveau véhicule. Mais je voulais un cabriolet, rien d'autre ! Or, en 2014, un seul cabriolet était 100 % électrique : la Smart Fortwo Electric Drive Cabriolet. Par chance, mon mode de vie s'adaptait bien à ce modèle deux places.

« Chez le concessionnaire, notre conseiller était fort professionnel. Après un essai routier, j'ai été conquise. Je la voulais ! Cependant, qui dit signature de contrat dit négociation avec le directeur des services financiers. Là, ça s'est corsé. La représentante voulait me vendre un plan d'entretien prépayé qui comprenait les vidanges d'huile… pour une voiture électrique ! Donc, méfiez-vous !

« Alors que ma voiture à essence me coûtait en moyenne 450 $ par mois (essence, entretien et assurances compris, car ma voiture était payée), mes paiements sont maintenant d'environ 325 $ par mois (mensualités, électricité, inspection annuelle et assurances comprises). Ainsi, avec l'argent que j'économise, je m'offre un voyage dans le sud chaque année !

« Donc, à tous ceux et celles qui prétendent ne pas avoir les moyens d'avoir un véhicule électrique, je dis que, pour moi, l'économie a été phénoménale. »

La batterie d'une voiture électrique ou hybride ne dure que de 2 à 3 ans

Quelle fausseté ! Les batteries des voitures hybrides et électriques sont faites pour durer aussi longtemps, sinon plus longtemps, que les voitures. De plus, ces batteries sont en général garanties pour une durée minimale de 8 ans et 160 000 km. Demandez à un chauffeur de taxi qui se déplace en Prius et vous verrez. Quant à la batterie de ma propre Honda Insight, elle fonctionne toujours bien… après plus de 15 ans.

Toyota Prius.

Ford Focus EV.

Les voitures électriques ne sont faites que pour la ville et l'été

Les voitures électriques démarrent beaucoup plus facilement en hiver que les voitures à essence, car un moteur électrique compte beaucoup moins de pièces mobiles qu'un moteur à essence, et il ne contient pas d'huile qui peut quasiment tourner à la mélasse. Il y a donc moins de friction et de perte d'énergie. À ce sujet, voici le témoignage d'une personne qui habite à la campagne et roule beaucoup en hiver, Mme Jennifer St-Yves-Lambert :

« On me dit parfois que les véhicules électriques ne seraient utiles qu'en ville, l'été. Erreur ! Je vis à la campagne depuis toujours et lors des tempêtes, il n'est pas rare que les routes soient enneigées quand je pars pour le travail le matin. C'est d'ailleurs une des raisons pour lesquelles j'avais acheté un VUS en 2010. Je me croyais protégée des enlisements et des pertes de contrôle sur les chaussées glissantes. En réalité, le poids de la batterie rend ma Ford Focus électrique très lourde, ce qui confère aux pneus une excellente adhérence à la route. Dans les tempêtes de neige, cette voiture est aussi efficace que n'importe quel camion léger !

« De plus, si les véhicules électriques n'étaient faits que pour la ville, je serais mal prise, puisque je parcours 90 km par jour sur l'autoroute pour me rendre au boulot. Évidemment, lorsque l'autonomie de la voiture diminue en saison froide, il est primordial que l'employeur offre la recharge. Mais, somme toute, jamais je ne reviendrai en arrière. Pour moi, les véhicules à essence, VUS ou autres, c'est fini. »

Une voiture électrique ne peut parcourir plus de 100 km avant de devoir être branchée

Si certaines voitures électriques ont encore une autonomie de moins de 100 km, il y en a de moins en moins. Un nombre croissant de voitures électriques peuvent rouler 150, 200 et même 300 km dans les pires conditions. Les batteries progressent à vitesse grand V et sont de plus en plus efficaces et de moins en moins chères.

Une voiture électrique est plus polluante qu'une voiture à essence

Sauf dans quelques très rares États américains, où plus de 70 % de la production électrique provient encore de centrales au charbon, une voiture électrique pollue moins qu'une voiture à essence. Et l'endroit en Amérique où la voiture électrique pollue le moins, c'est au Québec. En effet, puisque l'électricité qu'on y produit est à 99 % renouvelable, c'est tout bénéfice. Mais même dans des États comme la Californie, le gain est bien réel. Pour les quelques États qui carburent encore trop au charbon, l'hybride est la solution la plus intéressante (voir le texte qui traite spécifiquement de ce sujet, p.62).

Une voiture électrique, ce n'est pas performant

Tesla a démoli ce mythe avec une voiture, la Tesla Model S P90D, dont les performances et l'accélération font rougir de honte toutes les voitures sport, plus exotiques les unes que les autres, qu'on peut acheter sur la planète à moins de 500 000 $... Et la Tesla coûte beaucoup moins cher.

Les voitures électriques ne sont pas conçues pour les familles

Pour répondre à cet argument, voici le témoignage d'une femme d'affaires et mère de trois enfants, Mme Elvire Toffa Juteau :

« Je roule électrique, en Chevrolet Volt, depuis maintenant quatre ans. Je travaille à environ cinq minutes de la maison et je dois faire quelques rencontres d'affaires un peu partout dans la ville. Cela dit, je ne me rappelle plus la dernière fois que je suis allée faire le plein d'essence. Ah oui ! La dernière fois, l'an dernier, c'est la voiture elle-même qui m'a envoyé un message pour me supplier de mettre un petit peu carburant. Bref, je suis devenue intolérante à cette odeur nauséabonde.

« Côté famille, j'ai trois enfants : Danyc, huit ans, David, cinq ans, et Marlène, deux ans et demi. La Volt nous offre un espace adéquat. Le siège auto de Marlène occupe une place confortable, à l'arrière, et à côté d'elle s'assoit David, ce qui leur permet de se taquiner, de jouer et rire ensemble. Quant à l'aîné, il s'assoit à l'avant, avec moi, où il joue au copilote. Cette voiture à quatre places est donc assez spacieuse et confortable pour mes trois enfants et moi.

« De plus, j'utilise souvent le coffre à hayon pour transporter les choses nécessaires à mon entreprise, des cartons pleins de cheveux pour mon salon de beauté exotique, des stocks de tissus pour ma fabrique de vêtements, etc. Bref, ma voiture électrique est idéale pour ma vie de mère entrepreneure. »

Centrale au charbon.

Elon Musk lors du lancement de la Tesla X.

ELON MUSK OU L'ÂME D'UN RÉVOLUTIONNAIRE

DANIEL RUFIANGE

Au début du XXe siècle, les témoins de l'époque ont assisté à de nombreuses tentatives dans le domaine de l'électrification des transports. Si certaines initiatives s'annonçaient prometteuses, le contexte historique n'était pas idéal pour favoriser leur développement. Malgré le travail d'hommes talentueux, ingénieux et bien intentionnés, la voiture électrique n'a pu s'imposer. L'humanité avait autre chose à vivre.

Une centaine d'années plus tard, le contexte a changé. La voiture électrique est de retour parmi nous. Aujourd'hui comme hier, des hommes talentueux, ingénieux et bien intentionnés travaillent à sa réussite, sauf que, cette fois, les astres sont alignés pour assurer son avenir à long terme.

Cette fois, l'humanité est prête. L'un des hommes derrière la révolution électrique que nous vivons est Elon Musk. Si son nom vous est inconnu, une des compagnies qu'il a fondées l'est moins. Elon Musk, c'est l'homme derrière Tesla, la firme qui repousse les limites dans l'industrie automobile et qui force la concurrence à agir autant qu'à réagir.

Son histoire, la voici.

La bosse des affaires

La compagnie Tesla a été fondée en 2003. À ce moment-là, Elon Musk est âgé de 32 ans. Il nourrit de grandes ambitions pour sa nouvelle entreprise. Si cela peut sembler ambitieux de la part d'un jeune homme qui n'est pas issu de l'industrie automobile, un simple regard à sa feuille de route nous aide à comprendre le type de visionnaire qu'il est.

Très jeune, Elon Musk, qui est originaire de Pretoria, en Afrique du Sud, développe la bosse des affaires. À l'âge de 10 ans seulement, il fait l'acquisition de son premier ordinateur personnel, un Commodore VIC-20. Il apprend seul à faire de la programmation et, deux ans plus tard, il développe les bases d'un jeu vidéo, Blastar. Il vend les droits à un magazine spécialisé pour environ 500 $ US.

Séjour au Canada, puis les États-Unis

En 1989, le jeune surdoué débarque au Canada, obtient la citoyenneté canadienne (sa mère est originaire de Regina, en Saskatchewan) et s'inscrit à l'Université Queen's de Kingston, en Ontario. En 1992, il prend la direction de l'Université de la Pennsylvanie où, à 24 ans, il obtient un baccalauréat en physique du College of Arts and Sciences ainsi qu'un diplôme en économie de la Wharton School.

Son parcours le mène ensuite en Californie où il s'inscrit au doctorat en physique énergétique de l'Université Stanford. Après seulement deux jours, il abandonne afin de se lancer en affaires dans un domaine encore tout nouveau : Internet.

La fortune

En compagnie de son frère Kimbal, il lance en 1995 une entreprise nommée Zip2. Il y développe un logiciel fournisseur de contenu pour sites Web. Ses deux principaux clients sont les célèbres journaux *New York Times* et *Chicago Tribune*. Quatre ans plus tard, Zip2 est vendue à Compaq Computer Corporation pour la somme de 307 millions de dollars.

La même année, Elon Musk cofonde X.com, une compagnie proposant des services de paiement en ligne. Une filiale acquise par l'entreprise l'année suivante va devenir le géant PayPal. En 2002, eBay rachète PayPal pour

Tesla Roadster.

1,5 milliard en actions. Avant la vente, Elon Musk possédait déjà 11 % des actions de PayPal.

Plusieurs auraient encaissé les millions et pris une retraite dorée. Pas Elon Musk. En 2002, il fonde SpaceX, une entreprise vouée à l'exploration spatiale et à ses technologies. Son but : construire un vaisseau commercial capable de voyager dans l'espace. Si l'idée semblait farfelue au départ, les observateurs ont vite compris que c'était du sérieux. En 2008, la NASA accordait à SpaceX un contrat pour la livraison de matériel à la Station spatiale internationale. La première mission a été complétée en 2012.

Tesla

En 2003, en compagnie de quatre partenaires, Elon Musk fonde Tesla Motors. Cinq ans plus tard, il en devient le président et le principal chef d'orchestre. C'est de loin la compagnie qui lui procure le plus grand rayonnement et qui, au moment d'écrire ces lignes, touche le plus grand nombre de gens. Les propriétaires de Tesla se multiplient à une vitesse constante, alors que la compagnie prévoit l'arrivée de nouveaux modèles sur le marché. Cette année, c'est le Model X qui fait ses débuts et, déjà, le carnet de commandes est rempli.

En fait, l'attrait des produits Tesla est tel auprès des consommateurs que d'autres constructeurs, Porsche en tête, ont annoncé le développement et l'arrivée prochaine de véhicules entièrement électriques destinés à concurrencer les produits de Tesla, dont le célèbre Model S.

Tesla bouscule les conventions et ses activités sont en train de changer la donne dans l'univers des transports. Quant à son créateur, il ne compte pas s'arrêter là.

Il travaille sur d'autres projets, notamment l'Hyperloop et le Powerwall. L'Hyperloop est un système de transport ultrarapide par tubes ; et le Powerwall est un module de stockage d'énergie solaire ou éolienne destiné à l'usage domestique. Le tout fonctionne grâce à des batteries lithium-ion.

Et dire que l'homme n'a pas encore 45 ans !

En fait, on doit considérer Elon Musk comme un grand visionnaire. On dit de lui qu'il est à la fois un homme d'affaires, un inventeur et un entrepreneur. Ses décisions ont une influence directe sur le cours de l'histoire. Bien sûr, il faudra attendre des décennies, voire des siècles, avant de pouvoir en évaluer la portée. Ce qui est certain, c'est que son nom résonnera à jamais dans le temps, comme celui de son idole, un certain Thomas Edison.

Non, Nikola Tesla n'est pas le mentor d'Elon Musk, même si la voiture porte son nom. En fait, ce nom commercial est attribuable à la technologie que la voiture utilise, le moteur électrique animé par un courant alternatif. Cette technologie est dérivée d'une invention de Nikola Tesla datant de 1882. L'admiration d'Elon Musk pour Thomas Edison s'explique par le fait que les inventions de ce dernier ont très souvent passé de la planche à dessin à la réalité, un peu comme les siennes.

Ironiquement, Nikola Tesla a souvent travaillé en collaboration avec Thomas Edison. On raconte même que plusieurs des inventions attribuées à Edison seraient en partie de Tesla.

Dans les deux cas, on parle de grands esprits créateurs.

Ces derniers sont nécessaires à l'avancement de l'humanité.

Elon Musk est en train d'écrire son nom dans les livres d'histoire.

SPACEX

Elon Musk lors du dévoilement de la navette Dragon V2 de SpaceX.

DRAGON

Elon Musk lors du Sommet de Paris (COP21) sur le climat.

Sommet des élus locaux pour le climat

Paris - Vendredi 4 décembre 2015

L'HIVER ET L'AUTO ÉLECTRIQUE : MODE D'EMPLOI

DANIEL BRETON

L'auteur de ce texte vit dans une région d'Amérique du Nord, nommément le Québec, où le froid peut être particulièrement intense. D'ailleurs, l'hiver 2014-2015 y a été très rigoureux. Le mercure est parfois descendu jusqu'à 30 degrés au-dessous de zéro. Combinée au refroidissement éolien, la température a donc parfois atteint -50 °C ! (Cela dit, le refroidissement éolien n'affecte pas la batterie d'une voiture électrique.) Or, ma conjointe et moi conduisons tous deux un véhicule branchable : une Chevrolet Volt 2012 et une Smart Fortwo Electric Drive 2014. Ainsi, comme des milliers d'autres automobilistes qui sont passés à l'électrique, nous avons démontré qu'il est tout à fait possible de conduire en ce mode par très grand froid.

Cela dit, conduire électrique en hiver comporte son lot d'ajustements, car cette nouvelle réalité présente nombre d'avantages et d'inconvénients.

IMPORTANT

Qu'il s'agisse d'une voiture à essence, diesel ou électrique, la consommation d'énergie augmente toujours beaucoup par temps très froid ! La consommation de carburant peut alors augmenter jusqu'à 50 %, ce qui est assez cohérent avec l'augmentation de consommation d'énergie allant jusqu'à 50 %

d'une voiture électrique. De plus, sachez que quand la température passe de +30 à -30 °C, la densité de l'air augmente de 25 %, ce qui rend tout déplacement plus ardu parce que plus d'énergie est nécessaire pour « fendre » l'air.

Commençons par les inconvénients :

- **L'autonomie d'une voiture électrique se trouve diminuée jusqu'à 50 % par un froid très intense,** soit de -20 à -40 °C. En effet, si vous pouvez parcourir 150 km en été avec votre véhicule électrique, votre autonomie risque de diminuer jusqu'à 75 km en hiver lors des grands froids, surtout si vous utilisez la chaufferette. Lors de froids plus modérés (pour un Québécois !), soit de -5 à -10 °C, votre autonomie diminuera d'environ 20 à 30 %.

  Ainsi, afin de préserver votre autonomie et de protéger votre batterie, il est recommandé de brancher votre voiture aussi souvent que possible par temps froid. De plus, il est préférable de rentrer la voiture dans un garage chauffé. Cela augmentera l'autonomie hivernale.

- **Pour ne pas trop affecter votre autonomie, habillez-vous plus chaudement que dans une voiture à moteur à combustion interne.** La plupart des véhicules hybrides rechargeables et 100 % électriques sont dotés de sièges chauffants et même parfois d'un volant chauffant. Ces éléments sont censés vous empêcher de trop recourir au chauffage de la voiture, très énergivore. Donc, pour économiser sur le chauffage, il est recommandé de s'habiller chaudement.

Voilà, en gros, les inconvénients d'une voiture électrique en hiver.

Passons maintenant aux avantages :

- **Le moteur d'une voiture électrique démarrera toujours au quart de tour,** car aucun liquide n'est en contact avec ses éléments. Vous pouvez donc dire adieu aux câbles de démarrage (pour les « survoltages ») !
- **Vous pouvez préchauffer votre véhicule sans polluer.** Contrairement aux véhicules à essence ou diesel équipés d'un démarreur à distance qui les rend extrêmement polluants quand le moteur tourne à l'arrêt, le préchauffage électrique ne pollue pas. Il s'avère efficace pour garder l'intérieur du véhicule chaud sur de courtes distances. Qui plus est, le préchauffage, quand le véhicule est branché à une borne de maison ou de rue, vous évite d'utiliser l'électricité emmagasinée dans la batterie, ce qui préserve votre autonomie. Une fois sur la route, le système de chauffage n'a qu'à maintenir l'habitacle à la température souhaitée, ce qui réduit beaucoup la consommation d'énergie de la batterie.

Autre avantage non négligeable : le préchauffage dégivrera le pare-brise, la lunette arrière et les vitres sans que vous vous éreintiez à les déglacer au grattoir.

- **Puisque la batterie est généralement placée dans le plancher, ce qui abaisse le centre de gravité, votre voiture se débrouillera bien dans la neige.** Le dessous d'un véhicule électrique étant généralement plat, la voiture glissera plus facilement sur la neige et vous courrez moins de risques de vous embourber.

- **La longévité de la batterie d'une voiture électrique est favorisée par le climat froid.** Si l'autonomie de la batterie d'une voiture électrique diminue par temps froid, sa durée de vie est favorisée si vous vivez dans une région où le climat est généralement plus froid. Cela dit, il est important de vous assurer que vous ne laisserez pas la batterie geler, d'où l'importance de toujours brancher votre voiture par temps froid.

  Tout comme avec une voiture à moteur à combustion interne, il est fortement recommandé de ne pas accélérer brusquement lors des premières minutes afin de laisser aux pièces mobiles (roues, suspension, etc.) le temps de se réchauffer un peu. De plus, ne serait-ce que pour des raisons de sécurité, il est préférable de rouler au-dessous de la vitesse autorisée, puisque l'adhérence des pneus à la chaussée est grandement réduite lors des froids intenses.

Voilà un court mode d'emploi pour mieux traverser l'hiver en mode électrique. Cela dit, nous vous recommandons fortement de lire le manuel du propriétaire de votre véhicule afin de mieux comprendre ses particularités.

Bornes AddÉnergie de niveau 2 (gauche) et de niveau 3 (droite) du Circuit Électrique.

RECHARGER SA VOITURE ÉLECTRIQUE : UN JEU D'ENFANT

SYLVAIN JUTEAU

Au fil du temps, des gens intéressés par l'achat d'une voiture électrique, mais qui étaient craintifs quant à la recharge, m'ont souvent posé les questions suivantes :

- La recharge d'une voiture électrique est-elle compliquée ? Est-elle coûteuse ?
- Devrai-je changer mon entrée électrique principale à la maison ?
- Serai-je en mesure de convaincre mon employeur d'installer des bornes de recharge au travail ?
- Comment repérer les bornes de recharge publiques ?
- Y en a-t-il suffisamment, et partout ?
- Je vis en condo. L'association des copropriétaires acceptera-t-elle que j'installe une borne de recharge ?
- Je vis en appartement et je stationne ma voiture dans la rue. Comment faire pour la recharger chaque nuit ?

Il faut comprendre ces gens : c'est dans la nature humaine de craindre tout ce qui est nouveau et inconnu. De plus, toute l'industrie qui gravite de près ou de loin autour de la mobilité associée aux carburants fossiles (pétrolières, manufacturiers automobiles, etc.) entretient fortement le mythe et la peur au sujet de la recharge des voitures électriques. Ce texte a donc comme objectif de répondre à vos interrogations. Mais commençons par définir les différentes catégories de bornes de recharge disponibles en Amérique du Nord.

Niveau 1 : *Chargeur portatif 120 volts livré avec le véhicule*

C'est le chargeur « de base », car il fonctionne sur les prises électriques qu'on trouve partout : le 120 volts. Habituellement, les bâtiments comptent au moins une prise de 120 volts disponible à l'extérieur. À mes yeux, c'est une solution de secours dans bien des cas, car cela peut prendre plusieurs jours pour recharger certains véhicules électriques, par exemple la Tesla ou la Chevrolet Bolt, surtout s'il fait très froid (l'énergie du chargeur de 120 volts sera presque entièrement utilisée pour garder la batterie du véhicule électrique à une température optimale). De plus, le chargeur habituellement fourni avec la voiture est fragile et n'est pas conçu pour être utilisé quotidiennement ; et il est d'autant moins efficace dehors, dans les climats rudes et nordiques.

Niveau 2 : *Borne de recharge 240 volts*

Pour que l'expérience de rouler électrique soit agréable et supérieure à celle de rouler avec une voiture thermique conventionnelle, la borne 240 volts est la clé ! Le meilleur endroit pour l'installer est le lieu où votre voiture électrique est stationnée pour la nuit. Le second est au travail, où la plupart des gens passent de nombreuses heures. La grande majorité des voitures est immobilisée 22 heures sur 24. Si vous pouvez brancher votre auto électrique durant tout ce temps, elle sera toujours pleinement rechargée quand vous la prendrez !

Une borne de recharge 240 volts doit être installée par un électricien certifié. Par contre, c'est beaucoup moins compliqué qu'il n'y paraît. C'est très similaire à une prise de sécheuse ou de cuisinière… et tous les électriciens en installent régulièrement ! Cette borne permettra de recharger votre voiture en quelques heures.

De telles bornes ont été installées un peu partout sur le réseau routier, surtout dans des lieux où les gens ont l'habitude de passer beaucoup de temps. Vous en verrez dans des restaurants, des haltes routières, des attraits touristiques comme des musées, au centre-ville, etc. Vous pourrez recharger votre voiture pendant que vous vaquerez à vos occupations en ces lieux. Certains réseaux peuvent être gratuits, d'autres vous demanderont de payer pour la recharge.

Niveau 3 : *Borne de recharge rapide 400 volts (ou BRCC)*

La recharge rapide est évidemment le summum ! En quelques minutes, la voiture est complètement rechargée. Ces chargeurs, d'une puissance phénoménale, sont presque toujours publics. Vous les rencontrerez principalement aux abords des grands axes routiers. Les réseaux sont en plein développement et de nouvelles BRCC (bornes de recharge à courant continu) apparaissent régulièrement. Ces bornes permettent aux automobilistes d'effectuer de plus longs trajets. Sachez toutefois que le port de recharge rapide, qui permet d'utiliser ces bornes, n'est pas disponible sur toutes les voitures électriques. Prenez bien soin de demander à votre concessionnaire si votre nouveau véhicule électrique est équipé d'un tel port. Comme les bornes sont de plus en plus nombreuses, il est très pratique de pouvoir s'en servir. Il existe, en Amérique, trois standards pour le pistolet qui sert à la recharge rapide : le CCS Combo ; le CHAdeMO ; et le Supercharger pour les Tesla.

Les réseaux de recharge

Il existe de nombreux réseaux de bornes de recharge le long des routes d'Amérique du Nord. Il faut retenir que chacun d'eux a des conditions d'utilisation différentes, mais qui sont très simples pour l'usager. Lorsque la

Borne de recharge de type « Supercharger » de Tesla.

recharge doit être payée, on peut actionner la borne avec une carte prépayée qu'on achète sur le site Web du réseau, avec une application sur son téléphone intelligent, avec une carte de crédit ou, même, avec des pièces de monnaie. Les principaux réseaux en Amérique sont : le Circuit électrique (Québec), RéseauVER (Québec), Sun Country Highway, les Superchargers Tesla, ChargePoint, Blink Network ; et d'autres. Chacun a son site Web pour qu'on s'y retrouve facilement.

Foire aux questions

Q. : Est-ce compliqué de recharger ma voiture électrique ? Comment repérer les bornes publiques ?
R. : Sachez qu'il n'est vraiment pas compliqué de recharger sa voiture, partout et en tout temps. Des applications et sites Web répertorient toutes les bornes de recharge sur les routes d'Amérique du Nord. L'application gratuite PlugShare est sans doute la plus populaire, puisqu'elle est conçue comme une carte et qu'elle indique précisément chaque borne avec un code de couleurs. Quand on clique sur le symbole d'une borne, une description complète permet de connaître toutes les conditions d'utilisation de celle-ci.

Q. : Est-ce coûteux ? Devrai-je changer mon entrée électrique principale à la maison ? Pourrai-je convaincre mon employeur d'installer des bornes de recharge au travail ?
R. : Toutes ces questions sont liées, puisque la borne de recharge que vous ferez installer à la maison ou au travail sera de 240 volts. Ce n'est pas plus coûteux que de faire installer un nouvel appareil électrique qui fonctionne sur ce type de courant, comme une sécheuse, une cuisinière, un chauffe-eau de piscine, etc. Donc, s'il y a suffisamment de place dans le panneau électrique pour accueillir un nouvel appareil de ce type, il n'y a aucune raison de penser que ce sera coûteux. En outre, comme la borne de 240 volts est très pratique et peu coûteuse, les gouvernements de plusieurs États et provinces remboursent une partie des frais d'achat et d'installation des bornes à la maison ou au travail. Voilà une bonne façon de convaincre votre employeur de fournir la recharge !

Q. : Je vis en condo. L'association des copropriétaires acceptera-t-elle que j'installe une borne de recharge ?
R. : Il est possible de faire installer, directement sur le circuit électrique de sa borne de recharge, un appareil appelé « wattmètre ». Celui-ci permet de calculer la consommation d'électricité nécessaire à la recharge de votre voiture. Un électricien certifié est en mesure de réaliser ce travail facilement. Ainsi, l'association des copropriétaires du condo pourra facturer à l'utilisateur de la borne les kilowatts-heures consommés. Toutefois, le sous-mesurage et la revente d'électricité ne sont pas légales au Québec. Hydro-Québec travaille à trouver une solution pour la recharge en condominium.

Q. : Je vis en appartement et je dois stationner ma voiture dans la rue. Comment puis-je me recharger chaque nuit ?
R. : C'est malheureusement un problème, car vous ne pourrez pas recharger votre véhicule électrique la nuit. Si vous êtes dans cette situation, renseignez-vous avant d'acheter une auto électrique. Y a-t-il des bornes publiques de recharge à proximité ? Un voisin bénéficie-t-il d'une entrée privée et de sa propre borne ? Peut-être que le propriétaire de votre logement serait intéressé à installer des bornes sur sa propriété, ce qui en augmenterait la valeur. Demandez-le-lui. Et s'il y avait une borne de recharge rapide (BRCC) près de chez vous, vous pourriez aller recharger votre véhicule électrique une ou deux fois par semaine (la voiture se recharge à 80 % en moins de 25 minutes). Je vous conseille de communiquer avec un propriétaire de voiture électrique demeurant dans votre quartier : il connaît les solutions possibles et vous exposera les avantages et les inconvénients de chacune.

En conclusion, même s'il y a beaucoup de choses à savoir au sujet de la recharge des véhicules électriques, l'apprentissage de ce nouveau monde se fait rapidement et on y prend un réel plaisir. Servez-vous des renseignements précieux que je vous ai transmis ici comme d'un guide de survie si vous vous sentez un peu perdu dans les types de bornes, standards, réseaux et applications. Souvenez-vous que presque tous les bâtiments possèdent au moins une prise extérieure régulière, et que vous pouvez toujours demander à un bon Samaritain de recharger votre véhicule électrique sur celle-ci. Vous direz donc que c'est vraiment un jeu d'enfant !

Borne de recharge EV-Duty de niveau 2.

UNE VOITURE ÉLECTRIQUE COÛTE-T-ELLE PLUS CHER ?

DANIEL BRETON

Un argument souvent évoqué pour dénigrer la voiture hybride ou électrique est celui du prix. En effet, selon ses détracteurs, il ne serait tout simplement pas rentable d'acheter un véhicule partiellement ou entièrement électrique, puisque le « retour sur investissement » serait trop lent.

Vérifions si cette affirmation est vraie ou fausse.

Une question de priorités

Je trouve toujours plutôt comique l'argument selon lequel le surcoût d'achat d'un véhicule hybride ou électrique n'en vaudrait pas la peine, puisqu'on ne peut récupérer son investissement.

À cet argument, j'opposerai celui-ci : si, lors de l'achat ou de la location d'un véhicule, on ne devait considérer que la stricte question financière pour identifier celui qui nous permettra de rentrer dans nos frais, on ferait mieux de ne jamais s'acheter de voiture, car, à moins que celle-ci ne soit un outil de travail qu'on rentabilise, le transport collectif, le vélo et l'autopartage sont de bien meilleurs investissements, surtout si l'on demeure dans une zone urbaine. En effet, peu importe la marque ou le modèle de la voiture neuve ou du camion léger neuf qu'on achète, on perd à coup sûr des milliers de dollars dès les premières semaines d'utilisation.

Donc, l'argument d'un « investissement rentable ou non », évoqué contre les autos électriques, devrait s'appliquer à tous les véhicules ! Alors, pourquoi ne le fait-on pas ?

Parce que, au final, c'est une simple question de priorités

Si l'on disqualifiait tout véhicule qui pourrait être considéré comme superflu et non rentable, des entreprises telles que Mercedes, Porsche, BMW, Lexus, Ferrari, Bentley, Audi et *tutti quanti* ne vendraient plus un seul véhicule ! En effet, les simples mortels que nous sommes feraient mieux de se promener en Toyota Corolla, Ford Fiesta, Nissan Micra, Dodge Grand Caravan et autres véhicules du même acabit, peu dispendieux et spartiates !

De plus, pourquoi devrions-nous débourser un surplus pour équiper nos voitures d'options « non rentables » telles que : des sièges en cuir, un GPS, une chaîne audio haut de gamme, un régulateur de vitesse, des glaces électriques, l'air conditionné, un système Bluetooth, etc.

La raison est simple : c'est parce que nous sommes prêts à payer pour des choses non essentielles.

À preuve...

- **Le prix d'achat n'est pas si important**
  Le prix moyen d'un véhicule n'est pas de 12 000 $ ou de 15 000 $, mais bien de plus du double. Selon le *Kelley Blue Book* (kbb.com), le prix moyen d'achat pour une voiture ou un camion léger en 2015 était de 33 560 $ US aux États-Unis. Soit environ 46 450 $ CA (selon le taux de change du 2 janvier 2016 à la Banque du Canada) !
- **Le côté pratique n'est pas si important**
  De plus en plus de gens s'achètent des VUS et des camionnettes, alors qu'il y a 15 ans, il se vendait beaucoup plus de petites voitures abordables. Ainsi, de plus en plus de gens font le choix de payer plus pour leur véhicule, car ils considèrent que ce surcoût est justifié. Cet engouement vient d'un effet de mode et de rien d'autre. En effet, si les gens voulaient vraiment des véhicules pratiques, ils se procureraient tous des fourgonnettes.

  Sauf que le problème avec les fourgonnettes est qu'elles sont devenues ringardes aux yeux d'une grande partie de la population. Et qu'est-ce qui est maintenant « tendance » ? Les petits et moyens VUS, les camionnettes et les multisegments (quoi que signifie cette dernière appellation). Pourtant, plusieurs VUS et multisegments ont un plus petit espace intérieur que des fourgonnettes ou même des voitures en version familiale !
- **L'économie d'essence n'est pas si importante**
  Certains constructeurs automobiles tels que Toyota proposent leurs véhicules en versions traditionnelle et hybride (l'hybride coûtant généralement un peu plus de 2000 $ de plus, somme que l'on amortit en peu de temps grâce à l'économie d'essence). Lincoln propose même sa MKZ hybride au même prix que sa version à moteur traditionnel ! Pourtant, bien des gens préfèrent ne pas acheter ces véhicules en version hybride...

Finalement, s'il est vrai que les véhicules hybrides rechargeables et électriques sont vendus à prix initial plus élevé que des concurrents de même catégorie à essence ou au diesel, une fois qu'on a calculé : les milliers de dollars qu'on économise sur l'essence, les rabais gouvernementaux, les milliers de dollars économisés sur l'entretien, et les centaines de dollars économisés sur les assurances...

... la voiture électrique coûte souvent le même prix ou elle est même moins chère que le concurrent à essence.

Par exemple, une Nissan Leaf neuve coûtera le même prix ou moins cher qu'une Honda Civic après environ trois ans d'utilisation. Après cinq ans, vous aurez déjà économisé des milliers de dollars avec la Leaf.

C'est pourquoi le fameux argument supposément « rationnel » de l'argent, qui sert à dénigrer les voitures hybrides et électriques, est, au bout du compte, tout sauf rationnel.

En conclusion, il n'en tient qu'à vous d'établir vos priorités relativement à votre véhicule personnel.

L'ENTRETIEN D'UNE AUTO ÉLECTRIQUE : QUEL ENTRETIEN ?

JACQUES DUVAL

Pas de vidange d'huile, pas de pot d'échappement à remplacer, pas de transmission complexe, pas de bougies à changer, et je pourrais allonger la liste à n'en plus finir. Je m'en abstiendrai pour ne pas nourrir davantage le mythe qui veut que l'une des grandes qualités de l'auto électrique est qu'elle ne nécessite aucun entretien.

Journalistes et grands connaisseurs se sont plu à répandre cette caractéristique des véhicules tout électriques ou à prolongateur d'autonomie. Pour le profane, disons que cet accessoire, le prolongateur d'autonomie, est en réalité un moteur conventionnel à essence prêt à entrer en service lorsque l'autonomie électrique est épuisée. D'où une cure très efficace de l'angoisse et du stress que l'on pourrait éprouver en surveillant le petit cadran qui affiche le nombre de kilomètres restants avant l'expiration de la réserve électrique.

Cela dit, une auto électrique nécessite tout de même un minimum d'entretien.

Le point de vue d'un spécialiste

Pour en avoir le cœur net, nous avons joint Charles Rivard, le gérant du centre de service Tesla sis rue Ferrier à Montréal.

« C'est sûr que même les autos électriques requièrent un minimum d'entretien au moins une fois par année ou tous les 20 000 km, selon la première éventualité », nous dit d'emblée M. Rivard.

Selon notre interlocuteur, ce sont les composantes directement reliées à la sécurité de la voiture qu'il faut mettre en tête de liste, et cela vaut autant pour les autos électriques que pour celles dotées d'un moteur à essence. Cela comprend les éléments de suspension, soit les amortisseurs, les tables de suspension, les rotules ; une inspection d'autant plus importante quand on a affaire à une Tesla Model S de 1950 kg, appelée à rouler sur nos routes en charpie.

Bien que les conducteurs de Tesla croient généralement que le seul entretien nécessaire est le changement des plaquettes de frein, une occurrence rare dans une voiture qui s'arrête d'elle-même grâce au phénomène de la régénération d'énergie lors d'un freinage, il faut tout de même vérifier leur état général et celui des étriers.

La rotation des pneus est aussi recommandée, de même que la vérification du parallélisme de la voiture. Il faut aussi s'assurer qu'il n'y a pas de fuites ni d'usure anormale des composantes. M. Rivard ajoute que, chez Tesla, il est possible que des bulletins de service soient émis pour remplacer ou améliorer certaines pièces, ce qui permet d'optimiser le fonctionnement de l'auto. Après un an ou 20 000 km, il est utile de remplacer le filtre de cabine dont est dotée la Tesla.

L'entretien touche aussi les lames d'essuie-glace et les liquides de frein et de refroidissement (qui peuvent toutefois attendre 40 000 km).

Finalement, un technicien compétent, armé d'un équipement de diagnostic, procédera à un essai routier afin de s'assurer que tout tourne rondement. Un peu de lubrifiant sur les loquets, les pentures et les charnières ne fait pas de tort non plus. Il est prudent de confier une auto électrique ou un hybride rechargeable à des spécialistes formés par le constructeur et non pas à des mécaniciens improvisés qui ne sont pas au courant de ces technologies de pointe.

Tableau central de la Tesla Model S.

Batterie lithium-ion.

TOUTES LES BATTERIES NE SONT PAS NÉES ÉGALES

PIERRE LANGLOIS

Une batterie rechargeable est techniquement appelée un «accumulateur», mais ce terme est peu utilisé dans le langage populaire. Pour simplifier les choses, nous retiendrons le mot «batterie», en omettant le qualificatif «rechargeable», puisque toutes les batteries utilisées dans les véhicules doivent être rechargeables.

Dans le texte qui suit, nous exposerons les principales caractéristiques des diverses batteries que l'on trouve sur le marché pour les véhicules.

IMPORTANT: Lorsqu'on caractérise la durée de vie des batteries en nombre de cycles de recharge, on considère des recharges profondes (plus de 80% de la capacité de stockage), et la limite correspond au moment où la batterie a perdu 20% de sa capacité initiale.

Les batteries au plomb

Les batteries au plomb ont été commercialisées à la fin du XIXe siècle et on les retrouve encore de nos jours dans les voitures et camions pour faire démarrer les moteurs à combustion. Elles sont lourdes et peuvent stocker de 30 à 50 Wh d'énergie électrique par kg (30-50 Wh/kg). Leur durée de vie est limitée approximativement à 300 cycles de décharge profonde. Le nombre de cycles est supérieur si l'on ne prélève que 30 % ou 40 % de l'énergie avant de recharger.

Les batteries nickel-hydrure métallique (NiMH)

Les batteries NiMH ont été commercialisées dans les années 1990 et sont utilisées par Toyota pour tous ses véhicules hybrides. Elles peuvent stocker de 60 à 120 Wh/kg et endurer 500 décharges profondes à 80 %. Toutefois, en surdimensionnant la batterie et en ne prélevant que 10 % de l'énergie électrique, comme c'est le cas dans une voiture hybride ordinaire (non branchable), on peut prolonger considérablement la vie de la batterie. C'est ainsi que la batterie NiMH des Toyota dure pratiquement toute la vie de ces véhicules qui peuvent atteindre plus de 400 000 km avec la batterie d'origine.

Les batteries lithium-ion (Li-ion)

On appelle « ion » un atome qui a plus ou moins d'électrons qu'un atome neutre, et qui possède de ce fait une charge électrique. Le va-et-vient des ions lithium entre la borne positive et la borne négative d'une batterie Li-ion (selon qu'on la recharge ou la décharge) s'effectue à travers ce qu'on appelle un « électrolyte », le plus souvent liquide, mais aussi solide (film de polymère). Pour rendre les films de polymère plus conducteurs, on y ajoute souvent un gel, et on parle d'une « batterie Li-ion polymère ». Généralement, la partie négative de la batterie (anode, reliée à la borne négative) est constituée de graphite (forme de carbone), alors que la partie positive (cathode) est faite d'un ou plusieurs oxydes métalliques.

Ce sont les travaux de John Goodenough, alors qu'il était professeur à Oxford (Angleterre), qui ont permis la mise au point de la première batterie Li-ion réellement fonctionnelle, en 1980. Sa cathode était composée d'oxyde de cobalt. Sony la commercialisera en premier, en 1991. Bien que ce type de batterie Li-ion soit très utile pour les appareils portables (caméras, ordinateurs, téléphones) exigeant de faibles courants, cette chimie s'emballe thermiquement trop facilement lorsqu'on veut en tirer de forts courants et il peut en résulter des incendies. C'est pourquoi on ne l'emploie pas dans les véhicules électriques.

Laboratoire de batteries de l'IREQ

Hyundai Ioniq.

Batteries Li-ion au phosphate de fer (LFP)

L'emploi du phosphate de fer dans la cathode des batteries Li-ion a aussi été mis en œuvre par le professeur Goodenough, cette fois à l'Université du Texas en 1996. Les batteries LFP ont été considérablement améliorées par les chercheurs de l'Institut de recherche d'Hydro-Québec (IREQ) et de l'Université de Montréal au tournant du XXIe siècle, pour leur permettre de débiter de forts courants et ainsi augmenter de beaucoup leur longévité.

Cette chimie, très sûre, évite les emballements thermiques et les incendies que pourrait causer un court-circuit. Ce type de batterie peut stocker de 90 à 120 Wh/kg d'énergie électrique, trois fois plus qu'une batterie au plomb, et subir de 1000 à 4000 décharges profondes.

Ces batteries sont commercialisées, entre autres, par BYD, en Chine, qui les intègre dans ses voitures et autobus électriques, et par A123 Systems, aux États-Unis, qui commercialise des batteries 12V pour remplacer les batteries au plomb dans les voitures micro-hybrides avec un système d'arrêt-départ.

Batteries Li-ion au nickel-cobalt-aluminium (NCA)

Les batteries Li-ion NCA sont utilisées par Tesla Motors dans ses véhicules. Elles lui sont fournies par Panasonic. Leur principal avantage est leur légèreté. Elles peuvent stocker de 200 à 260 Wh/kg, soit deux fois plus que les batteries Li-ion LFP du même poids. Toutefois, leur durée de vie est limitée à environ 500 cycles de décharge-recharge profonde. Ce désavantage est compensé par une grosse batterie, comme sur les véhicules Tesla (425 km d'autonomie). En effet, une grosse batterie est rechargée bien moins souvent qu'une plus petite, ou on la recharge partiellement chaque jour en y ajoutant ce qu'on a consommé dans la journée, ce qui ne représente souvent que 20 % de sa pleine charge. Or, des recharges partielles augmentent de beaucoup le nombre de cycles de recharge.

Une raison importante a incité Tesla à utiliser ces batteries : produites en grand nombre pour l'industrie de l'électronique, elles coûtent donc moins cher. Mais cet avantage s'estompe graduellement avec l'augmentation de la production d'autres types de batteries Li-ion pour les véhicules.

Batteries Li-ion au nickel-manganèse-cobalt (NMC)

Les batteries Li-ion NMC sont celles qui ont présentement le plus de potentialités pour les véhicules électriques. Elles ont été mises au point aux États-Unis par l'Argonne National Laboratory et l'entreprise 3M au tournant du XXIe siècle.

La densité massique d'énergie stockée est très intéressante, soit de 130 à 220 Wh/kg. Leur durée de vie est bien supérieure à celle des batteries Li-ion NCA, puisqu'elles peuvent encaisser de 1000 à 2000 recharges profondes, soit deux à quatre fois plus.

La compagnie Samsung SDI, qui fournit les batteries à BMW pour ses véhicules électriques, utilise la technologie NMC. Samsung SDI sera également le fournisseur de batteries NMC pour le VUS électrique iEV6S de la chinoise JAC Motors.

Par ailleurs, LG Chem, qui fournit des batteries pour les véhicules électriques ou hybrides rechargeables de GM, Ford, Chrysler, Renault, Mercedes/Smart et Volvo, a signé des ententes avec Argonne Lab (2011) et 3M (2015) pour des licences sur les batteries Li-ion NMC. LG Chem a toujours décrit ses batteries comme étant « riches en manganèse », ce qui implicitement indique la présence d'autres métaux dans leur cathode, mais l'entreprise est très avare de détails. Comme elle a pris des licences pour les batteries NMC, il semble que LG Chem utilisera cette chimie de batterie pour les véhicules électriques. Et, puisque LG Chem utilise un polymère pour l'électrolyte, ce sont des batteries Li-ion polymère.

Il est à noter que Tesla est en pourparlers avec LG Chem et Samsung SDI pour s'approvisionner en batteries, en prévision des augmentations importantes des ventes de ses véhicules. Tesla prévoit donc également utiliser des batteries NMC.

Batteries Li-ion au titanate (LTO)

L'utilisation de titanate au lieu de carbone dans l'anode d'une batterie Li-ion remonte aux années 1980. Ces batteries, désignées sous l'abréviation LTO dans la littérature, ont connu des développements importants à l'Institut de recherche d'Hydro-Québec (IREQ) depuis le tournant du siècle. En utilisant du phosphate de fer pour la cathode, les chercheurs de l'IREQ ont démontré en laboratoire qu'on peut recharger ce type de batterie plus de 30 000 fois, de 0 % à 100 % de sa capacité de stockage en 6 minutes, sans perte de capacité ! La stabilité thermique est exceptionnelle, et par conséquent la batterie est très sûre. Ses performances à des températures aussi basses que -30 °C sont remarquables. Toutefois, le désavantage pour les voitures électriques, c'est que ces batteries sont plus lourdes. La densité d'énergie stockée n'est que de 57 Wh/kg.

Une version utilisant une formulation différente à la cathode (au lieu du phosphate de fer) a été commercialisée par Toshiba sous le nom de batterie SCiB. Sa densité d'énergie massique est de 90 Wh/kg et sa durée de vie serait de 10 000 cycles. L'entreprise Proterra les utilise dans ses autobus électriques à recharge ultrarapide (moins de 10 minutes aux extrémités des parcours). Dans ce type d'application, l'autonomie de l'autobus n'a pas besoin de dépasser 50 km, en raison des

Motorisation électrique TM4

nombreuses recharges quotidiennes ; on peut donc se contenter d'une petite batterie.

Batteries lithium-métal-polymère (LMP)

Dans les années 1990, l'Institut de recherche d'Hydro-Québec et l'Université de Montréal ont développé une batterie au lithium entièrement solide, la batterie lithium-métal-polymère (LMP). Dans cette batterie, l'anode est constituée d'une mince feuille de lithium métallique et l'électrolyte, d'une mince feuille de polymère sans gel ni pâte, donc entièrement solide. Dans les années 2000, cette technologie a été acquise par le groupe Bolloré qui travaillait également sur ce type de batterie. La filiale Blue Solutions de Bolloré fabrique présentement une version de la batterie LMP à son usine Bathium de Montréal, version destinée aux voitures électriques citadines Bluecar de Bolloré, en France et ailleurs, principalement dans des systèmes d'autopartage et dans les minibus de Bolloré (Bluetram, Bluebus).

Les seules caractéristiques officielles que nous avons pu trouver sur la batterie LMP sont sur le site de la Bluecar : (bluecar.fr). On y lit que la batterie a une masse de 300 kg et une capacité de stockage de 30 kWh, ce qui fait une densité d'énergie massique de 100 Wh/kg pour le bloc-batterie au complet. On peut en déduire que la densité d'énergie au niveau des cellules individuelles devrait être de l'ordre de 120 à 140 Wh/kg. On y apprend également que la Bluecar peut parcourir près de 250 km en cycle urbain sur une pleine charge, et qu'en principe on peut parcourir 400 000 km sur la vie de la batterie. Le nombre de cycles de recharge profonde serait de 2000 à 3000 selon l'information sur le site, bien qu'il n'y ait aucune mention sur les conditions (profondeur de décharge, rapidité de la charge). De plus, l'aspect tout solide de la LMP en fait une batterie très sûre.

Toutefois, ce type de batterie souffre de deux faiblesses majeures. La première est qu'on doit les chauffer en permanence pour les maintenir à 80 °C environ, même lorsque la voiture est à l'arrêt et stationnée, si l'on veut pouvoir redémarrer rapidement, quand bon nous semble. Pour ce faire, la voiture doit toujours être branchée quand on ne l'utilise pas, sinon sa batterie se vide en trois jours environ dans un pays comme la France, et en moins de temps en hiver dans un pays nordique. Si la voiture ne roule que 2 heures par jour, on dépense donc autant d'électricité à maintenir la batterie au chaud qu'à rouler !

La seconde faiblesse est la puissance de la batterie, qui est de 5 à 10 fois inférieure à celle des bonnes batteries Li-ion du même poids. Cela se traduit par une impossibilité de faire des recharges rapides et d'accélérer convenablement (trop faibles courants électriques). Voilà pourquoi on l'utilise dans une voiture citadine de faible puissance. La puissance crête de la Bluecar n'est que de 50 kW (pour 30 secondes seulement), comparativement au moteur de la future Chevrolet Bolt, qui sera de 150 kW.

Par ailleurs, la batterie LMP de 30 kWh n'étant pas suffisante à elle seule pour fournir le 50 kW de puissance de la Bluecar, il faut lui adjoindre un supercondensateur qui pourra débiter de plus forts courants pendant 30 secondes, le temps d'accélérer. Ensuite la batterie recharge lentement le supercondensateur jusqu'au prochain appel de puissance. Il faut donc oublier les régions montagneuses et la conduite sportive.

Cellule lithium-ion en plaque.

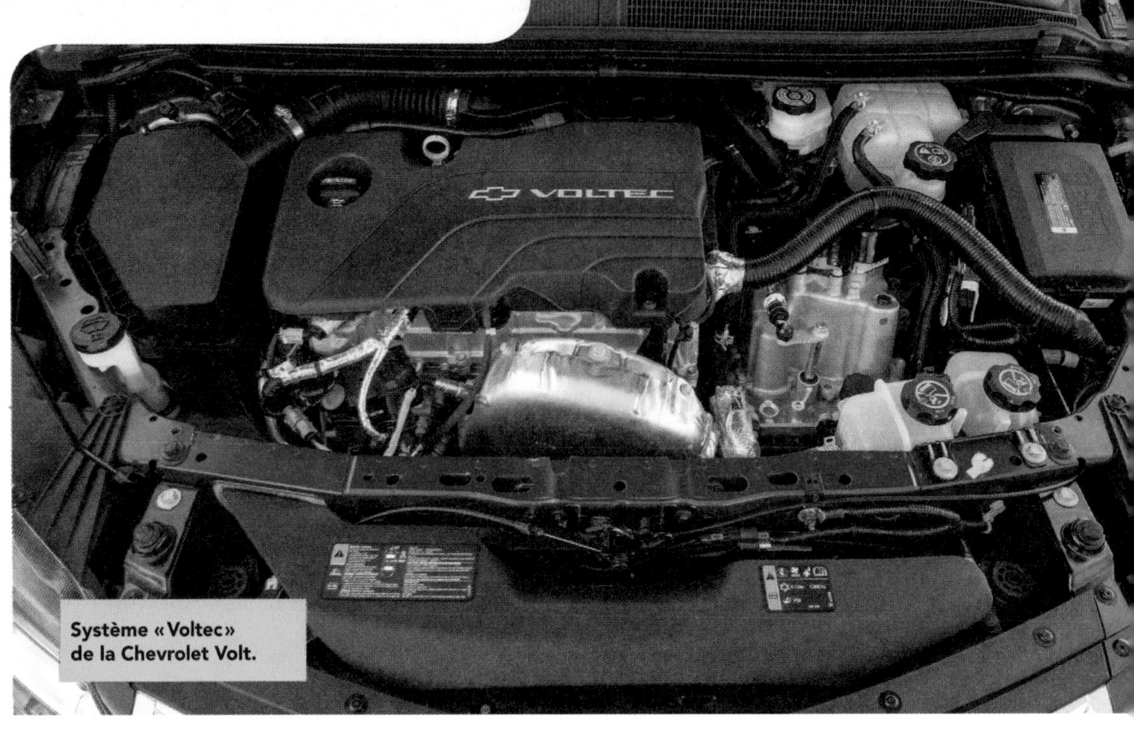

Système « Voltec » de la Chevrolet Volt.

LA BATTERIE : CLÉ DE L'AUTO ÉLECTRIQUE

PIERRE LANGLOIS

La raison fondamentale qui limite l'autonomie des voitures électriques est la quantité d'énergie qu'on peut stocker dans la batterie. Présentement, on a besoin d'une batterie lithium-ion de 700 kg pour parcourir 500 km, ce qui équivaut à dix adultes de 70 kg !

Six critères principaux à satisfaire

Bien qu'elle doive être la plus légère possible, une bonne batterie doit satisfaire à six critères principaux :

1. Volume et poids minimums
2. Très sûre
3. Faible coût
4. Résistance aux températures extrêmes (-30 °C à +60 °C)
5. Longue durée (plus de 1 500 recharges)
6. Recharge rapide

1. Volume et poids minimums

Les experts s'attendent à ce qu'on diminue de 30 à 50 % le poids des batteries lithium-ion d'ici 2020, grâce à l'ajout de silicium.
Mais si les résultats de Paraclete Energy (paracleteenergy.com) sont avérés, il est possible que des batteries Li-ion presque deux fois plus légères soient disponibles dès 2016 ou 2017 pour les véhicules électriques. À plus long terme, des batteries lithium-air pourraient réduire d'un facteur 5 le poids des batteries actuelles.

2. Très sûre

Les fabricants d'automobiles électriques utilisent un système performant de gestion de la batterie, qui permet d'identifier rapidement une cellule potentiellement problématique et de l'isoler pour empêcher tout dommage. Jusqu'à maintenant, les statistiques démontrent que la sécurité est au rendez-vous : plus d'un million de véhicules électriques roulent sur les routes depuis septembre 2015, sans problèmes majeurs.

3. Faible coût

Le coût des batteries diminue plus rapidement qu'on ne l'avait cru. C'est ce que révèle une méta-étude publiée en 2015. On est passé d'un coût moyen d'environ 1200 $ le kWh de capacité en 2007, à 410 $ le kWh en 2014, ce qui représente une diminution annuelle moyenne de 14 %. Ces chiffres sont une moyenne, et les batteries les plus performantes, comme celles de Tesla, sont déjà sous les 300 $ le kWh.

De plus, la production mondiale des batteries lithium-ion devrait tripler d'ici 2020. La méga-usine que construit Tesla au Nevada, en collaboration avec Panasonic, devrait doubler la production mondiale de 2014 d'ici quelques années. On doit donc s'attendre à ce que le prix des batteries lithium-ion continue de décroître à un bon rythme d'ici 2020, pour descendre sous les 200 $ le kWh et atteindre possiblement les 125 $ le kWh vers 2025.

4. Résistance aux températures extrêmes

Les voitures électriques doivent pouvoir circuler dans toutes les conditions météorologiques, de -30 °C à +50 °C. À ces extrêmes, les batteries perdent de leur capacité et peuvent même se dégrader. Pour prolonger leur vie et augmenter leur performance, on installe des systèmes de gestion thermique qui les chauffent ou les refroidissent. On peut même programmer l'heure à laquelle on veut que la voiture soit prête pour le départ, avec une batterie pleine à température convenable, alors que la voiture est branchée pour la recharge.

Plancher avec batterie de la Chevrolet Volt.

Ports de recharge de la Nissan Leaf.

5. Longue durée

Une voiture électrique qui (dans la vraie vie) parcourt 130 km sur une pleine charge devra être rechargée environ 200 fois par année pour environ de 20 000 km. En 10 ans, cela équivaut à 2000 recharges. Si la batterie est deux fois plus grosse et qu'on parcourt la même distance, on n'aura besoin que de 1000 recharges. C'est ainsi que Tesla Motors propose une garantie de kilométrage illimité sur sa batterie, puisqu'elle est trois fois plus grosse que les batteries des autres véhicules électriques commerciaux. Généralement, les autres fabricants proposent une garantie de 160 000 km, en précisant que la batterie pourrait avoir perdu de 20 à 30 % de sa capacité à ce moment.

6. Recharge rapide

Les bonnes batteries devront permettre de regagner environ 250 km d'autonomie en 30 minutes de recharge aux futures bornes de niveau 3 à 150 kW. Ces bornes devraient apparaître d'ici 2020.

Une seconde vie et le recyclage

Plusieurs fabricants d'automobiles pensent déjà à récupérer les batteries à la fin de leur vie utile pour leur donner une seconde vie au sol. Elles pourraient servir à stocker l'énergie des panneaux solaires ou du réseau électrique. Un gros marché en vue.

En effet, après avoir roulé 200 000 km ou plus, les batteries des automobiles seront encore bonnes ; elles auront simplement perdu environ 25 % de leur capacité. Si ce pourcentage est critique pour un véhicule, il ne représente aucun inconvénient au sol.

Ce n'est donc, en principe, qu'après une vingtaine d'années qu'on enverra le gros des batteries usagées au recyclage. En Amérique du Nord, le leader dans le domaine est Retriev Technologies (retrievtech.com). Cette entreprise a reçu une subvention de 9,5 millions $ US en 2009 du département américain de l'énergie (DOE) pour construire une usine destinée au recyclage des batteries lithium-ion de l'industrie automobile.

En principe, il est possible de recycler plus de 80 % des matériaux constituant les batteries lithium-ion. Toutefois, s'il est actuellement rentable de recycler le cobalt et le nickel, ça ne l'est pas encore pour le manganèse et le fer qu'on trouve dans certains types de batteries lithium-ion. Ça ne l'est pas non plus pour le lithium ni pour le graphite (forme de carbone) qu'on trouve dans la très grande majorité des batteries lithium-ion. Il en coûte moins cher d'extraire ces minerais du sous-sol.

Il faudra donc élaborer une réglementation stricte et mettre en place des incitatifs au recyclage. En principe, on ne devrait pas avoir à augmenter le prix des batteries pour cela, puisqu'elles auront une valeur de revente pour leur seconde vie, avant l'étape du recyclage.

Cela dit, une chose est certaine sur le plan environnemental : il est essentiel que les gens achètent un véhicule électrique qui dispose d'une batterie adaptée à leurs besoins. Acheter un véhicule électrique de 500 km d'autonomie n'a aucun sens si 90 % de nos trajets quotidiens sont inférieurs à 50 km et que nous pouvons recharger notre automobile tous les jours.

Peut-être en viendrons-nous à la conclusion qu'un véhicule équipé d'un prolongateur d'autonomie à carburant et d'une batterie de 100 km d'autonomie est plus viable sur le plan environnemental qu'un véhicule entièrement électrique équipé d'une grosse batterie de 500 km. Surtout qu'avec une petite batterie de 100 km, on peut faire 90 % des kilomètres en mode électrique. Pour les 10 % restants, on pourrait utiliser des biocarburants de deuxième génération fabriqués à partir de déchets et de résidus.

Batteries de la Nissan Leaf.

Toyota Mirai.

VERS L'HYDROGÈNE OU L'ÉLECTRIQUE?

PIERRE LANGLOIS

Les véhicules à hydrogène arrivent finalement sur le marché en 2016. D'abord, les quantités seront minimes, quelques centaines d'unités, faute d'infrastructures pour faire le plein d'hydrogène.

Essentiellement, un véhicule à hydrogène est un véhicule électrique qui utilise ce qu'on appelle une pile à combustible (PAC) au lieu d'une batterie. La PAC produit l'électricité nécessaire au fonctionnement du moteur électrique, aussi longtemps qu'on l'alimente en hydrogène. Il faut donc faire le plein de ce gaz à des stations qui l'injecteront sous haute pression dans le réservoir du véhicule. Un plein dure environ 5 minutes et donne de 400 à 500 km d'autonomie, selon le véhicule.

L'hydrogène réagit avec l'oxygène de l'air dans la PAC et forme de l'eau qui est évacuée par le pot d'échappement. Un tel véhicule ne produit aucune émission polluante ni gaz à effet de serre (GES).

Le principal argument de vente des véhicules à PAC-hydrogène, c'est qu'on peut faire le plein d'hydrogène en 5 minutes pour une autonomie de 500 km, contrairement aux véhicules électriques à batterie dont l'autonomie est plus limitée et dont la recharge exige plusieurs heures.

À première vue, cette technologie semble géniale. Toutefois, en y regardant de plus près, on constate que les problèmes touchent la production et la distribution de l'hydrogène. De plus, ce véhicule entraîne des coûts bien supérieurs.

L'hydrogène et les carburants fossiles

Le hic, c'est que 95 % de l'hydrogène est actuellement produit à partir des carburants fossiles, principalement le gaz naturel. La filière hydrogène, c'est donc, en un sens, une continuation de l'exploitation des carburants fossiles. S'il n'y a pas d'émissions toxiques ni de GES produits par un véhicule à PAC-hydrogène, l'usine qui produit l'hydrogène, elle, émet des GES et des polluants.

Les études sur le cycle de vie de l'hydrogène démontrent qu'une voiture à PAC-hydrogène émet autant de GES qu'une voiture hybride à essence consommant environ 5 L/100 km. Et, contrairement aux voitures électriques à batterie, qui deviennent toujours plus propres avec l'augmentation des énergies renouvelables pour produire l'électricité, les voitures à PAC-hydrogène vont continuer leurs émissions indirectes de GES liées à la production de l'hydrogène. Ce bilan ira d'ailleurs en empirant, puisque la production de gaz naturel issu des schistes augmentera de façon exponentielle. Or, l'impact écologique et en GES de ce type d'exploitation se rapproche de celui du charbon.

Produire l'hydrogène par électrolyse de l'eau avec de l'énergie renouvelable ?

On pourrait, en principe, produire l'hydrogène par électrolyse de l'eau en utilisant de l'électricité issue d'énergies renouvelables, à peu près sans émettre de GES. Mais le prix de l'hydrogène ainsi produit serait de 40 à 80 % plus élevé qu'en utilisant le reformage du gaz naturel.

Par ailleurs, cette façon d'utiliser l'électricité pour se déplacer en voiture est extrêmement inefficace. On a besoin de trois fois plus d'électricité pour faire parcourir la même distance à une voiture à PAC-hydrogène qu'à une voiture électrique à batterie. C'est beaucoup plus simple, beaucoup plus efficace et bien moins cher d'envoyer l'électricité directement dans la batterie d'une voiture électrique par le réseau électrique.

Comparaison avec une voiture électrique à prolongateur d'autonomie

Si le principal argument de vente des voitures à hydrogène, outre l'absence de pollution au lieu d'utilisation, est de pouvoir faire le plein en

Port de remplissage d'hydrogène.

Une Chevrolet Volt branchée sur une borne de niveau 2.

5 minutes et d'avoir une autonomie de 500 km, alors pourquoi ne pas utiliser une voiture électrique avec prolongateur d'autonomie, comme la Chevrolet Volt ? Cette dernière peut parcourir 90 % de ses kilomètres à l'électricité, remplir son réservoir d'essence en 5 minutes si nécessaire, et disposer d'une autonomie totale (électricité + essence) de 670 km. Sans compter que l'infrastructure est déjà en place pour l'essence ; pas besoin de débourser un sou. Et les 10 % des kilomètres parcourus avec de l'essence le seront essentiellement hors des villes, lors de longs trajets, puisque l'autonomie électrique de la Volt 2016 est de 85 km. Dans les endroits où les réseaux électriques sont propres, comme au Québec et en Ontario, ou dans les États du Vermont et de Washington, une voiture comme la Volt émettra beaucoup moins de GES qu'une voiture à PAC-hydrogène. Et ailleurs aux États-Unis et au Canada, cela s'équivaut sensiblement pour la grande majorité des gens.

Les PAC-hydrogène ont pris du retard pendant que les batteries évoluaient

Au tournant du siècle, on prévoyait que les voitures à PAC-hydrogène arriveraient sur le marché vers 2007-2008. On a donc près de 10 ans de retard sur l'échéancier de commercialisation. Pendant ce temps, les batteries lithium-ion ont progressé à la vitesse grand V : le prix a diminué et les performances ont augmenté. Une voiture électrique comme la Tesla Model S, avec 425 km d'autonomie, est apparue, et l'infrastructure de recharge pour tous les véhicules électriques a progressé rapidement. Avec les superchargeurs de Tesla, on peut déjà ajouter 200 km d'autonomie en 20 minutes, gratuitement.

Ceux qui s'étaient engagés dans le développement des véhicules à PAC-hydrogène n'avaient pas prévu cela.

Une technologie très chère à tous points de vue

Question de prix, les voitures à PAC-hydrogène coûteront autour de 60 000 $, donc de 20 000 $ à 25 000 $ de plus que la grande majorité des voitures électriques. Et, en 2017, il y aura sur le marché deux ou trois voitures électriques à batterie de 300 km d'autonomie, dont la Chevrolet Bolt et la Tesla Model 3, à moins de 40 000 $.

En ce qui concerne le coût de l'hydrogène, lors de la J.P. Morgan 2014 Auto Conference qui s'est tenue à New York, le vice-président principal de Toyota, Bob Carter, déclarait qu'il en coûterait autour de 50 $ pour faire le plein de la Mirai et parcourir environ 500 km. Or, à 10 ¢ le kWh, il en coûte seulement 10 $ pour parcourir la même distance avec une voiture électrique à batterie. L'hydrogène coûte donc cinq fois plus cher que l'électricité et à peu près le même prix que l'essence.

Par conséquent, si l'on peut récupérer le surcoût d'achat d'une voiture électrique grâce aux économies de carburant, ce ne sera pas possible avec les voitures à PAC-hydrogène, d'autant que le surcoût à l'achat sera beaucoup plus grand.

Du côté des stations d'hydrogène, une étude détaillée, réalisée en 2013 par le National Renewable Energy Laboratory (NREL) aux États-Unis, a établi qu'il en coûterait 2,8 millions $ US en 2016 pour une station capable de fournir 333 kg d'hydrogène par jour, soit une soixantaine de pleins pour une voiture comme la Mirai, alors qu'une borne de recharge rapide coûte moins de 70 000 $ et peut effectuer une trentaine de pleins d'électricité par jour. Et n'oublions pas que la grande majorité des recharges des voitures électriques s'effectueront à la maison ou au travail, et non dans une station-service.

En conclusion

On est en droit de se demander qui voudra d'une voiture à PAC-hydrogène beaucoup plus chère à l'achat qu'une voiture électrique. Et qui voudra payer cinq fois plus cher pour faire le plein dans des stations rarissimes, sans qu'il y ait de gain environnemental ?

Système hybride du constructeur BMW.

QUELLE EST VOTRE MEILLEURE OPTION ? HYBRIDE, HYBRIDE RECHARGEABLE, ÉLECTRIQUE ?

DANIEL BRETON

Lorsque des gens me demandent si je leur recommanderais l'achat de telle ou telle voiture électrique, je dois inévitablement leur poser certaines questions afin de connaître leurs besoins (à ne pas confondre avec leurs désirs). Ce n'est qu'une fois que nous aurons identifié ces besoins que nous pourrons déterminer ensemble le ou les véhicules qui peuvent satisfaire ces besoins.

D'entrée de jeu, il est important que les gens sachent qu'il n'y a pas de véhicule parfait. Comme le dit l'adage, un choix implique une perte. Chacun doit donc déterminer ce qui est prioritaire et ce qui est moins important.

Voici donc une liste de questions et considérations sur lesquelles vous devez vous pencher pour choisir votre véhicule écoénergétique.

1. Combien êtes-vous prêt à payer ?

Attention. Contrairement au choix d'un véhicule traditionnel, vous devez faire le court calcul suivant : coût d'acquisition du véhicule + coût de carburant (essence et/ou électricité) + coûts d'entretien + coût d'assurance. La raison de ce calcul est fort simple : si vous ne considérez que le coût d'achat ou de location, vous trouverez fort probablement qu'un véhicule partiellement ou entièrement électrique est très (trop) cher. Pourtant, lorsqu'on tient compte de l'ensemble des coûts de possession tels que le carburant + l'entretien, la donne change et une voiture hybride ou électrique devient souvent moins chère qu'une voiture à essence.

2. Quel kilométrage maximum parcourez-vous par jour ou par semaine ?

Près de 90 % des Nord-Américains parcourent moins de 60 km par jour pour se rendre au travail et en revenir. Pourtant, la très grande majorité des gens considère que l'autonomie d'une voiture 100 % électrique est insuffisante, alors que toutes ces voitures peuvent facilement parcourir plus de 75 km par jour. Cela s'explique en partie par le fait que les automobilistes savent qu'il leur arrive parfois de parcourir de plus grandes distances lors de vacances ou de longs week-ends.

Si vous n'avez besoin de franchir de grandes distances que deux semaines par an, lors de vos vacances, vous devriez plutôt songer à la location ou à l'échange d'un véhicule adapté à ces voyages pour cette courte période, plutôt que de vous procurer un véhicule que vous utiliserez trop peu, ou mal, durant les 50 autres semaines de l'année.

3. Dans quelle région d'Amérique du Nord demeurez-vous ?

Le choix d'une voiture sera aussi déterminé par la région où vous demeurez. En effet, dans certaines régions, la production d'électricité est encore trop polluante pour que les gens passent à une voiture 100 % électrique. Les gains écologiques y seraient quasi nuls.

Ainsi, si vous habitez :

- à Kansas City, où 82 % de l'électricité est produite par du charbon, mieux vaut vous acheter une voiture hybride plutôt qu'une hybride rechargeable ou 100 % électrique, car vos gains écologiques seront supérieurs ;
- à Denver, où 65 % de l'électricité est produite par du charbon, le choix devient moins clair. Informez-vous afin de savoir si votre région s'efforce d'abandonner le charbon pour des énergies renouvelables. Si c'est le cas, vous pouvez passer aux véhicules dits « branchables » ;

- à Washington, où 53 % de l'électricité est produite par du charbon, vous atteignez le point de bascule. Vous pouvez passer à un véhicule branchable ;
- à Los Angeles, où 33 % de l'électricité est produite par du charbon, ou à Miami, où 60 % de l'électricité est produite par du gaz naturel, vous pouvez, sans problème, passer à l'électrique ;
- à New York, où 36 % de l'électricité est produite par du gaz naturel, choisissez une auto électrique ou une hybride rechargeable.

Et si vous habitez une ville comme Portland, en Oregon, où 63 % de l'énergie est obtenu de l'hydroélectricité, ou Seattle, où cette valeur atteint 71 %, ou si vous vivez au Québec, où l'électricité est à 99 % renouvelable, qu'attendez-vous pour passer à l'électrique ?

4. Votre foyer possède-t-il un ou plusieurs véhicules ?

Si vous possédez plus d'un véhicule, il y a de très fortes chances que vous puissiez en avoir au moins un tout électrique. En effet, la probabilité de devoir parcourir de longues distances avec tous vos véhicules est sûrement très faible. Si vous n'en possédez qu'un seul et qu'il vous arrive de parcourir plus de 80 km, je vous suggère de passer à un modèle hybride rechargeable, hybride ou écoénergétique.

5. Pouvez-vous brancher votre véhicule à la maison ou tout près de la maison ?

Si vous habitez dans le centre d'une ville, un immeuble résidentiel, au dernier étage d'un triplex ou à tout autre endroit où vous ne pourrez brancher votre véhicule de façon pratique et sûre, vous devriez opter pour le covoiturage, l'autopartage, le transport collectif ou… un véhicule non branchable tel un modèle hybride ou écoénergétique.

6. Avez-vous une grosse famille ?

Évidemment, nous ne parlons plus des familles du passé. Aujourd'hui, tout foyer de trois enfants et plus est considéré comme une grande famille. Si c'est le cas, vous seriez mieux avisé de vous procurer une fourgonnette ou même un VUS écoénergétique, si c'est votre seul véhicule. Certains modèles à 6 et 7 passagers pourraient peut-être répondre à vos besoins. Voici quelques propositions : Toyota Highlander hybride (le plus écoénergétique et le plus cher de cette liste) ; Nissan Quest ; Honda Odyssey ; Toyota Sienna ; et même Dodge Grand Caravan (moins cher à l'achat, mais qui consomme plus que les autres).

Une fois que vous aurez répondu à ces questions, je vous invite à lire les textes sur les divers véhicules dont nous avons fait l'essai afin de déterminer votre meilleur choix.

36% de l'électricité de New York est produite à partir de gaz naturel.

MÉFIEZ-VOUS DES VENDEURS D'AUTOS HYBRIDES ET ÉLECTRIQUES

DANIEL BRETON

Vous me trouvez dur, brutal même ? Vous avez raison. Mais c'est tout sauf gratuit. En effet, il y a un peu plus de 15 ans, je me suis intéressé à l'achat d'une voiture hybride. À cette époque, il n'y avait que deux modèles disponibles : la Toyota Prius et la Honda Insight, toutes deux de 1re génération.

J'ai d'abord commencé à recueillir des informations sur le Web, puis je me suis rendu chez un concessionnaire pour voir une de ces voitures de plus près. Le vendeur n'en avait pas. Je suis alors allé chez un deuxième concessionnaire, puis un troisième… Au final, j'ai mis plus de trois mois à trouver ces deux modèles et à les essayer.

Chaque fois que je rencontrais un vendeur, j'entendais à peu près toujours les mêmes réponses : « On n'en a pas en stock » ; « C'est sur commande » ; « Ça va prendre des mois. » Sans compter l'ineffable : « Vous savez, on a peu d'informations sur ce modèle. »

Ce discours que j'entendais il y a 15 ans, je l'entends encore aujourd'hui, et ce, chez tous les constructeurs.

C'est pourquoi, à l'époque, j'avais rassemblé moi-même toutes les informations disponibles sur Internet afin de pouvoir négocier exactement ce que je voulais chez les concessionnaires.

J'ai finalement choisi la Honda Insight... et 15 ans plus tard il m'arrive encore de la conduire à l'occasion.

En résumé, ce n'est pas grâce aux concessionnaires que je me suis acheté cette voiture, mais malgré eux. *Si cette situation pouvait sembler « normale » il y a 15 ans, vu la nouveauté du produit et de la technologie, elle ne l'est absolument plus aujourd'hui, et pourtant elle se produit encore.*

La question est : Pourquoi ?

Plusieurs raisons expliquent ces problèmes :

1. Le manque d'intérêt des concessionnaires

Ces nouveaux produits que sont les véhicules hybrides, hybrides rechargeables et électriques ne sont distribués qu'en petit nombre dans la majorité des régions d'Amérique du Nord. Or, qui dit petit nombre dit ventes marginales. Et qui dit ventes marginales dit profits marginaux. Donc, une bonne partie des concessionnaires ne veulent pas perdre de temps, d'énergie et d'argent à tenter de vendre des véhicules peu nombreux. Ils préfèrent de beaucoup vendre ceux qu'ils ont déjà en stock. C'est plus payant et moins compliqué...

2. Les surcoûts et pertes pour les concessionnaires

Ces nouvelles technologies exigent des investissements en équipements (dans les six chiffres) pour assurer la réparation et l'entretien. Les mécaniciens doivent aller suivre des formations spécifiques pour ces véhicules. Ainsi, il n'est pas rare qu'un seul mécanicien, dans un établissement, soit réellement formé pour travailler sur un tel véhicule. Enfin, une voiture hybride rechargeable ou une 100 % électrique réduit les profits tirés de l'entretien. Par exemple, les coûts d'entretien de la Smart Electric Drive de ma conjointe sont de moins de la moitié de ceux d'une Smart à essence.

Dites-vous bien que nombre de mécaniciens ne voient pas d'un bon œil l'arrivée des voitures électriques, car ils sont bien conscients que ce type de technologie, nécessitant très peu d'entretien et de réparations, finira par mettre plusieurs d'entre eux au chômage.

3. Les justificateurs

Les justificateurs sont ces vendeurs qui trouveront toutes sortes de raisons pour ne pas vous vendre de tels véhicules. « Ce n'est pas bon pour vous » ; « Vous ne faites pas assez de kilométrage » ; « Ça ne vaut pas la peine si vous faites de l'autoroute » ; « Ça ne vaut pas le prix » ; « Vous aurez à peu près les mêmes économies d'essence avec tel autre modèle à essence ou diesel », etc. Beaucoup chez les Allemands, spécialement chez Volkswagen..., voulaient vous vendre leurs super voitures diesels !

Bref, plutôt que de vraiment chercher à comprendre les besoins (à ne pas confondre avec les désirs) des consommateurs et de vraiment envisager qu'ils puissent passer à un véhicule partiellement ou entièrement électrique, ils feront tout pour vous décourager... et tenteront de vous vendre un autre véhicule qu'ils ont en stock.

IMPORTANT : Il ne faut pas confondre les vendeurs sérieux, qui sont à votre écoute, avec les justificateurs qui vous servent des arguments qui ont toutes les apparences de la rationalité, mais n'ont rien de rationnel.

4. La méconnaissance du produit

Plus de 15 ans après avoir vécu ma première expérience d'achat d'une auto hybride, je suis estomaqué de constater à quel point le niveau de méconnaissance de ces technologies demeure élevé chez beaucoup de vendeurs. Ils ne lisent pas sur ces technologies ou ne les comprennent carrément pas. Ils sont parfois même effrayés, car ces nouvelles technologies peuvent sembler plus complexes que pour les voitures traditionnelles. N'oubliez pas que nombre d'acheteurs de ces voitures sont souvent ce qu'on appelle des *« early adopters »* et qu'ils sont très bien informés, souvent même plus que les vendeurs. Ce sont des ingénieurs, des scientifiques, des écolos, des gens qui suivent de près les percées technologiques.

Faire face à une telle clientèle, pour quiconque veut se montrer crédible face à son produit, est matière à sueurs froides.

5. Le manque d'intérêt économique pour les vendeurs

Il faut plus de temps pour vendre de tels véhicules. Expliquer aux gens ces nouvelles technologies et, surtout, une nouvelle façon de se déplacer exige plus de travail que la vente d'un véhicule traditionnel. Or, pour les vendeurs, le temps, c'est de l'argent. Comme ils ne gagnent généralement pas plus d'argent à vendre de tels véhicules, et qu'ils en reçoivent souvent une commission moindre que pour des VUS du même prix, l'intérêt n'est pas souvent au rendez-vous, sauf chez certains vendeurs qui ont compris que l'avenir de la motorisation est là.

6. La méconnaissance des rabais

Étonnamment, il arrive que des concessionnaires ne connaissent pas les rabais gouvernementaux offerts à l'achat ou à la location de voitures hybrides, hybrides rechargeables ou électriques. Plusieurs fois, certains de mes amis ont dû faire part eux-mêmes de l'existence de ces incitatifs à des concessionnaires. Des vendeurs leur avaient dit que ces rabais n'étaient plus disponibles, ou ils en ignoraient carrément l'existence. Aussi récemment qu'en 2014, j'ai constaté cela chez certains concessionnaires.

7. Les gens de mauvaise foi

Certains concessionnaires, plutôt que de soustraire le rabais gouvernemental du prix d'achat de la voiture, font payer le plein prix à l'acheteur et le laissent s'occuper d'aller ensuite réclamer son rabais. Ainsi, ces concessionnaires ne se tapent pas la procédure et n'ont pas à financer le montant du rabais entre la vente et le moment où ils reçoivent le chèque du gouvernement. Certains autres préféreront vous dire qu'ils n'ont pas de telles voitures en stock et n'en commanderont pas.

Je n'ai aucun respect pour les concessionnaires qui agissent ainsi. Ils ne veulent pas savoir que s'ils n'avaient pas ces véhicules hybrides ou électriques dans leur offre, ils ne pourraient pas vendre leurs gros VUS et autres véhicules gloutons, à cause des normes CAFE (nhtsa.gov/fuel-economy).

8. Les machos

Certains vendeurs disent ne pas « croire » en ces technologies et débiteront parfois les raisons et justifications les plus ridicules pour les dénigrer :
« Rien ne vaut un bon vieux moteur à combustion interne. » ; « Les *chars* électriques ne sont pas des vrais *chars*. Ce sont des karts de golf déguisés. » ; « Ça ne fait pas de bruit comme un bon gros V8. » ; « Ça ne sent rien. Ça ne sent pas la bonne odeur de l'essence... » (Je vous jure !) ; « Ça ne *clenche* pas ! » (Celle-là, on ne se la fait plus tellement servir depuis Tesla.)

Bref, toutes les raisons sont bonnes pour ridiculiser et faire passer ces voitures pour des mauviettes de la route. C'est le côté Elvis Gratton du milieu de l'automobile.

Ils ne sont pas tous comme ça !

Je suis conscient qu'à la lecture de ce texte, certains n'auront pas le goût de faire le tour des concessionnaires pour s'acheter une voiture hybride, hybride rechargeable ou électrique.

Oui, pour s'acheter une voiture partiellement ou entièrement électrique, même 15 ans après ma première expérience, il faut être décidé.

Mais l'avènement des médias sociaux, des sites Web et des groupes d'appui aux transports électriques a permis de créer une réelle communauté et a contribué à aider ceux et celles qui veulent être informés et guidés dans ce processus d'achat et de location de ces véhicules et de ces nouveaux modes de transport. Cela facilite la tâche aux gens qui veulent passer à l'électrique.

De plus, il est important de souligner que certains concessionnaires et certains vendeurs ont vraiment à cœur de développer le marché de ces autos. Ils y croient. Ils font un bon travail d'information et donnent un excellent service après-vente. Ils font partie de ces leaders qui ont choisi de faire leur travail tout en contribuant à leur manière à réduire notre dépendance au pétrole, à diminuer nos émissions de gaz à effet de serre et nos émissions polluantes. Ils méritent notre respect.

Mais ils sont encore trop rares, donc méfiez-vous et informez-vous avant de vous rendre chez le concessionnaire, pour savoir s'il s'y connaît. S'il tente de vous vendre autre chose qu'une voiture hybride, hybride rechargeable ou électrique (cette situation arrive très fréquemment), sortez et allez chez un autre vendeur qui vous proposera ce que vous voulez.

QUEL AVENIR NOUS RÉSERVE LA VOITURE ÉLECTRIQUE ?

PIERRE LANGLOIS

Qu'en est-il de l'avenir des voitures électriques ? A priori, il semble très lumineux, mais certains argumentent sur cette question en disant que recharger sa voiture électrique par l'intermédiaire des centrales au charbon ou au gaz naturel n'est pas mieux qu'une voiture à essence sur le plan des gaz à effet de serre (GES). De plus, on sait qu'une voiture électrique émet plus de GES pendant sa fabrication qu'une voiture à essence, à cause de la grosseur de la batterie. Il faut donc d'abord éclaircir cet aspect environnemental avant de statuer sur l'avenir des véhicules électriques.

Par ailleurs, d'autres considérations sont actuellement des freins à la pénétration des voitures électriques : le prix à l'achat, l'autonomie limitée et l'infrastructure de recharge encore peu développée. Pour atténuer ces préoccupations légitimes, il faut bien informer les gens et faire un peu d'anticipation fondée sur ce que l'on sait.

Enfin, l'avenir de la voiture électrique est aussi intimement lié à l'intelligence artificielle, un autre aspect que nous examinerons plus loin.

Les GES émis par les voitures électriques

Aux États-Unis, l'Union of Concerned Scientists a publié une étude en novembre 2015 où l'on compare des voitures électriques et à essence de même catégorie relativement aux GES émis, en tenant compte de la fabrication, de l'usage et du recyclage en fin de vie de ces voitures. Voici leur conclusion :

« En moyenne, les véhicules électriques à batterie représentatifs de ceux qu'on vend aujourd'hui produisent moins de la moitié des gaz à effet de serre des véhicules à essence comparables, même en tenant compte des émissions plus élevées associées à la fabrication des véhicules électriques à batterie. »

Or, ce qu'il faut savoir, c'est que les deux tiers de l'électricité aux États-Unis sont produits par des centrales au charbon et au gaz naturel. Mais il y a des endroits privilégiés, comme au Québec, où 99 % de l'électricité provient d'énergies renouvelables n'émettant pratiquement pas de GES. Sur ce territoire, c'est près de six fois moins de GES qui seraient produits par les voitures électriques à batterie, causés en très grande partie par la fabrication de la voiture et de la batterie (huit tonnes de CO_2 éq.) et par son recyclage en fin de vie (une tonne de CO_2 éq.), alors que les émissions dues à la production d'électricité pour la recharge au Québec seraient inférieures à une tonne de CO_2 éq. sur la vie du véhicule électrique.

Dans les territoires dont l'électricité est moins propre, la tendance lourde est aux énergies renouvelables et à l'efficacité énergétique pour réduire les émissions. C'est ainsi que l'Ontario, qui a fermé ses centrales au charbon dans la dernière décennie, a vu les émissions de GES liées à celles-ci passer de 35 millions de tonnes en 2005 à 5 millions de tonnes en 2015 ! Par ailleurs, l'énergie solaire progresse à une vitesse fulgurante aux États-Unis, avec un taux d'augmentation annuel de 77 % de 2010 à 2014. Notons finalement que l'Agence de protection de l'environnement des États-Unis (EPA), par une réglementation adoptée en août 2015 (Clean Power Plan), force les États à réduire les émissions de GES liées à leurs centrales électriques de 32 % en 2030 par rapport aux valeurs de 2005.

Prototype Toyota Fun VII lors du salon de l'auto de Toronto de 2013.

Prototype Toyota présenté lors du Salon de New York de 2016.

Ainsi, alors que d'un côté les voitures électriques deviennent de plus en plus propres, les voitures à essence deviennent de plus en plus sales, puisqu'on assiste à une explosion de l'exploitation pétrolière provenant de sources non conventionnelles telles que les schistes et les sables bitumineux, spécialement en Amérique du Nord.

Or, ces deux types de pétroles sont beaucoup plus polluants et émetteurs de GES que le pétrole conventionnel.

Le prix à l'achat, les infrastructures de recharge et l'autonomie

Les gens s'arrêtent souvent au prix affiché sur une voiture électrique chez leur concessionnaire et en concluent que ces véhicules sont trop chers. Ce faisant, ils oublient que sur la vie du véhicule ils peuvent économiser de 15 000 à 20 000 $ de carburant et de 4000 à 5000 $ d'entretien, sans compter les rabais gouvernementaux à l'achat. En fait, dès maintenant, les gens économisent sur la vie du véhicule.

Toutefois, il faut bien l'admettre, une facture à l'achat autour de 35 000 $ rebute bien des gens qui peuvent se procurer une voiture à essence pour 20 000 $. Alors, examinons comment devraient évoluer les prix à l'achat dans la prochaine décennie. Prenons 37 500 $ US comme prix de départ en 2017 pour une voiture tout électrique avec 300 km d'autonomie, sans les rabais gouvernementaux. C'est le prix que GM a annoncé pour sa future Chevrolet Bolt. Tesla parle de battre ce prix avec sa Model 3 qui aura également plus de 300 km d'autonomie. Les deux voitures sortiront en 2017. Maintenant, la chute anticipée du prix des batteries d'ici 2025 (voir « La batterie : clé de l'auto électrique », p. 70) laisse entrevoir un prix inférieur à 25 000 $ à cette époque pour de telles voitures, sans rabais gouvernementaux. Et probablement qu'on pourra économiser plus de 20 000 $ en carburant et en entretien sur la vie du véhicule.

De plus, en 2025 les infrastructures de recharge seront très répandues et encore plus rapides qu'aujourd'hui. Les bornes de recharge de niveau 3 ont présentement une puissance de 50 kW et peuvent redonner 100 km d'autonomie en moins de 30 minutes. La génération à venir aura 150 kW, ce qui donnera près de 300 km d'autonomie en 30 minutes. Déjà, un consortium européen de compagnies automobiles, CharIN e. V., s'affaire à établir une norme et à stimuler le développement de ces superbornes qui devraient être en place en 2025 – et sans doute avant cela.

L'autonomie ne sera plus un problème d'ici quelques années. D'ailleurs, elle est déjà suffisante pour bien des gens. Il s'agit de choisir la bonne voiture selon ses besoins. Les voitures électriques avec un prolongateur d'autonomie à essence constituent une excellente solution de transition à un prix abordable, d'autant plus que leur autonomie électrique est grande, comme celle de la Chevrolet Volt 2016 (85 km, EPA) ou de la BMW i3 REx (115 km, EPA). On peut parcourir 90 % des kilomètres en mode électrique avec de telles voitures et aller aussi loin qu'on veut en faisant le plein de carburant pour les longs trajets occasionnels.

Des voitures robotisées, connectées et communautaires

Déjà en avril 2014, Google avait accumulé plus d'un million de kilomètres de conduite avec des voitures autonomes (sans conducteur) parcourant les routes et les rues grâce à une panoplie de senseurs et de caméras alimentant une « intelligence artificielle ».

Même si l'on devra fort probablement attendre après 2020 pour voir s'installer graduellement le pilote automatique intégral dans les voitures, les réglementations routières ont commencé à l'autoriser pour la conduite sur autoroute et pour le stationnement automatique. C'est toute une révolution en vue !

Maintenant, il faut bien comprendre que si les voitures électriques règlent le problème des émanations polluantes dans les villes et diminuent de beaucoup la pollution sonore, il reste les problèmes d'embouteillage et de stationnement. Bien sûr, on se doit d'augmenter considérablement les transports collectifs et favoriser les transports actifs pour pallier ces problèmes. Mais il y a également les voitures communautaires en libre-service qui vont prendre de plus en plus d'importance, chacune enlevant approximativement dix voitures personnelles de la route.

En fait, de meilleurs transports collectifs appuyés par des voitures communautaires électriques autonomes vont transformer en profondeur le paysage urbain. On pourrait même réduire de 4 à 5 fois le nombre de voitures dans les rues des grandes villes, puisque les téléphones intelligents vont permettre également un covoiturage facile et fonctionnel. Posséder une voiture personnelle coûtera bien plus cher au consommateur. Et celui-ci pourra bénéficier d'un service à la porte, sans avoir besoin de chercher un espace de stationnement ni de fréquenter les ateliers de mécanique pour les réparations et l'entretien.

Plus d'espaces verts, de pistes cyclables et de rues piétonnières ; et beaucoup moins de véhicules, moins de bruit et très peu d'émanations toxiques. Voilà ce qui nous attend dans les villes de demain, grâce à la voiture électrique intelligente et connectée !

Porsche Mission E.

VOITURE CONCEPT : L'ANTI-TESLA SIGNÉE PORSCHE

JACQUES DUVAL

Quel constructeur automobile sera en mesure de rivaliser, voire de déloger Tesla de son piédestal ? On peut présumer que ce rôle reviendra à Porsche. Témoin ce prototype appelé pour l'instant « Mission E », dévoilé au Salon de Francfort à l'automne 2015.

Si l'on peut applaudir cette nouvelle, elle ne change rien aux critiques selon lesquelles ces modèles d'une technologie exceptionnelle, pouvant parcourir 500 km sans que le propriétaire s'angoisse à chercher vite la prochaine borne de recharge, ne font rien pour démocratiser la voiture électrique. Cela dit, le concept de Porsche regroupe à peu près tout ce qu'on connaît aujourd'hui (mai 2016) en matière de technologie automobile.

Accrochez-vous. Les caractéristiques de la Mission E n'en finissent plus : première voiture sport quatre places purement électrique ; transmission intégrale ; quatre roues directrices ; puissance excédant 600 chevaux ; plus de 500 km d'autonomie ; recharge à 80 % en 15 minutes ; et un groupe d'instruments révolutionnaires dits intuitifs, commandés par le regard et la gestuelle, y compris par l'intermédiaire d'hologrammes.

Technologie de course

Gagnante des 24 Heures du Mans en 2015 avec la 919 Hybride, Porsche a accumulé un savoir peu commun, comme le démontrent les performances de ce modèle gagnant dès sa première course. On peut en conclure que la firme allemande a fait l'acquisition de plusieurs Tesla pour orienter sa propre démarche. Le moteur de la Mission E est entièrement nouveau et a déjà connu son baptême en compétition. On devrait en fait parler de deux moteurs synchrcnes à aimants permanents, qui propulsent la voiture et récupèrent l'énergie au freinage.

Ces deux moteurs catapultent la Mission E à 100 km/h en 3,5 secondes et à 200 km/h en moins de 12 secondes. Contrairement aux moteurs électriques actuels, ceux de cette Porsche sont conçus pour résister à plusieurs accélérations successives rapprochées. Quiconque a déjà conduit une Tesla Model S sur un circuit sait que la voiture ralentit considérablement après un ou deux tours de piste afin de permettre aux moteurs de refroidir.

Recharge facile et rapide

Porsche inaugure la technologie 800 V. Le dédoublement de la tension par rapport aux véhicules électriques actuels (à tension de 400 V) comporte plusieurs avantages dont un temps de chargement raccourci et des câbles de cuivre allégés. La Mission E pourra aussi être alimentée par induction ; il s'agira d'immobiliser l'auto au-dessus d'une bobine encastrée dans le sol. La puissance sera alors restituée à une seconde bobine placée dans le plancher du véhicule.

Comme chez Tesla, la conception allégée de la voiture (aluminium, fibres de carbone et plastique) et un centre de gravité très bas (grâce aux batteries lithium-ion installées dans le plancher) favorisent une conduite sportive fidèle au credo Porsche. Dans le cas présent, on parle d'une limousine de sport avec des panneaux de caisse farcis d'astuces aérodynamiques. Sans recourir à la technique hardie de Tesla (ses portes en ailes de faucon), la Mission E propose deux portières antagonistes (*suicide doors*), à ouverture inversée, afin de faciliter l'accès à l'habitacle.

L'envers vaut l'endroit

Question sécurité, le conducteur peut compter sur des caméras discrètes au lieu des rétroviseurs classiques. À l'intérieur, les occupants bénéficient de sièges-baquets de compétition. Si le train roulant et la motorisation ne cessent d'impressionner, l'habitacle n'en est pas moins innovant. Devant le conducteur s'ouvre le nouvel univers d'un concept inédit d'affichage. Le combiné d'instruments affiche cinq cadrans fondés sur la technologie OLED, chacun consacré à un groupe de fonctions. En outre, un système de suivi du regard par caméra identifie l'instrument que le conducteur consulte. Par une simple touche sur le volant, celui-ci active le menu correspondant et peut y naviguer. Mieux encore : l'affichage s'adapte à la position du siège, selon l'effet parallaxe.

L'affichage 3D bouge instantanément, de sorte que le volant ne peut cacher les informations. C'est ainsi que le tableau de bord tout entier regorge de nouvelles idées et de capteurs. Le concept Mission E est configurable par tablette, ce qui permet d'ajouter des fonctionnalités à distance.

La question qu'inspirent toutes ces caractéristiques se résume en trois mots : combien ça coûte ? Connaissant l'appétit de la marque pour le profit, on peut facilement présumer que la facture dépassera les 200 000 $. La Mission E est loin de « monsieur tout le monde », mais elle met de l'avant des technologies qui, avec le temps, pourraient avoir des retombées positives pour la voiture électrique.

VOYAGER ÉLECTRIQUE EN AMÉRIQUE

PAR SYLVAIN JUTEAU

Le *road trip* est un phénomène en voie de disparition. Nos grands-parents, qui bénéficiaient de l'essence à 10 cents le gallon, n'hésitaient pas à aller « faire un tour de machine » dès qu'ils en avaient l'occasion. De nos jours, le prix du carburant et la prise de conscience de l'impact environnemental causé par nos déplacements en voiture ont eu raison de ces mythiques et symboliques *road trips* d'une autre époque ! Combien parmi vous ont annulé le fameux tour de la Gaspésie durant les grandes vacances estivales, après avoir constaté une hausse de 20 % du prix à la pompe la veille du départ ? Finalement, vous avez remplacé ce voyage par un forfait d'une semaine, tout inclus, à Cuba. Pas de surprise, un seul prix fixe, hébergement, nourriture, boissons et transport aller-retour compris ! En gros, seulement la destination compte... Le trajet pour s'y rendre est un moment monotone à passer ! Résultat : votre empreinte carbone est encore pire (ça brûle beaucoup de kérosène, un avion), et, en plus, vous favorisez l'économie d'un autre pays !

Mais qu'en est-il des superbes routes panoramiques qui quadrillent notre continent ? Je pense au Chemin du Roy (route 138), à la Transcanadienne, à la fameuse route 66 aux États-Unis, et à beaucoup d'autres à découvrir ! Comment les explorer sans se ruiner ?

La solution : la voiture électrique !

Vous pensez que je suis carrément timbré, n'est-ce pas ? Comment peut-on faire un *road trip* avec une voiture électrique qui a moins d'autonomie par charge qu'un plein de carburant avec une voiture conventionnelle ?

Ce n'est pas l'autonomie par charge ou par plein qui importe, mais le coût par kilomètre parcouru ! Et le coût par kilomètre est dix fois moindre avec la voiture électrique ! *Money talks !*

Cela fait près de trois ans que je possède une voiture électrique (une Tesla Model S). Je me suis rendu à trois reprises en Floride à partir de Trois-Rivières, une ville située à 150 km au nord-est de Montréal, dont une fois avec mon épouse et mes trois enfants. Je n'avais jamais fait ce voyage auparavant. Le trajet se fait aussi rapidement qu'en voiture conventionnelle, mais ça ne coûte absolument rien en « carburant ». Oui, vous avez bien lu : sur les bornes Tesla, toutes les recharges sont gratuites... à vie ! Nous avons A-D-O-R-É l'expérience ; je vous invite à vivre une telle aventure !

Je me suis aussi rendu en Ontario et même à Detroit, en plein hiver, par une température moyenne de -25 °C. Je suis allé à New York à deux reprises. Bref, ma voiture électrique indique presque 200 000 km au compteur... en trois ans !

Parlez-en à n'importe quel propriétaire de voiture électrique, tous modèles confondus : tous vous diront qu'ils parcourent plus de kilomètres annuellement depuis qu'ils roulent électrique. Et l'on parle de 30 % et plus par année !

Pourquoi ?

Parce qu'on a le goût du *road trip,* de faire un « tour de machine » ! Ça coûte dix fois moins cher, on ne fait pas de vidange d'huile et on ne change pas les filtres, ni avant ni après le voyage. Les disques et plaquettes de freins durent beaucoup plus longtemps (j'ai encore les freins d'origine sur ma Tesla !). Une auto électrique est aussi beaucoup plus agréable à conduire : le silence, aucune vibration... On se croirait sur un nuage. À tel point qu'on est en pleine forme après un long voyage.

Nous en profitons pour emprunter les routes panoramiques, puisque le grand confort nous permet d'apprécier les paysages, les commerces et les artisans. J'ai remarqué que l'itinéraire est parfois plus intéressant que la destination... ce qui n'est pas peu dire ! Et, donnée non négligeable, notre empreinte carbone est beaucoup moindre qu'en avion ou qu'en voiture à essence.

De plus, ces grands voyages qui ne semblent possibles qu'en Tesla le seront aussi en Chevrolet, Nissan, Ford, etc., d'ici quelques mois, grâce à de nouveaux modèles dont l'autonomie sera augmentée de beaucoup.

Si les bornes de recharge vous inquiètent, sachez qu'elles poussent comme des champignons partout en Amérique (il y a déjà plus de 1000 bornes uniquement au Québec). Oui, certes, il faut une petite planification avant le grand départ, mais le jeu en vaut la chandelle ! J'invite les néophytes du *road trip* électrique à discuter avec un « électromobiliste » de votre entourage ou à venir me rencontrer ! Je vous encourage à tenter l'expérience en louant une voiture électrique pour un long voyage. Mais je vous mets en garde : vous serez assurément contaminé par le virus de rouler électrique !

« VOITURES VERTES » : LE TOP 10 DU DÉSHONNEUR

JACQUES DUVAL ET DANIEL BRETON

Ceux et celles qui connaissent un tant soit peu le milieu de l'automobile savent que l'expression « voiture verte » est devenue très à la mode… et particulièrement galvaudée. À entendre certains constructeurs, on serait en voie de sauver la planète en s'achetant une voiture !

Disons les choses crûment : aucune voiture n'est verte !

On doit plutôt parler de degrés d'impact écologique, c'est-à-dire que certaines voitures sont polluantes, d'autres, très polluantes, et d'autres, un peu moins.

Cette chronique a pour but de démasquer certains de ces modèles « verts » qui sont, ou ont été, sur le marché, et qui n'ont pas rempli leurs promesses.

1. Volkswagen Jetta, Golf, Passat TDI / Audi A3 TDI

Vendues par le constructeur allemand comme des voitures parmi les plus « vertes » sur le marché, gagnant même au passage le prix de « Green Car of the Year » en 2009, ces voitures à moteur diesel de 2,0 litres se sont révélées être de véritables bombes à pollution ambulantes. Trônant tout en haut de notre palmarès du déshonneur, le constructeur a triché en mettant sur le marché des véhicules particulièrement polluants (jusqu'à 40 fois plus que les normes admises par l'EPA !). Ce que cette compagnie a fait est un scandale d'une ampleur rarement vue.

Honte à Volkswagen. Ils ont, depuis, rendu leur fameux prix de « voiture verte de l'année ».

2. BMW X6 ActiveHybrid

Pour se démarquer, il semble que les constructeurs automobiles soient prêts aux pires âneries, comme l'illustre si bien ce gros bon à rien qu'est le BMW X6, qui mérite la deuxième place de ce palmarès du déshonneur. Voilà un modèle accablé de plus de défauts que de qualités, ce qui lui vaut une place de choix dans ce cimetière des autos électriques et écoénergétiques.

On veut bien accepter le style particulier de certains véhicules qui se distinguent par leur économie, mais de là à s'incliner devant le BMW X6 ActivHybrid, il y a un profond fossé dans lequel nous enterrons ce VUS d'un illogisme magistral. Consommation hors-norme, habitabilité insignifiante, piètre visibilité. Bref, un ratage de A à Z.

Cette espèce de croisement entre un VUS traditionnel et un coupé sport vient de trouver un écho chez Mercedes-Benz.

3. Mercedes-Benz GLE D

Voyant un concurrent sous les traits du BMW X6, Mercedes-Benz a eu la fâcheuse idée de lui donner un équivalent appelé GLE D, peut-être moins terrible que son rival bavarois, mais tout de même d'une esthétique douteuse. En voulant réunir les qualités d'un VUS au look d'un coupé, on a complètement oublié les vertus de l'un et de l'autre. Bref, ce Mercedes n'est ni un bon VUS, ni un élégant coupé, ni un véhicule écoénergétique.

4. Subaru Crosstrek Hybride

Poursuivons notre chasse aux bérézinas, l'obscur synonyme de « ratages », pour souhaiter les funérailles d'un hybride qui n'aurait jamais dû voir le jour, le Subaru Crosstrek. Celui-ci n'apporte rien à ce segment du marché et contribue même à discréditer l'appellation hybride. En général, Subaru nous propose des véhicules potables (un adjectif bien soupesé), mais rien pour écrire à sa mère. Si vous voulez vous en convaincre, attrapez le volant du petit VUS Crosstrek et vous comprendrez.

Volkswagen Golf TDI

BMW X6 ActiveHybrid

Mercedes-Benz GLE D

Subaru Crosstrek hybride

ZENN

Honda Insight de 2e génération

Lexus HS 250h

Toyota Prius Plug-in Hybrid

5. *ZENN*

Lancée en 2006, cette adaptation électrique canadienne d'un petit véhicule diesel européen semblait prometteuse, mais elle était beaucoup plus proche d'un kart de golf que d'une voiture 100 % électrique. Si l'on vous disait qu'elle n'était même pas autorisée à circuler sur les autoroutes en raison de sa lenteur (vitesse maximale de 40 km/h), vous comprendriez que ce n'était pas vraiment un bond en avant pour la voiture électrique.

6. *Honda Insight de 2e génération*

Si la première Honda Insight a connu un succès d'estime malgré des ventes anémiques, la seconde génération du modèle fut un échec à tous égards en Amérique. La première génération, lancée en 1999 sous la forme d'un petit coupé biscornu, fut le choix du coauteur de ce livre, Daniel Breton, qui la conduit toujours, à l'occasion, depuis de nombreuses années, entre deux randonnées dans sa Smart ou sa Volt. Après une tonne de kilomètres et 16 ans d'utilisation, les batteries, de la longévité desquelles on doutait, sont encore en vie.

Cette condamnation de Honda n'est pas tant une critique de l'Insight que du constructeur lui-même, qui prend ses distances avec les hybrides et les voitures électriques.

En somme, on s'attendait à mieux de Honda, après son excellent départ.

7. *Lexus HS 250h*

Au tour du groupe Toyota/Lexus de venir meubler ce palmarès des cuisants échecs de la courte histoire des autos électriques. Parmi la flopée de véhicules lancés sous la bannière hybride, on pouvait s'attendre à mieux que cette banale HS 250h dont la sœur jumelle, la CT 200h, fait partie de nos recommandations. Bref, on dit oui à la CT 200h, mais non à la HS 250h.

8. Toyota Prius Plug-in Hybrid

Passablement plus cher que son confrère non branchable, ce dérivé de l'icône Prius s'est révélé plutôt décevant. Dotée d'une autonomie 100 % électrique maximale de 20 km (!), et disponible au compte-gouttes, cette Prius n'aura rien cassé. Un modèle éminemment oubliable.

9. Chevrolet Malibu hybride de 1re génération (2008-2009)

Avec la Malibu, nous sommes à des années-lumière de la Volt. Les promesses de la future Bolt sont intéressantes, mais qu'en est-il de l'une des autos les plus populaires sur la route, la Chevolet Malibu ? Elle se targue d'utiliser la technologie hybride, mais n'en retire vraiment que des miettes. Sans intérêt.

Chevrolet Malibu hybride de 1re génération (2008-2009)

Dodge Durango hybride

10. Dodge Durango hybride / Chrysler Aspen hybride (2009)

Lorsqu'un constructeur automobile, qui n'a aucune expérience en matière de véhicule partiellement ou entièrement électrique, lance une version hybride d'un de ses gros VUS l'année où il fait faillite, il y a matière à douter, c'est le moins qu'on puisse dire. Vendu au compte-gouttes pendant une seule année, ce VUS hybride, fruit d'une entreprise renommée pour les problèmes de fiabilité de ses véhicules, est tout sauf recommandable.

Sept autres modèles éminemment oubliables méritent une mention déshonorable :

- Mercedes S400 hybride (2009-2014)
- BMW série 7 ActiveHybrid (2012)
- Saturn VUE Hybrid (2007-2009)
- Honda Accord hybride (2005-2007)
- Volkswagen Touareg hybride (2011-2015)
- Nissan Pathfinder hybride (2014)
- Infiniti QX60 hybride (2014)
- Et tout un tas de voitures diesels allemandes !

Nissan Leaf de Communauto.

AUTOPARTAGE ET COVOITURAGE

DANIEL BRETON

Je me rappelle une discussion, il y a une dizaine d'années, avec un jeune couple d'Américains rencontré en vacances. Lorsque je leur ai appris que je travaillais en environnement, nous nous sommes mis à échanger sur le sujet des heures durant. C'est alors que j'ai parlé de l'autopartage, c'est-à-dire la mise en commun d'un véhicule pour une utilisation par plusieurs personnes. Leur réaction a été aussi vive que brutale : « Mais c'est du communisme ! » m'a lancé le mari. « Jamais je ne partagerais ma voiture avec des étrangers ! » a répondu sa femme. Eh bien, il semble que même au pays où l'automobile règne, les choses commencent à changer.

De lents débuts

C'est à Zurich, en Suisse, qu'a débuté un premier service d'autopartage, en 1948. Ce service avait pour nom SEFAGE. Plus de 20 ans plus tard, le projet Minicar Transit System a vu le jour à Philadelphie, suivi des projets Witkar à Amsterdam, Procotip à Montpellier et STAR à San Francisco.

Cela dit, le plus ancien service d'autopartage toujours en fonction en Amérique du Nord est Communauto, entreprise fondée en 1994 à Québec par Benoît Robert. Vingt-deux ans plus tard, Communauto dessert des villes telles que Montréal, Québec, Gatineau, Sherbrooke, Ottawa, Kingston, Halifax et, depuis 2012, Paris, en France.

Depuis, de multiples organisations, entreprises et coopératives se sont lancées dans l'autopartage, voyant dans ce mode de transport collectif un créneau de développement économique prometteur.

Même des constructeurs automobiles se sont lancés dans l'aventure : Mercedes avec Car2Go, BMW avec DriveNow ; Ford en partenariat avec Getaround, GM avec Let's Drive NYC.

Bref, les constructeurs se rendent compte que la jeune génération (les « milléniaux ») considère de moins en moins la possession d'une voiture comme un élément essentiel de la vie et un symbole de statut social, surtout dans les zones urbaines. En fait, il est beaucoup plus essentiel aux yeux des jeunes d'avoir un téléphone intelligent.

Et c'est là qu'entrent en scène les services de covoiturage et d'autopartage. Car si les plus jeunes ne sont pas chauds à l'idée de posséder une voiture, ils ne veulent pas pour autant rester immobiles ! D'ailleurs, les projections quant aux voyages qui sont et seront effectués par cette génération sont à la hausse : ils seront la plus importante génération de voyageurs de l'histoire.

En ville, ils préfèrent investir dans une mobilité intelligente plutôt que de :

- engloutir des dizaines de milliers de dollars dans un véhicule qui sera utilisé moins de 10 % du temps et passera plus de 90 % du temps stationné ;
- payer des frais de stationnement et de contraventions prohibitifs ;
- payer des frais d'assurance et d'entretien de plusieurs centaines, voire de milliers de dollars par an ;
- faire des paiements des années durant pour une voiture dont la valeur diminue dès sa sortie du concessionnaire ;
- être obligés de laisser leur auto à la maison, dans des villes où la circulation est restreinte ;
- être pris dans des embouteillages, alors que le vélo, la marche, le métro ou l'autobus sont beaucoup plus efficaces.

Avouez que, lorsqu'on examine la possession d'une voiture sous cet angle, cela n'a pas beaucoup de sens ! Et l'arrivée des téléphones intelligents et des applications a provoqué une véritable révolution en matière de transport innovant.

Car, sans téléphone intelligent et sans toutes ses possibilités d'applications mobiles, la révolution des transports n'aurait pas eu lieu.

Autopartage électrique et véhicules autonomes

Diminuez votre empreinte écologique en utilisant un service public de véhicules électriques en libre service.

- **Autolib'** en France. Si vous êtes étranger, procurez-vous un permis de conduire international avant de partir. Autolib' n'accepte pas les permis étrangers. autolib.eu/fr/
- **Communauto** à Montréal. Partage d'autos électriques sans réservation (service Auto-mobile). communauto.com/auto-mobile/
- **Téo** à Montréal. Service de taxis 100 % électriques. teomtl.com

Aux États-Unis :

- **BlueIndy** à Indianapolis : blue-indy.com
- **DriveNow** à San Francisco : drive-nowusa.com
- **Zipcar** dans plusieurs villes américaines et certaines villes canadiennes : zipcar.com
- **City Car Share** qui dessert plusieurs villes de la côte Ouest : citycarshare.org
- **Enterprise CarShare,** dans presque toutes les grandes villes américaines : enterprisecarshare.com/us/en/home.html

Si on ajoute à cela l'arrivée prochaine des véhicules autonomes (sans conducteur), il devient clair que l'avenir du transport de personnes passe par de tels services.

Cependant, dans les régions éloignées des grands centres, ces services resteront difficilement utilisables, car leur modèle économique exige une grande concentration de population. Les Zipcar, Communauto et Autolib' ne pourraient pas rentrer dans leurs frais.

SCANDALE VOLKSWAGEN : LE DIESEL ET LES TESTS D'ÉMISSIONS AU BANC DES ACCUSÉS

PAR DANIEL BRETON

Le scandale des voitures truquées de Volkswagen a secoué le monde de l'automobile en dévoilant un pan peu glorieux de cette industrie.

Retour sur les événements

Dans ce dossier, le pot aux roses a été découvert par l'International Council on Clean Transportation (ICCT), un organisme indépendant, sans but lucratif, qui se voue aux recherches scientifiques et techniques pour le bénéfice des législateurs.

En effet, l'ICCT a dévoilé que Volkswagen a utilisé un logiciel espion pour détecter les tests d'émissions polluantes et pour mettre en fonction le système antipollution pour tromper les experts. Une fois le test terminé, le système cessait de filtrer les NOx, les oxydes d'azote, qui sont soumises à des normes strictes aux États-Unis. Sur la route, la Jetta diesel émettait ainsi de 15 à 35 fois plus de NOx que la norme permise, alors que la Passat diesel la dépassait de 5 à 20 fois.

Des gaz qui rendent malade

Les NOx sont des gaz irritants qui pénètrent dans les ramifications les plus fines des voies respiratoires. Ils peuvent provoquer des difficultés respiratoires, une hyperréactivité bronchique et, chez l'enfant, augmenter la sensibilité des bronches aux infections.

IMPORTANT : Le dioxyde d'azote est le polluant atmosphérique le plus nocif pour la santé humaine.

Les sources principales de NOx sont les véhicules (près de 60 %). Le pot catalytique a permis, depuis 1993, une diminution des émissions des véhicules à essence, mais l'effet reste encore peu perceptible compte tenu de la forte augmentation du parc automobile mondial et de sa durée de renouvellement.

Tests officiels et conditions réelles

Il y a une énorme différence entre les résultats des tests antipollution menés en laboratoire et sur les véhicules diesels en conditions réelles, en Europe et aux États-Unis. En fait, on observe une différence grandissante entre les tests et les conditions réelles. Cela révèle un problème quant à la crédibilité des tests officiels des instances gouvernementales. En Europe comme aux États-Unis, ces tests devront donc être plus rigoureux. D'ailleurs, une nouvelle méthode de calcul de la consommation d'un véhicule, plus proche de la réalité, a été adoptée le 12 mars 2014 à Genève par la Commission économique des Nations Unies pour l'Europe (CEE-ONU).

Cette norme, appelée WLTP (Worldwide harmonized Light vehicles Test Procedures), remplacera le système actuel, datant de 1996, le NEDC (New European Driving Cycle). Elle servira à mesurer la consommation de carburant, donc les émissions de CO_2 des voitures, des fourgonnettes et des véhicules particuliers de moins de 3,5 tonnes (catégories M1 et N1). La norme WLTP a été adoptée par l'Australie, la Chine, l'Union européenne, l'Inde, le Japon, la Norvège, la Corée du Sud, la Moldavie, la Russie, l'Afrique du Sud et la Turquie. Quant au Canada et aux États-Unis, ils conservent leurs propres méthodes de calcul. La Commission européenne souhaite appliquer le cycle WLTP en 2017.

En conclusion, le scandale Volkswagen révèle :

1. que Volkswagen a sciemment triché en vendant des véhicules que l'entreprise savait très polluants. Pourquoi a-t-on fait cela ? Probablement pour ne pas subir les effets d'un système plus performant : consommation plus élevée, performance moins bonne, prix de vente sans doute plus élevé et entretien plus cher ;

2. que les constructeurs automobiles européens ne veulent pas investir dans les technologies hybrides, hybrides rechargeables et électriques, croyant plutôt que l'avenir est au diesel « propre ». La réalité est qu'il leur coûte beaucoup moins cher de peaufiner le diesel que d'investir dans ces nouvelles technologies.

   Pourtant, les dirigeants de Volkswagen avaient affirmé, en 2011, qu'ils investiraient 85,5 milliards $ US, de 2012 à 2016, dans l'espoir de mettre au point des technologies vertes. L'entreprise devait s'intéresser « particulièrement aux technologies destinées aux voitures éconergétiques, hybrides et électriques[1] ».

3. que, bien que, en 2012, l'Organisation mondiale de la santé ait classé les gaz d'échappement des moteurs diesels parmi « les cancérogènes certains pour les humains[2] », certains constructeurs ont persisté dans le diesel.

Je suis d'avis que le diesel, qui est déjà en perte de vitesse en Europe depuis l'adoption des nouvelles normes antipollution et l'arrêt des bonus français à l'achat de diesels, finira par disparaître du catalogue des constructeurs automobiles d'ici quelques années.

De toute façon, ceux qui connaissent les lois de la physique et de la thermodynamique savent que la technologie diesel est arrivée au bout de sa route.

En conclusion, il est temps de passer à l'électrique.

1. Voir : collections.banq.qc.ca:81/lapresse/src/cahiers/2011/09/17/D/82812_20110917D.pdf

2. Voir : liberation.fr/societe/2012/06/14/le-diesel-est-cancerogene-c-est-officiel-et-il-se-passe-quoi-maintenant_826081

DEUXIÈME PARTIE

LES ESSAIS

RLX

PRIX: 65 490 $
CONSOMMATION:
7,8 L/100 km
GES: 185 g/km
COTE D'ÉMISSIONS DE GES: 7/10
COTE DE SMOG CALIFORNIENNE: 8/10

Trop et trop peu

DANIEL BRETON

De toutes les voitures que j'ai eu l'occasion de conduire en vue de la rédaction de ce livre, un des modèles qui m'ont le plus intrigué a été l'Acura RLX hybride.

En effet, contrairement à Lexus qui a une longue feuille de route en matière de véhicules hybrides, Acura n'a produit que deux modèles proposant cette technologie: la ILX et la RLX.

La ILX étant dérivée de la Honda Civic hybride, il me tardait de découvrir de quel bois se chauffait la RLX en tant que voiture de luxe hybride à traction intégrale. À un prix de départ dépassant les 65 000 $, il fallait que cette voiture à vocation apparemment plus écologique soit à la hauteur face à la concurrence.

Or, elle l'est trop... et trop peu.

Très (trop ?) puissante

Avec ses 377 chevaux et sa traction intégrale, cette voiture se révèle étonnamment puissante et agile sur les routes droites ou sinueuses. Par conséquent, on peut facilement être tenté d'adopter une conduite sportive... ce qui a un impact direct sur sa consommation d'essence qui grimpe alors en flèche.

Trop peu économique

Alors que les chiffres officiels annoncent une consommation combinée de 7,8 L/100 km (8,4 L/100 km en ville et 7,4 L/100 km sur la route), nous devons savoir d'entrée de jeu qu'il faut garder la pédale très douce pour en arriver à un tel résultat. Ainsi, en conduite dite « normale », j'ai obtenu un résultat correct pour cette voiture luxueuse à traction intégrale, soit 8,8 L/100 km.

Fiche technique

PLACES : 5
ESPACE CARGO : 311 L
POIDS : 1956 kg
MOTEURS (ESSENCE/ÉLECTRIQUE) :
Puissance : 377 ch
Couple : 341 lb-pi
BATTERIE :
Type : lithium-ion
Capacité : 1,3 kWh
Garantie : 8 ans/160 000 km

Vraiment très confortable

Cette voiture est manifestement une grande routière. Silencieuse, puissante, d'un excellent confort, elle avalera les kilomètres avec une aisance qui vous donnera le goût de rester à bord des heures durant. Le luxe à l'intérieur est de bon goût, à la fois discret et raffiné. Tout y est, jusqu'à la transmission à boutons-poussoirs et l'afficheur dans le pare-brise. On s'y sent comme dans un salon, sentiment rehaussé d'autant par les rideaux situés à l'arrière de la voiture.

Rien de trop beau...

Cela dit, lorsqu'on dépense une telle somme pour une voiture à vocation officiellement plus « verte », on est en droit de se poser la question suivante : est-elle à la hauteur sur le plan écologique ?

La réponse est non, elle ne l'est pas.

En effet, à ce prix, vous pouvez vous procurer une Cadillac ELR, dont l'avenir est incertain, qui est dotée d'un moteur lui donnant une autonomie 100 % électrique de plus de 50 km (et dont le design est époustouflant) ; ou une Tesla Model S 70D à traction intégrale qui revient, au final, à peu près au même prix qu'une RLX hybride une fois calculés les coûts en essence et en entretien et les rabais gouvernementaux.

Avec une Tesla Model S 70D, on a une voiture de luxe dont l'autonomie 100 % électrique avoisine les 400 km.

Si l'Acura RLX hybride est certainement une bonne voiture, elle ne constitue pas un choix écologique qui se démarque.

Donc, je passe.

- Intérieur de très grande qualité
- Moteur très performant
- Tenue de route d'une grande routière
- Traction intégrale

- Consommation élevée
- Système hybride pas à la hauteur

A3 e-tron

PRIX : 39 200 $
CONSOMMATION : essence/électricité : 2,8 L/100 km ; essence : 6,7 L/100 km
AUTONOMIE ÉLECTRIQUE : 50 km
TEMPS DE CHARGE : 120 V : 8 h – 240 V : 2,2 h
GES : 98,7 g/km
COTE D'ÉMISSION DE GES : nd
COTE DE SMOG CALIFORNIENNE : 10/10

Pour les « sportifs »

DANIEL BRETON

La marque Audi est depuis longtemps associée à la sportivité, à la traction intégrale, au design intemporel et à la tenue de route de calibre mondial, mais pas à l'électricité. Du moins, pas jusqu'à l'arrivée de la A3 e-tron.

Si le scandale du diesel a surtout frappé Volkswagen, Audi, qui fait partie du grand conglomérat, a tout de même été éclaboussé, spécialement la A3 en version TDI. C'est pourquoi l'arrivée de cette voiture hybride rechargeable tombe « pile ». Mais est-elle à la hauteur des autres produits Audi ?

Une vraie Audi

Prendre la route avec cette petite voiture familiale est un réel plaisir. En montagne, en ville ou sur l'*autobahn*, cette voiture est à son aise en toutes circonstances grâce à son élégance, à son design classique et à son agrément de conduite. Elle représente parfaitement l'âme de ce constructeur.

Grâce à son petit moteur turbo de 1,4 litre combiné à un moteur électrique de 75 kW, elle a une puissance de 204 chevaux et 258 lb-pi de couple, ce qui autorise une accélération et des reprises très respectables. La tenue de route est exceptionnelle. Solide comme le roc dans toutes les conditions, elle inspire un sentiment de sécurité comme peu de voitures le font.

Une hybride rechargeable plutôt ordinaire

Bien qu'il n'y ait pas encore beaucoup de voitures hybrides rechargeables sur le marché, on ne peut pas dire que la A3 e-tron se démarque par son autonomie ou sa consommation. Pour en avoir

Fiche technique

PLACES : 5
ESPACE CARGO (MIN – MAX) : 280 L – 1120 L
POIDS : 1640 kg
MOTEURS (ESSENCE/ÉLECTRIQUE) :
Puissance : 204 ch
Couple : 258 lb-pi
BATTERIE :
Type : lithium-ion • Capacité : 8,8 kWh
Garantie : 8 ans/160 000 km

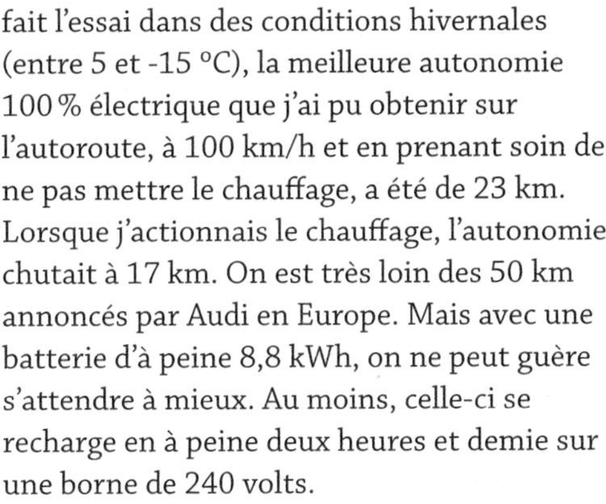

fait l'essai dans des conditions hivernales (entre 5 et -15 °C), la meilleure autonomie 100 % électrique que j'ai pu obtenir sur l'autoroute, à 100 km/h et en prenant soin de ne pas mettre le chauffage, a été de 23 km. Lorsque j'actionnais le chauffage, l'autonomie chutait à 17 km. On est très loin des 50 km annoncés par Audi en Europe. Mais avec une batterie d'à peine 8,8 kWh, on ne peut guère s'attendre à mieux. Au moins, celle-ci se recharge en à peine deux heures et demie sur une borne de 240 volts.

J'ai testé la voiture sur de plus longues distances en mode *auto* (hybride) afin de voir si sa consommation pouvait être à la hauteur des meilleures hybrides. Le résultat fut moyen.

En écoconduite, j'ai pu obtenir une consommation de 5,5 L/ 100 km. En conduite normale, cela tournait plutôt autour de 6,5 L/100 km, ce qui est dans la moyenne élevée des voitures hybrides. Ce n'est pas mauvais, mais rien pour écrire à sa mère.

Un intérieur tout en confort

S'asseoir dans une Audi, c'est entrer dans un monde de confort, de style et d'ergonomie. La A3 e-tron ne fait pas exception. Tout est bien pensé (sauf le GPS qui n'est vraiment pas intuitif) et bien placé. Les sièges avant sont parmi les plus confortables de l'industrie. À l'arrière, les adultes se sentiront à l'étroit. Quant au volume de chargement, il est correct, sans plus, même si cette auto a la forme d'une familiale. Mais c'est en réalité une très petite familiale : à preuve, l'espace cargo de la Chevrolet Volt est 50 % plus grand que le sien.

La Audi A3 e-tron est l'hybride rechargeable toute désignée pour ceux et celles qui aiment conduire une voiture au comportement routier sportif, solide, au design bon chic, bon genre, et qui ne consomme pas trop.

Cela dit, ceux et celles qui recherchent un maximum d'autonomie électrique et une consommation d'essence frugale feraient bien de regarder ailleurs.

- Tenue de route exemplaire
- Agréable à conduire

- Autonomie électrique limitée
- Consommation hybride peu frugale

PRIX: 45 300 $

AUTONOMIE ÉLECTRIQUE: 170 km

TEMPS DE CHARGE:
120 V: 16 à 18 h – 240 V: 6 h – Rapide: 1 h

PROLONGATEUR D'AUTONOMIE:
Essence-électricité: i3 REx: 2 L/100 km
Essence: 6 L/100 km

GES: 0 g/km i3 REx: 23 g/km

COTE D'ÉMISSIONS DE GES: 10/10; i3 REx 8/10

COTE DE SMOG CALIFORNIENNE: 10/10

Allergique à l'hiver

JACQUES DUVAL

La première fois que j'ai vu la BMW i3 au Salon de l'automobile de Los Angeles, je me suis demandé s'il ne s'agissait pas d'une blague. Comment le constructeur de Bavière pouvait-il espérer vendre une horreur pareille, tout électrique qu'elle fût.

On peut tout de suite dire qu'après plus d'un an sur le marché, on ne se bouscule pas aux portes pour acheter ce modèle, qui a certes ses qualités, mais dont le comportement est également discutable. Soulignons que BMW s'était d'abord penché sur l'hydrogène et s'était même doté d'installations fort coûteuses avant de se tourner vers l'électricité, imitant en cela General Motors qui a abandonné son projet High Wire pour revenir à l'électricité. Cela dit, voyons ce que nous réserve la i3 sur la route.

Un film d'horreur

Dès que l'on prend place au volant, le film d'horreur se poursuit avec un tableau de bord sur lequel repose ce que l'on prendrait facilement pour une planche de contreplaqué, alors qu'il s'agit de bois d'eucalyptus. En toute honnêteté, je dois dire que, par rapport aux premières i3 essayées à Los Angeles, le look s'est amélioré sur les derniers modèles que j'ai vus au Québec. L'effet recherché de modernisme semble un peu mieux atteint. Les sièges sont confortables et la grande surface vitrée, conjuguée à la hauteur du véhicule, autorise une excellente visibilité. Les deux passagers arrière deviendront vite des familiers en raison d'une habitabilité réduite. Même constat pour le coffre à bagages.

Fiche technique

PLACES : 4
ESPACE CARGO (MIN – MAX) :
260 L – 1100 L
POIDS : 1195 kg
MOTEUR :
Puissance : 170 ch
Couple : 184 lb-pi
i3 REx : 650 cc 34 ch
BATTERIE :
Type : lithium-ion • Capacité : 18,8 kWh
Garantie : 8 ans/160 000 km

Au volant, le moteur s'anime évidemment dans un silence de monastère.

Une molette assure le démarrage de l'engin, alors que le petit levier qui s'y rattache contrôle la marche avant, arrière, et le point mort. C'est un peu confus au début, mais on arrive à s'y faire.

L'hiver, non merci

Du côté de la motorisation, la BMW i3 est proposée en deux versions, l'une strictement électrique et l'autre avec un prolongateur thermique permettant d'allonger le parcours d'une centaine de kilomètres. On se rapproche ici du système de la Chevrolet Volt, cette fois grâce à un petit moteur de moto BMW bicylindre dont le réservoir ne contient pas plus de 7 litres, limitant ainsi le trajet. Si l'on additionne les 170 km d'autonomie du mode électrique aux 100 km du prolongateur d'énergie, on obtient 270 km. Mais, holà ! la i3 n'aime pas du tout les climats frisquets de l'Amérique du Nord ! Pendant mon essai, des vents à mettre en alerte les électrogènes et un froid à faire grincer des dents un ours polaire ont eu de décevantes répercussions sur le rendement. En une trentaine de kilomètres, l'autonomie a fondu comme neige au soleil, passant de 117 km à 37 km sur une distance de 30 km. Pire encore, mon collègue Daniel Breton, lors d'un test hivernal à -20 °C, a vu son autonomie diminuer à un rythme infernal. Il a aussi noté que les pneus très étroits rendent l'auto très instable sur la neige.

Il y a tout de même des aspects plus réjouissants dans cette i3, dont un comportement routier qui caractérise l'ADN de la marque. Par contre, l'empattement très court a un effet négatif sur le confort ; n'importe

- Maniabilité en usage urbain
- Autonomie intéressante
- Bonne visibilité
- L'ADN BMW

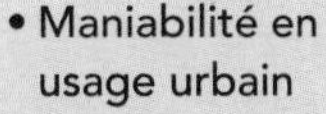

Allergique au froid
Prix élevé
Confort perfectible
Silhouette discutable

quelle route en mauvais état cause des secousses désagréables. La direction et le freinage se défendent bien. Seule la régénération de l'énergie du freinage cause un effet de ralentissement prononcé auquel on mettra quelques jours à s'habituer. « Au volant, on éprouve un sentiment de solidité », nous disait le propriétaire d'une i3 rencontré pendant nos essais.

Conclusion : la BMW i3 se défend bien sous certains aspects, mais, compte tenu du prix élevé et de la réputation de BMW, on pouvait s'attendre à mieux.

L'opinion d'un propriétaire

Voyons ce qu'en pense Gad qui conduit une i3 en plus de sa Tesla Model S.

« Je roule en BMW i3 REx depuis près de deux ans. C'est une superbe voiture électrique pour les milieux urbains et son autonomie est plus que suffisante pour la ville. J'apprécie son superbe rayon de braquage, sa conduite précise et agréable. Sa grande surface vitrée est aussi appréciable. L'intelligence qui accompagne l'ensemble technologique rend la conduite sûre et j'apprécie les matériaux utilisés dans l'habitacle. Par ailleurs, l'ouverture d'une portière arrière nécessite qu'une portière avant soit ouverte, ce que je trouve embêtant. Le système GPS et l'écran principal ne sont pas bien conçus et il n'est pas facile d'y trouver l'information souhaitée. Je trouve aussi que le prolongateur d'autonomie fait beaucoup de bruit quand il démarre. Il serait plus intéressant de permettre au conducteur de le mettre en marche quand il le désire plutôt que de le voir se mettre en marche quand il ne reste que 5 % d'autonomie de la batterie. En résumé, c'est une voiture électrique urbaine remarquable, mais avec quelques points à améliorer dans un futur modèle. »

M GI 3345
M GI 3345

ELR

PRIX : 74 045 $

CONSOMMATION : essence/électricité : 2,8 L/100 km ; essence : 7,4 L/100 km

AUTONOMIE ÉLECTRIQUE : 62 km

TEMPS DE CHARGE : 120 V : 13 à 18,5 h – 240 V : 5 h

GES : 57 g/km

COTE D'ÉMISSIONS DE GES : 10/10

COTE DE SMOG CALIFORNIENNE : 8/10

La plus belle femme…

JACQUES DUVAL

Sa carrière a été brève. En l'espace de quelques mois, le groupe Cadillac de General Motors s'est rendu compte que « la plus belle femme ne peut donner que ce qu'elle a ». En effet, la petite cousine de la Volt, la ELR de Cadillac, brillait de tous ses feux dans les salles d'exposition et les visiteurs s'extasiaient sur sa beauté.

Le hic, c'est que le constructeur a cru que la beauté était bonne vendeuse et que l'on achèterait cette petite Cadillac à prolongateur d'énergie à n'importe quel prix, même exorbitant. Or, tout en saluant ses lignes divines, le public a tôt fait de lui tourner le dos en cherchant des prix plus réalistes. Pour ne pas envoyer à la retraite un si beau design, on a annulé la production de la ELR pendant plusieurs mois afin de lui faire subir les modifications qui la rendraient plus abordable, mais aussi plus sportive.

Un caractère plus affirmé

Parmi les modifications de 2017, si jamais GM conserve ce modèle à son catalogue, c'est la hausse de la puissance et du couple qui retient d'abord l'attention. En effet, une augmentation de 25 % place la puissance combinée du moteur thermique et de son vis-à-vis à essence à 233 chevaux. Bien sûr, ce genre de conduite vous fera perdre 6,5 km d'autonomie tout en rehaussant les accélérations, dont le 0-100 km/h sera désormais bouclé en 6,5 secondes. Côté autonomie, la ELR, comme la Chevrolet Volt, élimine totalement le souci de la panne électrique, puisque, une fois la distance en mode électrique épuisée, le moteur thermique

Fiche technique

PLACES: 4
ESPACE CARGO: 297 L
POIDS: 1844 kg
MOTEURS (ESSENCE/ÉLECTRIQUE):
Puissance: 233 ch
Couple: 373 lb-pi
BATTERIE:
Type: lithium-ion • Capacité: 17,1 kWh
Garantie: 8 ans/160 000 km

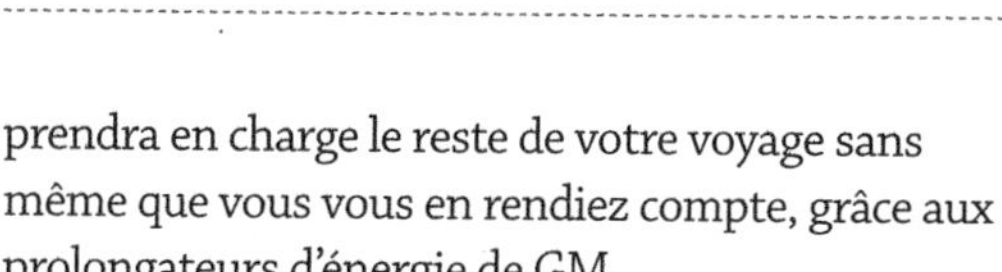

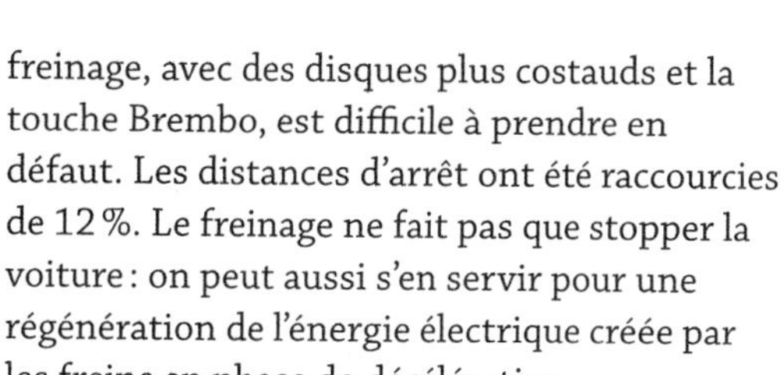

prendra en charge le reste de votre voyage sans même que vous vous en rendiez compte, grâce aux prolongateurs d'énergie de GM.

Pour être sûr de repartir le lendemain en ayant emmagasiné un maximum de kilomètres électriques, il vous suffira de vous brancher à une borne de 220 volts pendant 5 heures ou à une prise 120 (non recommandée) qui mettra 10 heures à vous charger à bloc. La consommation moyenne sur un an pourrait n'être que d'environ 2,8 L/100 km. Une sobriété remarquable! On est loin des Cadillac de nos grands-pères.

Un châssis revu et corrigé

Le châssis remanié de la ELR présente des jambes de force haute performance à l'avant et diverses retouches sur l'essieu arrière; ainsi que des pneus de 20 pouces avec le groupe performance optionnel. Les résultats sont frappants, notamment du côté de la direction qui joue sur la maniabilité, alors que le freinage, avec des disques plus costauds et la touche Brembo, est difficile à prendre en défaut. Les distances d'arrêt ont été raccourcies de 12 %. Le freinage ne fait pas que stopper la voiture: on peut aussi s'en servir pour une régénération de l'énergie électrique créée par les freins en phase de décélération.

Le caractère sportif est confirmé par des éléments visuels: volant sport, nouvelle calandre, logo modernisé et florilège d'accessoires, dont le système OnStar 4 GLTE (pas toujours à la hauteur), le régulateur de vitesse adaptatif et la détection de piétons dans l'axe de la voiture.

Malgré la présence de sièges arrière, la ELR est une deux places pouvant accueillir des enfants à l'occasion. L'espace est mieux utilisé comme complément du petit coffre à bagages.

Mieux ficelée que le modèle initial, plus sportive et plus puissante, mais à un prix moindre, la Cadillac ELR devient un modèle assez irrésistible pour l'auteur de ces lignes, féru de transport écologique.

- Comportement routier en hausse
- Puissance et autonomie accrues
- Design suave
- Finition soignée

- Places arrière symboliques
- Mauvaise visibilité latérale
- Prix encore irréaliste

PRIX : 37 500 $ US
AUTONOMIE ÉLECTRIQUE : 320 km (approx.)
TEMPS DE CHARGE : nd
GES : 0 g/km
COTE D'ÉMISSIONS DE GES : nd
COTE DE SMOG CALIFORNIENNE : nd

La voiture qui va changer le monde ?

JACQUES DUVAL ET DANIEL BRETON

L'opinion de Jacques Duval

S'il est une voiture qui doit ouvrir la voie royale à la voiture électrique, c'est assurément la Chevrolet Bolt EV, la petite familiale que General Motors commercialisera fin 2016 ou début 2017. Si je suis si optimiste, c'est que cette nouvelle venue répond impeccablement aux désirs exprimés par les automobilistes quant à leurs intentions d'achat.

Quand il est question de voitures strictement électriques, les gens en envisagent l'achat à condition qu'elles satisfassent deux critères précis : un prix abordable et une autonomie de 320 km. Or, la Bolt remplit ces deux conditions.

Ça passe ou ça casse

J'ai prédit que la Bolt EV changerait le monde. Bref, ça passe ou ça casse. Ou bien elle remportera un succès déterminant pour l'avenir de la voiture électrique, ou bien elle obtiendra un succès d'estime sans faire exploser les ventes et le cours des actions de GM.

La Bolt m'a séduit, on le devine, surtout par son comportement sur route. Sa motorisation électrique équivalente à une puissance de 200 chevaux assure des accélérations (0-100 km/h en 6,9 secondes) qui, sans être au niveau d'une Tesla Model S 70, s'en rapprochent. Ainsi, avec quatre personnes à bord, la voiture s'envolait avec une étonnante vélocité. L'ingénieur qui nous accompagnait m'a même semoncé à deux reprises pour excès de vitesse. Mais les accélérations et les reprises sont si vives que l'on ne peut s'empêcher de s'en délecter.

Fiche technique

PLACES : 5
ESPACE CARGO : nd
POIDS : nd
MOTEUR :
Puissance : 200 ch
Couple : 266 lb-pi
BATTERIE :
Type : lithium-ion
Capacité : 60 kWh
Garantie : 8 ans/160 000 km

J'ai été plus réservé sur le freinage par respect pour mes passagers. On peut présumer qu'il sera à la hauteur, tout en soulignant qu'il permet une régénération de l'énergie dont l'intensité est réglable par le conducteur.

Cousine de la Tesla

Quant à la tenue de route, on retrouve la sensation d'une Tesla qui vire à plat en profitant de son centre de gravité bas, résultat de l'emplacement des batteries dans le plancher. Un léger roulis est perceptible si l'on insiste pour le provoquer : il ne faut pas oublier que l'on a affaire à une traction. La monte pneumatique est signée Michelin.

Le confort est correct. La cinquième place, au centre arrière, m'a paru plus hospitalière que dans la Volt en dépit du fait que les dimensions de ces véhicules sont très voisines. Cela dit, le coffre à bagages de la Bolt n'a pas moins de 478 litres d'espace cargo.

Mon seul bémol a trait à la direction à commande électrique, qui est un peu floue au centre. Et le pourtour du volant serait peut-être trop gros pour de fines mains. En revanche, le rayon de braquage confère une certaine maniabilité à la voiture en ville. La visibilité bénéficie d'un accessoire optionnel : une caméra fixée sur le rétroviseur central, affichant une vue impeccable vers l'arrière. La fonction d'analyse d'autonomie probable selon la route, la topographie, la météo et même l'heure de la journée est digne de mention.

Un autre bon point est l'écran de 10,2 pouces, dont l'affichage est d'une meilleure lisibilité que ce que l'on trouve dans plusieurs modèles.

Si je dresse mon propre bilan de la Bolt EV, force est d'admettre qu'elle offre exactement ce que le public désire : un prix raisonnable, un comportement routier stimulant, une habitabilité satisfaisante et une autonomie

- Grande autonomie
- Performances adéquates
- Excitante à conduire (Daniel)
- Pratique
- Prix abordable

- Fiabilité inconnue
- Direction un peu floue
- Port de recharge rapide en option (Daniel)

rassurante. En chiffres, ma Tesla Model P85D de 130 000 $ me donne une autonomie journalière de 365 km, contre 320 km pour la Bolt. Ces 45 km de différence prêtent à une sérieuse réflexion.

L'opinion de Daniel Breton

Après tant d'années de discussions, de spéculations, de déceptions et d'espoir, nous y sommes. Voici la première voiture électrique qui s'approche réellement d'un véhicule grand public. Comme Jacques l'a très bien écrit, cette voiture risque fort de changer la donne en matière de transport individuel, puisque son autonomie pourra atteindre et même dépasser les 320 km.

« 200 miles or more electric range »

Selon l'ingénieur en chef du développement de la Bolt EV, ce multisegment pourra dépasser sans trop de problème les 320 km d'autonomie en conduite raisonnable. Notre expérience au volant de cette Bolt EV nous incite à croire que cela se vérifiera au quotidien. D'ailleurs, lorsqu'on examine l'autonomie d'une Tesla Model S 70, qui est, selon les chiffres officiels de l'EPA, de 377 km avec une batterie d'à peine 10 kWh de plus que celle de la Bolt EV, mais d'un poids plus élevé, les valeurs avancées par GM semblent tout à fait crédibles. Évidemment, la Bolt EV n'est pas construite à 100 % en aluminium comme la Tesla Model S, mais plutôt en acier à haute résistance et en aluminium.

Cela dit, il ne faut pas oublier que la Bolt EV coûtera deux fois moins cher que la moins chère des Tesla Model S !

Une tenue de route surprenante

La distribution de son poids étant de 50 % à l'avant et 50 % à l'arrière, la Bolt est très bien équilibrée, d'autant plus que les batteries sont placées dans le plancher, abaissant du coup le centre de gravité à un niveau inatteignable pour un véhicule à essence. Sa tenue de route est donc surprenante.

L'accélération et les reprises sont tout à fait à la hauteur de ce que doit être un véhicule électrique digne de ce nom, avec 200 chevaux et 266 lb-pi de couple.

Ne l'oublions pas, il s'agit ici d'un multisegment ! Il est donc plus haut et plus court que la Volt. Et, fait à noter, l'espace intérieur est plus grand, ce qui en fait un véhicule pratique pour la vie de tous les jours. On verrait bien une famille partir en voyage à bord d'une Bolt EV, d'autant plus que les bornes rapides poussent maintenant comme des champignons dans plusieurs régions de l'Amérique du Nord.

GM proposera le port de recharge rapide pour la Bolt EV, mais en option. Je présume que cette décision a pour but de maintenir le prix initial très compétitif, mais une Bolt EV sans port de recharge rapide ne me semble pas particulièrement intéressante.

Une voiture américaine

Après plus de 500 000 km d'essais sur les routes d'Amérique du Nord, d'Europe et de Corée du Sud, ce multisegment sera construit au Michigan, ce qui est de bon augure. L'expérience de la Chevrolet Volt a démontré que GM peut construire d'excellentes voitures, aussi fiables que les meilleures japonaises.

La Tesla Model 3, qui vient d'être dévoilée au grand public, fera sûrement une chaude lutte à cette Bolt EV pour le marché des voitures 100 % électriques à la fois « abordables » et pratiques, mais s'il y a une chose dont on peut être certain, c'est que cette compétition, qui est en train de naître sous nos yeux, a de quoi réjouir quiconque a à cœur la diminution de notre dépendance au pétrole. C'est pourquoi je lève mon chapeau aux gens de Chevrolet. C'est du beau travail.

Silverado

PRIX : 27 950 $
CONSOMMATION : 11,2 L/100 km (4X2)
GES : 281 g/km
COTE D'ÉMISSIONS DE GES : 4/10
COTE DE SMOG CALIFORNIENNE : 6/10

Toujours dans la course

PAR JEAN-FRANÇOIS GUAY

Un véritable bras de fer se joue entre les constructeurs américains afin de réduire la consommation de carburant de leurs camionnettes. Après le dévoilement de la technologie EcoBoost chez Ford et l'introduction d'un V6 turbodiesel chez FCA (Fiat Chrysler Automobiles), General Motors a pris l'initiative de moderniser ses moteurs V6 et V8 dont les soupapes sont encore commandées par culbutage. Une technique qui paraît désuète par rapport aux moteurs à double arbre à cames en tête de ses rivaux. Quoi qu'il en soit, ce mécanisme a fait ses preuves et permet d'assurer une certaine fiabilité comparativement aux nouvelles motorisations de Ford et FCA.

Ainsi, les Silverado 1500 et Sierra 1500 sont propulsés depuis 2014 par trois nouveaux moteurs EcoTec3 : un V6 de 4,3 litres (285 ch, 305 lb-pi) ; un V8 de 5,3 litres (355 ch, 383 lb-pi) ; et un V8 de 6,2 litres (420 ch, 460 lb-pi). Les trois moteurs sont dotés de l'injection directe, de la gestion active du carburant (désactivation de cylindres) et de la distribution à calage variable en continu, une combinaison non proposée par les concurrents. Parmi les autres mises à jour, ces moteurs à soupapes en tête sont faits de composantes légères, par exemple les blocs et les culasses sont en aluminium, ce qui réduit le poids et, du coup, la consommation de carburant.

V6 ou V8

Pour une consommation minimale, le V6 de 4,3 litres permet d'économiser environ 5 % d'essence par rapport au V8 de 5,3 litres. Or, la question est de savoir s'il vaut la peine de

Fiche technique

PLACES : 3 (cabine simple)
ESPACE CARGO : 1728 L (benne de 6 pi 6 po)
POIDS : 2049 kg
MOTEUR :
Puissance : 285 ch
Couple : 305 lb-pi (V6 de 4,3 litres)

Silverado

choisir le V6 au détriment du V8. Dans un premier temps, le V6 coûte un peu moins cher à l'achat que le V8 – une différence de 1225 $. Toutefois, la puissance du V8 de 5,3 litres est nettement supérieure, alors que la capacité de remorquage du V6 de 4,3 litres plafonne à 3357 kg et que le V8 de 5,3 litres atteint 5035 kg. Le V8 de 6,2 litres repousse la limite à 5443 kg.

Du côté des transmissions, le V6 de 4,3 litres et le V8 de 5,3 litres sont arrimés à une boîte automatique à six rapports. Les versions de luxe équipées du V8 de 5,3 litres et le V8 de 6,2 litres ont droit à une boîte automatique à huit rapports.

Pour une économie d'essence plus appréciable, GM a annoncé la venue de la technologie d'hybridation légère e-assist dans 700 camionnettes (500 Silverado et 200 Sierra) vendues uniquement en Californie. GM va augmenter la production en 2017 si la demande le justifie.

À la traîne

Malgré cette refonte esthétique et mécanique, les camionnettes pleine grandeur de General Motors ont perdu des parts de marché face aux Ford F-150 et Ram 1500. De plus, malgré cette mise à jour, elles demeurent à la traîne question consommation comparativement aux Ford F-150 EcoBoost et Ram 1500 EcoDiesel.

Mais ce n'est que partie remise, puisque la carrosserie des prochains Silverado, Sierra et grands VUS (Yukon, Tahoe et Escalade) de General Motors devrait être en aluminium à la fin de 2018.

Au final, les Silverado et Sierra consomment un peu plus que les Colorado et Canyon. En revanche les grandes camionnettes de GM – quoique plus encombrantes sur la route – s'avèrent plus versatiles pour accomplir des travaux sur un chantier ou tracter une remorque.

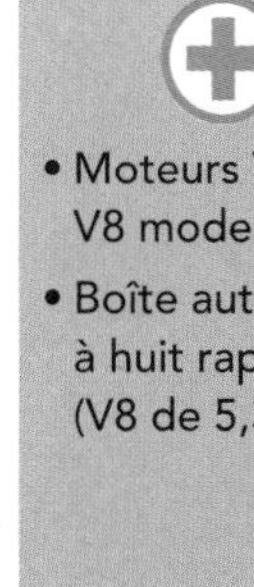

- Moteurs V6 et V8 modernisés
- Boîte automatique à huit rapports (V8 de 5,3 litres)

- Absence d'un moteur réellement écoénergétique
- Pas de boîte à huit rapports (V6 de 4,3 litres)
- V8 de 6,2 litres superflu

Spark EV

PRIX: 34 045 $
AUTONOMIE ÉLECTRIQUE: 132 km
TEMPS DE CHARGE:
120 V: 20 h – 240 V: 7 h – Rapide: ½ h à 80 %
GES: 0 g/km
COTE D'ÉMISSIONS DE GES: 10/10
COTE DE SMOG CALIFORNIENNE: 10/10

La fusée de poche

DANIEL BRETON

De toutes les voitures électriques disponibles sur le marché, la Chevrolet Spark est sûrement celle qui a le plus surpris les électromobilistes. En effet, cette petite voiture que personne n'attendait est une révélation. Alors que la Spark à essence n'a rien de particulièrement transcendant, sa sœur électrique est véritablement... électrisante.

Manier avec précaution

Cette petite voiture comprend un moteur électrique d'une puissance de 140 chevaux, dont le couple n'est rien de moins que 327 lb-pi. Ses accélérations de 0 à 100 km/h sont d'environ 7,5 secondes... sauf que la combinaison puissance/contrôle est déséquilibrée. En effet, quand on accélère brusquement, le volant peut être difficile à maîtriser, car l'effet de couple est important. Donc, sa puissance est à manier avec précaution.

Cela dit, la Spark est particulièrement efficace pour se faufiler partout grâce à sa petite taille et à son rayon de braquage très court, mais sa hauteur la rend assez sensible aux vents latéraux.

Une autonomie étonnante

Depuis 2015, Chevrolet utilise un nouveau type de cellules lithium-ion, étant passé aux batteries de LG Chem, l'entreprise qui fabrique les batteries de la Volt et de la Cadillac ELR. La capacité de la batterie est passée de 20 à 19 kWh, mais GM prétend que son autonomie et sa consommation n'ont pas changé.

Fiche technique

PLACES : 4
ESPACE CARGO (MIN – MAX) :
272 L – 667 L
POIDS : 1300 kg
MOTEUR :
Puissance : 140 ch
Couple : 327 lb-pi
BATTERIE :
Type : lithium-ion • Capacité : 19 kWh
Garantie : 8 ans/160 000 km

Selon l'Environmental Protection Agency (EPA), son autonomie est de 132 km. J'ai personnellement obtenu au moins 125 km d'autonomie en plein hiver à -20 °C, ce qui est plutôt impressionnant. Évidemment, pour obtenir une telle autonomie, j'ai conduit à une vitesse oscillant entre 85 et 95 km/h, et j'ai éteint le chauffage la plupart du temps, me fiant aux sièges chauffants pour me garder au chaud.

Lorsque j'ai testé cette petite voiture à vitesse plus élevée (entre 105 et 115 km/h), l'autonomie restait étonnante à -10 °C, avec plus de 110 km parcourus sur une charge.

En été, il est tout à fait possible de dépasser les 150 km d'autonomie.

La recharge

La recharge s'effectue en 7 heures avec un chargeur de 240 volts, mais il est possible de brancher la Spark EV sur un chargeur rapide (niveau 3) si votre auto est équipée de l'option du port CCS Combo, comme celle que j'ai testée. Quant à la recharge sur une prise de 120 volts, on parle de près de 20 heures...

Lignes torturées

La finition intérieure est très moyenne et la qualité des matériaux n'est pas des meilleures, même pour une voiture de cette catégorie. L'intérieur est assez spacieux pour quatre adultes.

Quant au look, je ne suis pas un fan, loin de là. Alors qu'à l'extérieur ses lignes me semblent torturées, l'intérieur est loin d'avoir ravi ma conjointe qui n'a aimé ni l'agencement des couleurs ni la finition.

Cette voiture, qui s'est avérée robuste, amusante à conduire et pourvue d'une bonne autonomie compte tenu de son prix, est certainement un choix à considérer comme fusée de poche... électrique.

Autre problème, sa disponibilité. En effet, il semble que Chevrolet commande ses Spark EV au compte-goutte. Comme ces voitures sont assemblées en Corée du Sud, le temps d'attente peut être long, très long même (certains parlent d'attentes jusqu'à un an !), ce qui est totalement inacceptable.

C'est pourquoi je vous suggère fortement de vous informer quant à la disponibilité de cette voiture auprès des concessionnaires de votre région avant de la commander.

- Petite voiture très performante
- Très agile
- Autonomie intéressante
- Fiable

- Finition intérieure bas de gamme
- Disponibilité problématique

Trax

PRIX : 19 495 $
CONSOMMATION : 8,1 L/100 km
GES : 191 g/km
COTE D'ÉMISSIONS DE GES : 7/10
COTE DE SMOG CALIFORNIENNE : 6/10

Lent mais obligeant

JEAN-FRANÇOIS GUAY

Dans les centres-villes où l'espace est de plus en plus exigu, les VUS urbains ont leur raison d'être. Ces petits véhicules, mesurant pour la plupart moins de 4,3 mètres, exercent un grand attrait auprès des citadins grâce à leur position de conduite surélevée, à leur volume de chargement et à la possibilité d'opter pour la traction intégrale. Dans des villes mal déneigées en hiver, les quatre roues motrices permettent aux automobilistes de se sortir d'un banc de neige en deux temps trois mouvements. De plus, grâce à leur garde au sol légèrement plus haute, les VUS peuvent s'aventurer dans des endroits jugés inaccessibles aux voitures compactes ou sous-compactes.

Le Chevrolet Trax n'est pas une nouveauté puisqu'il a été dévoilé au Canada en 2013, où les petits véhicules écoénergétiques ont la cote à cause du prix élevé de l'essence. General Motors a décidé de le commercialiser aux États-Unis en 2015 pour contrer la percée des marques rivales dans ce segment en essor. En effet, le Trax fait partie d'une catégorie où se côtoient les Kia Soul, Mitsubishi RVR, Nissan Juke, Subaru Crosstrek et les nouveaux venus : Fiat 500X, Honda HR-V, Jeep Renegade et Mazda CX-3. La compétition est féroce et le Trax, à cause de son âge, peut paraître désuet devant certains de ses concurrents plus modernes.

Une mécanique connue

Le Trax partage ses éléments mécaniques avec le Buick Encore, un jumeau presque identique qui se distingue par une présentation plus luxueuse et un meilleur silence de roulement grâce au système QuietTuning, conçu pour bloquer ou absorber les bruits environnants et amortir ou

Fiche technique

PLACES : 5
ESPACE CARGO (MIN – MAX) :
530 L – 1371 L
POIDS : 1293 kg
MOTEUR :
Puissance : 138 ch
Couple : 148 lb-pi

supprimer les vibrations. Le moteur est un quatre cylindres turbocompressé de 1,4 litre qui développe 138 chevaux et 148 lb-pi de couple. Au Canada, la version d'entrée de gamme comprend une boîte manuelle à six rapports et un rouage à traction avant. La transmission automatique à six rapports équipe de série les versions plus luxueuses, alors que la traction intégrale est optionnelle. Du côté des États-Unis, la boîte automatique et le rouage intégral font partie de l'équipement standard. Le rapport poids/puissance ne favorise pas les accélérations canon, comme en témoigne un 0-100 km/h en 11,5 secondes, ce qui relègue le Trax loin derrière le peloton. En contrepartie, ce groupe propulseur compense sa lenteur par une faible consommation d'essence de 8,1 L/100 km, soit l'une des plus basses de sa catégorie.

De l'espace à revendre

En dépit de ses dimensions lilliputiennes, il est facile d'embarquer et de débarquer du Trax grâce à la large ouverture des portières et à la hauteur du plafond. Le nombre de rangements à l'intérieur est étonnant : deux coffres à gants, plusieurs vide-poches, de l'espace de rangement dans les quatre portes, des pochettes au dos des sièges, des bacs sous le plancher de chargement et un tiroir dissimulé sous le siège du passager avant.

Le volume du coffre atteint 530 litres et 1371 litres lorsque les dossiers divisés 60-40 sont rabattus. Même le dossier du siège du passager avant se rabat pour prolonger la zone de chargement et transporter des articles mesurant jusqu'à 2,5 mètres.

Si vous n'êtes pas pressé d'acheter, le Trax fera peau neuve en 2017 et il adoptera le code stylistique des nouvelles Malibu, Cruze et Volt en arborant une calandre, des phares et feux arrière redessinés. À l'intérieur, la présentation du tableau de bord sera enjolivée par des matériaux de meilleure qualité. Quant à la mécanique, elle sera quasi identique.

- Espaces de rangement astucieux
- Vaste habitacle pour les grandes personnes
- Dossier rabattable du siège passager avant

- Finition intérieure bâclée
- Accélération décevante
- Rouage intégral lent à réagir

8U

PRIX: CAN 38 390 $
CONSOMMATION: essence: 5,6 L/100 km
essence/électricité: 2,2 L/100 km
AUTONOMIE ÉLECTRIQUE: 85 km
TEMPS DE CHARGE: 120 V: 13 h – 240 V: 4,5 h
GES: 32 g/km
COTE D'ÉMISSIONS DE GES: 10/10
COTE DE SMOG CALIFORNIENNE: 8/10

L'honneur de Chevrolet

DANIEL BRETON ET JACQUES DUVAL

L'opinion de Daniel Breton

Je connais très bien la Chevrolet Volt. Lorsque j'ai entendu parler pour la première fois de ce projet, il y a plus de huit ans déjà, j'étais aussi curieux que dubitatif. Comment une entreprise comme GM, qui avait jeté aux orties sa EV-1 et s'était lancée dans la fabrication en série des Hummer H2, pouvait-elle fabriquer une voiture électrique efficace et fiable?

Eh bien, disons-le, Chevrolet a confondu les sceptiques! En effet, la Volt de première génération s'est révélée particulièrement efficace, fiable et agréable à conduire. J'en ai acheté une il y a presque quatre ans et, au bout de 70 000 km, je n'ai rien à redire. Cette voiture n'a demandé qu'une seule vidange d'huile et moins de quatre pleins d'essence par an. Ainsi, je dirais que 95 % du temps, je roule à l'électricité, sauf sur les longues distances.

Et voilà la Volt de seconde génération, qui s'avère un cran meilleure, et ce, à tous points de vue.

Meilleure autonomie

Alors que, dans les conditions idéales, je pouvais faire 95 km en mode 100 % électrique avec la Volt de première génération, il est maintenant possible de parcourir jusqu'à 120 km. Par temps très froid (-30 °C), cette autonomie peut diminuer jusqu'à 50 km pour la Volt de première génération. N'ayant pas testé la Volt de seconde génération par grands froids, je dois présumer que son autonomie diminuera proportionnellement, soit autour de 65 km.

Fiche technique

PLACES : 5
ESPACE CARGO : 301 L
POIDS : 1607 kg
MOTEURS (ESSENCE/ÉLECTRIQUE) :
Puissance : 149 ch
Couple : 294 lb-pi
BATTERIE :
Type : lithium-ion • Capacité : 18,4 kWh
Garantie : 8 ans/160 000 km

Plus de puissance et d'économie

Autre bonne nouvelle, le nouveau moteur thermique de 1,5 litre, qui remplace le précédent moteur de 1,4 litre, se contente maintenant d'essence ordinaire. Selon GM, le système d'entraînement a vu son efficacité s'améliorer de 12 %, ce qui rend aussi le moteur à essence plus économique. Les accélérations sont plus vives de presque 2 secondes pour le 0-100 km/h, et la Volt a perdu 100 kg.

Cette perte de poids, combinée à deux moteurs plus performants, rend cette voiture encore plus agile et agréable à conduire dans les courbes et en ville que la Volt de première génération.

Un look plus discret

Si la Volt de première génération se démarquait par un look unique, ce modèle est beaucoup plus *mainstream*, pour ne pas dire anonyme. Je n'ai d'ailleurs pu m'empêcher de voir une certaine ressemblance avec la Honda Civic Coupé.

À l'intérieur, la finition est un peu trop plastique à mon goût. Vu son prix, Chevrolet aurait pu mettre un peu plus d'effort sur cet aspect. Cela dit, le tableau de bord est intuitif et donne l'information nécessaire à une conduite « électriquement efficace ».

Pour un freinage régénératif plus agressif, on a maintenant droit à une manette qui permet de ne presque pas utiliser les freins tout en rechargeant la batterie.

Une déception de taille : le chargeur embarqué n'est que de 3,6 kW, ce qui rend la recharge encore trop lente au goût de bien des acheteurs. Bien évidemment, aucun port de recharge rapide n'est disponible.

Au final, cette Chevrolet Volt est une réussite à presque tous points de vue. Aucun autre constructeur de la planète n'est parvenu à construire une telle combinaison gagnante à ce jour. Des Hummer aux Volt, il s'en est passé des choses. Et c'est tout à l'honneur de Chevrolet.

- Autonomie électrique améliorée
- Ne nécessite plus d'essence super
- Consommation plus basse
- Plus agile sur la route

- Chargeur embarqué d'à peine 3,6 kW
- Finition intérieure très « plastique »
- On oublie la 5e place
- Prudence en entrant à l'arrière

L'opinion de Jacques Duval

Je possède moi aussi une Chevrolet Volt de la première cuvée. C'est donc dans l'expectative que Daniel Breton et moi attendions la suite de cette auto plutôt révolutionnaire. Jusqu'ici, j'ai accumulé, sur 25 000 km, une moyenne globale de 2,7 L/100 km, ce qui est meilleur qu'une Toyota Prius par exemple. En deux ans, la dépense en essence, environ 750 $, a été tout ce qu'il y a de plus raisonnable, et les nouvelles améliorations devraient encore réduire cette consommation. Mon épouse, qui utilise la plupart du temps la Volt, aime son confort et sa facilité de conduite. Mais l'une de ses deux principales critiques est la grosseur du pilier A qui rend la visibilité en diagonale assez ardue, sans compter la qualité de l'éclairage, pas fameux dans la Volt 2012. Les phares à diodes électroluminescentes de la version 2017 devraient cependant améliorer cet aspect de la voiture.

Une seconde génération en progrès

À première vue, la nouvelle Volt de Chevrolet ne m'avait pas jeté par terre avec sa silhouette revue et corrigée. Je la trouvais moins distinctive que sa devancière et assez généraliste. Mais, de profil, elle évoque un peu la superbe Tesla.

La principale nouveauté de l'année est de toute évidence le moteur 4 cylindres de 1,5 litre, qui prend la place du 3 cylindres en service jusqu'ici. Il propose 17 chevaux de plus, mais surtout 87 km d'autonomie au lieu de 67 auparavant. Cela se ressent au volant, même si les chiffres d'accélération n'ont pas bougé sensiblement, avec un temps de 9 secondes au sprint 0-100 km/h. La recharge complète n'exige que 4,5 heures sur une prise 240. Autre bonne nouvelle : le véhicule se contente d'essence ordinaire.

Silencieuse, plus confortable et scotchée à la route, la nouvelle Volt est la première chez GM à utiliser la plateforme Delta, plus solide, avec de l'acier à haute résistance.

Cinq places, vraiment ?

À l'intérieur, le tableau de bord énorme n'est pas du meilleur goût, mais le bloc d'instruments, face au conducteur, est à la fois coloré et généreux quant aux applications. Celle qui m'impressionne le plus permet de déterminer le moment où l'on veut rouler en mode électrique. Il suffit de mettre le système à la position « Maintien » pour conserver l'énergie électrique et l'utiliser ultérieurement, en ville par exemple, où la consommation est habituellement plus importante que sur autoroute. Il faut un peu d'audace pour affirmer que la dernière Volt est une cinq places. En effet, la place du centre, à l'arrière, ressemble davantage à un instrument de torture qu'à un confortable fauteuil. De plus, en y accédant, il faut plier l'échine pour ne pas se heurter la tête contre le pavillon, comme dans trop de voitures à la ligne arrière fuyante.

Mieux que 2,7 L/100 km ?

Il y a toujours l'extraordinaire fluidité entre le moteur électrique et son alter ego à essence. Il faut avoir l'oreille fine pour se rendre compte que la voiture passe d'un mode à l'autre. Mon expérience m'ayant permis d'enregistrer une moyenne globale de 2,7 L/100 km sur un an avec ma Volt 2012, sur 22 000 km, permet d'espérer un résultat bonifié avec le nouveau modèle. Si l'éloquence des chiffres est votre dada, sachez que la dernière Volt est globalement plus efficace de 12 % et que son groupe propulseur a été allégé de 45 kg, ce qui, ajouté à d'autres économies de poids, la rend plus légère de 100 kg, comme l'a dit précédemment Daniel Breton. Et si la régénération propre au freinage vous agace, vous pouvez modifier ses effets au moyen d'une palette sous le volant.

Dans un décor automnal absolument splendide, la nouvelle Chevrolet Volt a fait une entrée remarquée et remarquable. C'est, de toute évidence, le meilleur produit de GM, une vérité que les automobilistes n'ont pas mis de temps à propager. Avec tous ses nouveaux raffinements, elle dépasse sa rivale, la Leaf de Nissan.

PRIX: nd
AUTONOMIE ÉLECTRIQUE: 135 km
TEMPS DE CHARGE: 120 V: 24 h – 240 V: 4 h
GES: 0 g/km
COTE D'ÉMISSIONS DE GES: 10/10
COTE DE SMOG CALIFORNIENNE: 10/10

Malheureusement trop rare

DANIEL BRETON

Je ne suis pas un fan de la Fiat 500, loin de là. La 500 à essence n'est pas économique sur le plan de la consommation et ne s'est pas révélée des plus fiables à ce jour.

Eh bien, un peu comme ce fut le cas lors de ma découverte de la Smart Fortwo Electric Drive, l'électrification de la Fiat 500 a transformé cette petite voiture très stylée en objet de convoitise !

Gros cœur, petit corps

Cette petite voiture pourvue d'une batterie de 24 kWh, tout comme la Nissan Leaf de base, pèse 270 kg de moins que cette dernière. De plus, le moteur de la Fiat 500e est à peu près aussi puissant que celui de la Leaf. La petite Fiat est donc très performante.

En fait, cette voiture a été conçue plus en fonction de la performance que de l'environnement. À preuve, il n'y a pas de feuilles ni aucune autre icône sur le tableau de bord pour vous inciter à économiser l'énergie de la voiture. Il n'y a pas non plus de mode B ou Eco. On a même calibré la voiture pour qu'elle puisse faire légèrement crisser les pneus, illustrant ainsi son accélération vive.

De plus, pour bien mettre l'emphase sur le côté « sportif » de la 500e, Fiat propose en option l'ensemble « E-SPORT »... qui se résume à quelques touches visuelles pour donner à cette voiture un look plus athlétique, sans plus. Cela dit, son accélération est aussi rapide que la version Abarth (lire : de performance) à essence de la Fiat... et elle est plus équilibrée.

Fiche technique

PLACES : 4
ESPACE CARGO (MIN – MAX) : 199 L – 745 L
POIDS : 1355 kg
MOTEUR :
Puissance : 111 ch
Couple : 147 lb-pi
BATTERIE :
Type : lithium-ion • Capacité : 24 kWh
Garantie : 8 ans/160 000 km

Autonomie acceptable

Avec une batterie de 24 kWh dans un véhicule si léger, on serait en droit de s'attendre à une autonomie supérieure à celle de la Leaf, n'est-ce pas ? Apparemment, ce n'est pas le cas. Selon l'EPA, l'autonomie des deux voitures est de 135 km. Cela dit, en roulant avec la Fiat 500e de façon écoénergétique, il est possible de monter à 160 km, voire un peu plus.

Pas de recharge rapide

La recharge de cette petite voiture s'effectue en un peu moins de quatre heures grâce à un chargeur embarqué de 6,6 kW que vous devez coupler à un chargeur maison de 30 ampères. Cela dit, contrairement à la très grande majorité des voitures 100 % électriques sur le marché, il n'y a pas de port de recharge rapide, qu'il soit de type CHAdeMO ou CCS, ce qui est à mon avis une lacune.

À bord

Cette Fiat 500e demeure une très petite voiture, mais la batterie a été installée à l'arrière, dans le plancher, ce qui rend son petit espace cargo proportionnellement plus acceptable que celui de la Ford Focus EV. Il n'en demeure pas moins que cette voiture a beau être officiellement une « quatre places », seules des personnes de petite taille ou des enfants seront confortables à l'arrière.

Il faut bien le dire, les designers, chez Fiat, proposent une petite voiture qui a un chic fou, à nul autre pareil parmi les voitures électriques. Qu'il s'agisse des combinaisons de couleurs, du design intérieur, cette voiture est un bijou pour les yeux.

Malheureusement, puisqu'on ne la trouve qu'en Californie et en Oregon, bien peu de gens ont accès à cette petite merveille. Si cette voiture était disponible partout en Amérique, je suis certain qu'elle ferait bien des heureux.

- Petite voiture électrique « sportive »
- Autonomie correcte
- Look d'enfer

- Est-elle aussi peu fiable que sa sœur à essence ?
- Disponible seulement dans deux États américains

PRIX: 22 995 $
CONSOMMATION: 8,4 L/100 km
GES: 195 g/km
COTE D'ÉMISSIONS DE GES: 7/10
COTE DE SMOG CALIFORNIENNE: 6/10

Du même constructeur que la Ferrari 488 GTB

JACQUES DUVAL

Difficile d'imaginer que la lamentable petite Fiat 500X provient du même groupe automobile que la Ferrari 488 GTB. C'est pourtant le cas : cette minivoiture italienne, qui occupe les bas-fonds de la majorité des sondages sur la fiabilité, est issue d'un conglomérat rassemblant des marques aussi nobles qu'Alfa-Romeo, Lancia, Maserati et, bien sûr, Ferrari. Dans une classe à part, j'aurais pu ajouter Chrysler, puisque le groupe Fiat détient une bonne partie des actifs du constructeur américain qui lui sert de distributeur dans ce vaste marché.

En somme, l'industrie italienne de l'automobile tourne autour d'un seul et même constructeur dont les créations ne sont pas toutes égales. C'est ainsi que la Fiat 500 est l'antinomie de la Ferrari 488 GTB, laquelle personnifie le génie des quelques ingénieurs qui ont la responsabilité de faire flotter le drapeau italien aux quatre coins du monde dans le Championnat du monde de F1.

Qualité douteuse

Par comparaison, Fiat est toujours enlisée dans la commercialisation d'une voiture du peuple d'une qualité douteuse. Pourquoi, dans ce cas, inclure la Fiat 500 dans ce livre ? Simplement pour vous prévenir de ne pas vous laisser séduire par la mignonne Fiat 500 et ses nombreuses descendantes à essence que la marque aurait souhaité amener à des sommets jamais atteints en matière de ventes.

Cela dit, Chrysler a réussi à écouler un bon nombre des Fiat 500 originales dans leur

Fiche technique

PLACES : 5
ESPACE CARGO (MIN – MAX) :
634 L – 1268 L
POIDS : 1457 kg
MOTEUR : 1,4 L Turbo
Puissance : 160 ch
Couple : 184 lb-pi

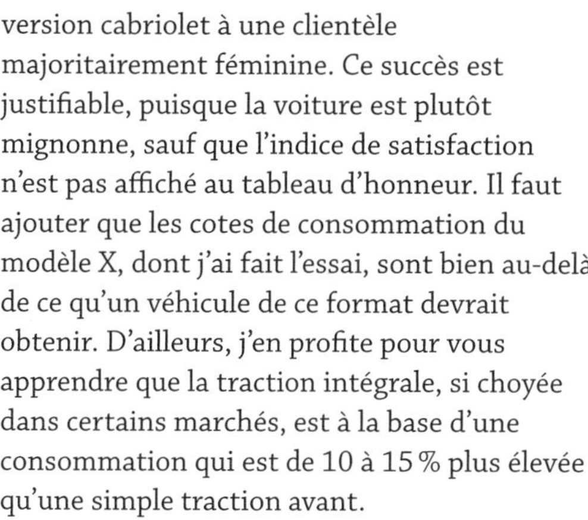

version cabriolet à une clientèle majoritairement féminine. Ce succès est justifiable, puisque la voiture est plutôt mignonne, sauf que l'indice de satisfaction n'est pas affiché au tableau d'honneur. Il faut ajouter que les cotes de consommation du modèle X, dont j'ai fait l'essai, sont bien au-delà de ce qu'un véhicule de ce format devrait obtenir. D'ailleurs, j'en profite pour vous apprendre que la traction intégrale, si choyée dans certains marchés, est à la base d'une consommation qui est de 10 à 15 % plus élevée qu'une simple traction avant.

Moteurs rachitiques

Combinées à des moteurs d'une santé fragile, ni les performances ni la consommation ne vous arracheront un sourire, quoi qu'en disent certains de nos collègues. Comptez une moyenne de 9 L/100 km pour notre Fiat 500X à moteur 2,4 litres de 180 chevaux, ce qui excède par une bonne marge la consommation d'un Toyota RAV4 hybride qui est, ne l'oublions pas, un VUS.

Le 1,4 litre turbo proposé est un peu plus sobre, mais s'accompagne d'une boîte de vitesses manuelle à six rapports au fonctionnement exécrable, ce qui fait que le seul choix moyennement intéressant est la transmission automatique à double embrayage à neuf rapports jumelée au moteur 2,4 litres.

Finalement, sachez que la Fiat 500X est relativement plus spacieuse que les autres versions de la gamme et que son coffre à hayon est plus logeable, mais cela ne changera sans doute rien à vos intentions d'achat.

L'idée de faire revivre la voiture emblématique du groupe Fiat était excellente et aurait mérité que l'on s'attarde davantage à sa qualité d'exécution. Quelle que soit la version choisie, la fiabilité est au même niveau qu'elle a toujours été, soit inférieure à celle des marques rivales.

- Silhouette sympathique
- Intérieur original
- Modèles X et L plus intéressants

- Durabilité inquiétante
- Transmissions désagréables
- Performances et consommation décevantes

C-MAX/Energi

PRIX : Hybride : 25 999 $
Energi : 31 999 $
CONSOMMATION :
Hybride : 5,9 L/100 km
Energi : essence/électricité : 2,7 L/100 km ;
essence : 6,2 L/100 km
AUTONOMIE ÉLECTRIQUE : Energi : 30 km
TEMPS DE CHARGE :
Energi : 120 V : 7 h – 240 V : 2,5 h
GES : Hybride : 141 g/km
Energi : 81 g/km
COTE D'ÉMISSIONS DE GES : Hybride : 9/10
Energi : 10/10
COTE DE SMOG CALIFORNIENNE : Energi : 9/10

Deux choix dignes de mention

DANIEL BRETON

S'il y a une catégorie de véhicules où les modèles écoénergétiques ne pullulent pas, c'est bien celle des multisegments/VUS. En effet, pour une raison qui échappe à plusieurs, la plupart des constructeurs s'entêtent à ne proposer aucun de ces véhicules en version hybride, hybride rechargeable ou électrique, bien qu'ils soient de plus en plus populaires.

Ce n'est pas le cas de Ford qui propose la C-MAX en version hybride et hybride rechargeable.

Ce multisegment est loin d'être très grand, mais pour une famille moyenne (un ou deux enfants), il peut très bien s'acquitter de ses tâches de tous les jours, et même de brillante façon, à la condition que vous ne soyez pas trop exigeant du côté de l'espace cargo. Doté de la même motorisation que la Ford Fusion hybride, il bénéficie donc d'assez de puissance pour déplacer la marmaille sans problème. La principale concurrente, la Toyota Prius V, est loin d'être aussi rapide et puissante, ce qui donne à la C-MAX hybride un « mini » caractère sportif.

De plus, son format court et haut facilite les manœuvres en circulation urbaine, et sa suspension à l'européenne rend ce véhicule des plus agréables à conduire… pour un multisegment.

Fiche technique

PLACES: 5
ESPACE CARGO (MIN – MAX):
Hybride: 679 L – 1472 L
Energi: 538 L – 1189 L
POIDS: Hybride: 1651 kg
Energi: 1768 kg
MOTEURS (ESSENCE/ÉLECTRIQUE):
Puissance: 188 ch
Couple combinés: 196 lb-pi
BATTERIE:
Type: lithium-ion
Capacité: Hybride: 1,4 kWh • Energi: 7,6 kWh
Garantie: 8 ans/160 000 km

L'intérieur est très bien aménagé, mais n'est pas des plus vastes. L'espace cargo est même inférieur à celui de la plupart des multisegments et VUS compacts de la concurrence, à cause en bonne partie de l'endroit où l'on a placé la batterie des systèmes motopropulseurs hybride et hybride rechargeable. En fait, l'espace cargo est à peine plus grand que celui d'une Ford Focus. En revanche, la finition intérieure est de bonne qualité, et cette C-MAX est pourvue de plusieurs gadgets au goût du jour, même en version de base.

Réelle économie de carburant

La version hybride de la C-MAX est la plus écoénergétique de la catégorie après la Prius V. À 5,9 L/100 km, la consommation combinée moyenne de ce multisegment en fait un petit véhicule pratique, plus agréable à conduire que la Prius V, et dont la fiabilité, jusqu'à maintenant, est plutôt au-dessus de la moyenne.

Quant à la version Energi (hybride rechargeable), son autonomie 100 % électrique est d'environ 35 km en conditions idéales. Lors de mon essai, j'ai réussi à obtenir une consommation moyenne de 2,9 L/100 km après avoir parcouru plus de 450 km, dont 40 % sur l'autoroute et 60 % en conditions urbaines. En fait, la particularité de cette version est que, même quand l'autonomie 100 % électrique de la batterie est épuisée, le système hybride performe toujours efficacement.

En résumé, ces deux véhicules demeurent de très bons choix de véhicules pratiques et écoénergétiques. La possibilité ou non de le brancher devrait déterminer votre choix final.

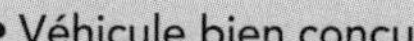

- Véhicule bien conçu
- Agréable à conduire
- Consommation frugale
- Fiable

- Espace cargo limité
- Difficile de le trouver chez les concessionnaires

F-150 EcoBoost

PRIX : 25 299 $
CONSOMMATION :
11,2 L/100 km
GES : 264 g/km
COTE ÉMISSIONS DE GES : 5/10
COTE DE SMOG CALIFORNIENNE : 7/10

Une solution : l'aluminium

JEAN-FRANÇOIS GUAY

Pour réduire la consommation d'une camionnette, il n'y a pas trente-six solutions ! Si FCA (Fiat Chrysler Automobiles) a choisi de boulonner un moteur diesel dans le Ram 1500, General Motors a opté pour la miniaturisation en ressuscitant les camionnettes intermédiaires Chevrolet Colorado et GMC Canyon. De son côté, Ford a emprunté une voie plus cartésienne, en réduisant le poids du F-150 et la cylindrée des moteurs.

La carrosserie en aluminium du F-150 est révolutionnaire dans un segment aussi conservateur que les camionnettes, puisque ce procédé de fabrication est utilisé essentiellement par des marques de luxe comme BMW, Mercedes-Benz, Porsche et Tesla – pour ne nommer que celles-là. Cela dit, l'emploi d'une coque en aluminium est un pari risqué, car une camionnette est appelée à œuvrer sur les chantiers de construction, où les chocs sont fréquents. Puisque ce matériau est plus coûteux et plus difficile à réparer que l'acier, les travaux devront être confiés à des ateliers dont le personnel est qualifié et travaille avec des outils spécifiques, ce qui engendre des coûts plus importants.

Finie la rouille

La bonne nouvelle est que l'aluminium est entièrement recyclable. Ainsi, il est possible d'économiser jusqu'à 95 % d'énergie en recyclant l'aluminium au lieu de l'extraire du sol (bauxite) ; et la qualité de l'aluminium recyclé est identique à celle de l'aluminium primaire ! Et, comme l'aluminium ne rouille pas, la longévité du F-150 devrait être accrue.

Fiche technique

PLACES: 3 ou 6
ESPACE CARGO: nd
POIDS: 1877 kg
MOTEUR:
Puissance: 325 ch
Couple: V6 EcoBoost de 2,7 L: 375 lb-pi

Plus léger et plus puissant

L'actuel F-150 a été allégé de 318 kg, ce qui lui permet de surclasser la concurrence en augmentant la charge utile maximale à 1497 kg – soit le poids que peut supporter la benne.

Quant à la capacité de remorquage, elle peut atteindre 5539 kg avec le V6 EcoBoost de 3,5 litres. Pourvu d'un turbocompresseur, ce V6 développe 365 chevaux et un couple de 420 lb-pi. Dans le but de réduire la consommation, Ford propose un second V6 à technologie EcoBoost: d'une cylindrée de 2,7 litres, ce petit V6 turbo décuple 325 chevaux et 375 lb-pi de couple.

Moins énergivore que le 3,5 litres EcoBoost, le 2,7 litres EcoBoost consomme environ 15 % moins d'essence, soit 11,2 L/100 km, ville et route combinées, ce qui est excellent. Par contre, la charge utile d'un F-150 équipé d'un V6 EcoBoost de 2,7 litres est limitée à 1021 kg et la capacité de remorquage plafonne à 3855 kg. Ces deux moteurs EcoBoost ont un bon rendement énergétique s'ils ne sont pas trop sollicités.

Quand un F-150 est arrimé à une remorque lourdement chargée, la consommation du V6 EcoBoost peut surpasser celle du V8 Ford de 5,0 litres (385 ch, 387 lb-pi). Quant au V6 atmosphérique de 3,5 litres (282 ch, 253 lb-pi), il n'est pas aussi puissant et écologique que l'EcoBoost de 2,7 litres, mais il est moins cher à l'achat.

Sur la route, la cure d'amaigrissement du F-150 se traduit par une meilleure agilité et des freins plus aiguisés.

D'autres changements à venir

Pour ne pas dépayser sa clientèle réputée frileuse quant aux changements, Ford a adopté une approche « étapiste » et réserve d'autres modifications au F-150 (dont une transmission à 10 rapports) afin qu'il demeure le véhicule le plus vendu sur la planète.

En conclusion, il faut saluer le leadership de Ford pour rendre son F-150 plus écoénergétique.

- Carrosserie allégée
- Capacité de charge utile accrue
- Consommation frugale du V6 EcoBoost de 2,7 litres

- Coût des réparations (carrosserie en aluminium)
- Consommation importante s'il est très chargé
- Absence d'une boîte à huit rapports

Fiesta/Focus 1 L

Fiesta 1 L

PRIX:
Fiesta: 18 694 $
Focus: 19 599 $
CONSOMMATION:
Fiesta: 6,6 L/100 km
Focus: 7,4 L/100 km
GES:
Fiesta: 152 g/km
Focus: 170 g/km
COTE D'ÉMISSIONS DE GES: 8/10
COTE DE SMOG CALIFORNIENNE: 6/10

Frugales, mais un peu chères

DANIEL BRETON

La petite Ford Fiesta de nouvelle génération a été un succès depuis son arrivée sur le marché. Agile, agréable à conduire, de bonne qualité, cette sous-compacte s'est révélée être une valeur sûre dès son arrivée.

Déclinée en plusieurs versions, elle est même proposée en version sport. En effet, un petit moteur 1,6 litre turbo développe 197 chevaux et pas moins de 202 lb-pi de couple, ce qui fait qu'elle est capable de boucler le 0-100 km/h en un peu moins de 7 secondes. On peut donc la qualifier de «fusée de poche».

Mais revenons à nos moutons...

1 litre!

Le moteur 1 litre EcoBoost de Ford s'est vu octroyer le titre de meilleur moteur dans sa catégorie en 2014. Ce petit moteur de trois cylindres permet une très bonne économie de carburant, faisant de cette voiture une des sous-compactes à essence les plus frugales. De plus, le turbo réussit tout de même à rendre ce petit moteur assez performant pour que la conduite ne soit pas trop ennuyeuse.

Par ailleurs, un système de contrepoids plutôt singulier permet d'éliminer la très grande majorité des vibrations inhérentes à un moteur trois cylindres.

La finition intérieure est d'une qualité acceptable, mais certains modèles concurrents, telle la Honda Fit, ont pris les devants.

Fiche technique

PLACES : 5

ESPACE CARGO (MIN – MAX) :

Fiesta (hayon) : 423 L – 720 L
Fiesta (berline) : 362 L
Focus (hayon) : 659 L – 1242 L
Focus (berline) : 374 L

POIDS : Fiesta : 1151 kg
Focus : 1337 kg

MOTEUR :

Puissance : 123 ch
Couple : • 125 lb-pi

Focus 1 L

L'espace disponible dans l'habitacle de la Fiesta est plutôt limité, notamment du côté des places arrière et du coffre.

Vu le poids réduit de son moteur, elle est particulièrement agile et se faufile facilement dans les espaces urbains, et elle avale les kilomètres de routes de campagne sinueuses avec aisance et agrément.

Bref, elle est un véritable plaisir à conduire.

Et sa grande sœur...

Si la Focus 1 litre EcoBoost est quant à elle presque aussi économique, le surplus de poids dû à son format plus grand la rend plus paresseuse et passablement moins agile. Cela dit, pour ceux et celles qui apprécient une voiture plus spacieuse aussi bien à l'intérieur que dans le coffre, la Focus peut être un choix plus intéressant que la Fiesta.

Je dirais de la Fiesta 1 litre EcoBoost qu'elle est une voiture très intéressante en ville, et de la Focus 1 litre EcoBoost, qu'elle est plus à l'aise sur l'autoroute. En effet, grâce à ce petit moteur, j'ai réussi à obtenir une consommation de moins de 5 L/100 km en roulant à 100 km/h, ce qui est excellent.

Quant au coût supplémentaire de l'option EcoBoost, il rend la Fiesta encore plus chère qu'une concurrente comme la Toyota Prius C, alors que cette dernière consomme encore moins, car elle est dotée d'une motorisation hybride.

Je suggère donc que vous preniez le temps de faire un essai routier de la Ford Fiesta 1 litre et de la Toyota Prius C. Ces deux voitures étant de même catégorie, il n'en tiendra alors qu'à vous de choisir la voiture urbaine qui sied le plus à vos goûts !

Focus 1 L

- Consommation plutôt frugale
- Agrément de conduite intéressant

- Prix quelque peu élevé
- Espace intérieur limité (Fiesta)

Focus EV

PRIX: 31 999$
AUTONOMIE ÉLECTRIQUE: 122 km
TEMPS DE CHARGE: 120 V: 20 h – 240 V: 3,6 h
Rapide: ½ h à 80%
GES: 0 g/km
COTE D'ÉMISSIONS DE GES: 10/10
COTE DE SMOG CALIFORNIENNE: 10/10

L'offre s'améliore légèrement, mais...

DANIEL BRETON

Pour ceux et celles qui croient n'en avoir jamais vu, sachez qu'elle se démarque à peine de la version à essence, d'où la confusion. Outre le petit sigle marqué « EV », peu de choses la distinguent de la version dite « traditionnelle ».

En 2011, la compagnie Ford m'avait invité à faire un premier essai de leur toute nouvelle Focus EV. Bien que cet essai fût plutôt court, j'avais tout de même constaté que cette voiture se débrouillait ma foi fort correctement.

Puis les années ont passé.

Il y a peu, j'ai eu la chance d'en faire un nouvel essai.

Or, cette expérience m'a laissé plutôt songeur. En effet, les rumeurs et témoignages au sujet de problèmes techniques affectant cette voiture se sont répandus. À un point tel que la Ford Focus EV a été identifiée comme une des voitures les plus potentiellement problématiques du marché.

Et c'est ce qui m'est arrivé.

Pendant toute la durée de mon essai, j'ai été incapable de charger cette voiture sur une borne de 240 volts, qu'il s'agisse d'une borne publique ou de ma propre borne. Or, comme cette voiture n'était pas dotée d'un port de recharge rapide, il ne restait comme seule option de recharge que le 120 volts, ce qui est, comme vous vous en doutez, particulièrement lent.

Pourtant, il faut le dire, cette voiture s'est avérée plutôt agréable à conduire. Elle tient bien la route, mais le fait que sa batterie soit logée dans le coffre plutôt que sous le plancher

Fiche technique

PLACES : 5
ESPACE CARGO (MIN – MAX) :
401 L – 940 L
POIDS : 1643 kg
MOTEUR :
Puissance : 143 ch
Couple : 184 lb-pi
BATTERIE :
Type : lithium-ion
Capacité : 23 kWh
Garantie : 8 ans/160 000 km

(contrairement à la majorité des voitures électriques) la rend sous-vireuse. Et l'espace cargo s'en trouve évidemment réduit et moins pratique que dans d'autres voitures électriques, comme la Nissan Leaf. La différence de l'espace cargo entre la Focus EV et la Leaf est même impressionnante. Voilà ce qui arrive lorsqu'une voiture n'est pas conçue dès le départ pour être électrique.

Cela dit, le confort et la qualité de finition sont au-dessus de la moyenne de l'industrie. En effet, lorsque vous montez à bord de la Ford Focus EV, vous vous rendez vite compte que l'intérieur est plus cossu que ce à quoi on s'attendrait d'une voiture compacte. Les sièges sont aussi confortables que dans une voiture européenne et l'instrumentation est des plus complètes. De plus, cette auto peut être très bien équipée pour un prix davantage raisonnable qu'à ses débuts.

En 2017…

Pour 2017, la Ford Focus EV a été légèrement améliorée. Sa nouvelle batterie permettrait une autonomie accrue, qui passerait de 122 à 160 km, et on peut maintenant la brancher sur une borne rapide.

Pour la borne rapide, il faut le dire, il était temps.

Si cette voiture a été légèrement améliorée pour 2017, je n'ose pas encore la recommander. Elle s'est révélée trop problématique pour être considérée comme un choix intéressant, alors que d'autres modèles, comme la Nissan Leaf et la Chevrolet Volt, ont démontré une fiabilité bien supérieure. Sans compter qu'elles aussi ont été améliorées.

Donc, comme disent les Anglais : « *Let's wait and see…* »

- Très confortable
- Spacieuse pour les passagers
- Belle qualité de finition

- Fiabilité problématique
- Espace cargo réduit
- Service lent

Fusion Energi

PRIX: Hybrid: 28 749 $
Energi: 31 999 $
CONSOMMATION: Hybrid: 5,6 L/100 km
Energi: essence/électricité: 2,7 L/100 km; essence: 6,2 L/100 km
AUTONOMIE ÉLECTRIQUE: Energi: 30 km
TEMPS DE CHARGE: Energi: 120 V: 7 h – 240 V: 2,5 h
GES: Hybrid: 132 g/km • Energi: 81 g/km
COTE D'ÉMISSIONS DE GES: Hybrid: 9/10
Energi: 10/10
COTE DE SMOG CALIFORNIENNE: 9/10

À la recherche de solutions

DANIEL BRETON

Dans les catégories compactes et intermédiaires, la plupart des constructeurs automobiles se concentrent sur une seule technologie en matière d'efficacité énergétique. Toyota et Kia misent sur l'hybride; Chevrolet, sur la voiture électrique à autonomie prolongée; Nissan, sur le 100 % électrique; Mazda, sur la technologie SkyActiv; Honda... sur le turbo.

Pendant ce temps, Ford travaille à plusieurs technologies en même temps: turbo, électrique, hybride et hybride rechargeable. Est-ce une bonne méthode? C'est ce que nous allons examiner.

Ford Fusion: une autoroutière de premier plan

Avec un équipement complet, des sièges très confortables et un habitacle spacieux, la Ford Fusion est une autoroutière particulièrement douée. L'espace et le confort des passagers à l'arrière sont de loin supérieurs à ce que proposent les concurrents, sauf peut-être les Kia Optima et Hyundai Sonata. Le système SYNC amélioré de Ford rend les fonctions de cette voiture des plus agréables et faciles d'utilisation pour applications pratiques: GPS, Bluetooth, reconnaissance vocale, etc.

Parmi toutes les voitures intermédiaires, j'estime que les Ford Fusion Hybrid et Energi sont en première place quant au confort des

Fiche technique

PLACES: 5
ESPACE CARGO: Hybrid: 340 L • Energi: 226 L
POIDS: Hybrid: 1664 kg
Energi: 1775 kg
MOTEURS (ESSENCE/ÉLECTRIQUE):
Puissance: 188 ch
Couple: 196 lb-pi
BATTERIE:
Type: lithium-ion
Capacité: Hybrid: 1,4 kWh • Energi: 7,6 kWh
GARANTIE: 8 ans/160 000 km

Fusion Hybrid

passagers. Mais les choses se gâtent du côté de l'espace cargo. En effet, dans ces deux versions la batterie occupe une grande place, ce qui réduit la contenance du coffre, spécialement dans la version Energi. Donc, si vous avez besoin d'espace cargo, ces deux voitures sont moins intéressantes que la concurrence qui a su mieux adapter l'espace batterie de ses modèles.

Efficacité énergétique

Ayant parcouru des centaines de kilomètres avec la Ford Fusion Hybrid, j'ai réussi à maintenir une moyenne de consommation de 4,7 L/100 km, ce qui est excellent. Évidemment, pour obtenir de tels résultats, il faut pratiquer l'écoconduite.

Quant à la version hybride rechargeable (Energi), j'ai réussi à parcourir en moyenne 30 km en mode 100 % électrique et j'ai obtenu une moyenne de 2,9 L/100 km. Fameux!

Ces deux voitures se classent donc parmi les championnes de leur catégorie quant à l'efficacité énergétique.

Agrément de conduite

Les accélérations de la Ford Fusion sont plus laborieuses que celles de la Chevrolet Volt ou de la Hyundai Sonata à cause de la transmission et du système hybride. Cela dit, la Fusion demeure une voiture très agréable à conduire sur l'autoroute. Bien plantée, elle avale les kilomètres avec calme, assurance, et ne se laisse pas impressionner par les aléas de la route. Il reste que le délai à l'accélération est agaçant.

Le système hybride de Ford a fait ses preuves: il est fiable. C'est pourquoi les gens qui en possèdent une l'apprécient et ont tendance à la garder longtemps.

Si vous roulez beaucoup, et en particulier sur l'autoroute, je vous recommande la Ford Fusion Hybrid. Par contre, si vous pouvez maximiser l'utilisation de l'électricité, en parcourant de plus courtes distances entre les recharges, la Ford Fusion Energi est pour vous… à condition que vous n'ayez pas besoin de beaucoup d'espace cargo.

Une chose est sûre cependant, vous serez satisfait de votre achat.

- Très confortables
- Très fiables
- Tenue de route sûre
- Deux versions très frugales

- Espace cargo très limité
- Autonomie 100 % électrique limitée (Energi)

Mustang EcoBoost

ECO

PRIX : 28 899 $
CONSOMMATION : 9,4 L/100 km
GES : 218 g/km
COTE D'ÉMISSIONS DE GES : 6/10
COTE DE SMOG CALIFORNIENNE : 7/10

Une Mustang 4 cylindres ? Eh oui !

DANIEL BRETON

J'ai grandi en admirant les Mustang

Dès mon plus jeune âge, un de mes cousins me promenait à bord de sa Fastback '67 et j'ai de nombreux souvenirs d'excès de vitesse et d'accélérations endiablées qui me rendaient tout joyeux. J'en redemandais.

Puis les années ont passé. Les crises du pétrole se sont succédé et la Mustang a beaucoup changé.

Et je me suis calmé.

L'ère de la Mustang II a engendré les premières versions à 4 cylindres, et la plupart des amateurs de Mustang ne gardent qu'un souvenir mitigé de cette génération. En effet, on ne se bouscule pas au portillon pour mettre la main sur une Mustang II comme voiture de collection !

Après cet épisode « oubliable », le 4 cylindres est disparu pour redonner toute la place aux 6 cylindres et, évidemment, aux moteurs à 8 cylindres dans des versions plus puissantes les unes que les autres.

Et revoilà la Mustang à 4 cylindres.

Crime de lèse-majesté ?

Oh, que non !

Une conduite réellement sportive… pour une grosse américaine

Ayant moi-même été propriétaire, il y a 25 ans, d'une Mustang 1965 à moteur 8 cylindres, j'ai été étonné de retrouver mes anciennes sensations dès que j'ai pris place à bord de la Mustang EcoBoost.

Fiche technique

PLACES : 4
ESPACE CARGO : 382 L
POIDS : 1602 kg
MOTEUR :
Puissance : 310 ch
Couple : 320 lb-pi

Long museau, voiture lourde ; j'avais l'impression de reculer dans le temps et d'être de nouveau assis dans une voiture des années 1960... Jusqu'à ce que je négocie une courbe.

Solidement agrippée, cette Mustang à suspension indépendante aux quatre roues (on n'arrête pas le progrès !) a pris les courbes que je lui présentais avec une aisance qui aurait été inimaginable autrefois. Le freinage s'est avéré quant à lui puissant et rassurant, digne des meilleurs systèmes, malgré le poids de la voiture, tout de même allégé, il faut le dire, par ce moteur plus petit.

L'accélération du 4 cylindres turbo de 2,3 litres et 310 chevaux est impressionnante. Nous avons réellement l'impression d'être à bord du *pony car* original dans tout ce qu'il a de plus grisant. Tout compte fait, ce 4 cylindres n'a rien à envier à de nombreuses versions 8 cylindres précédentes.

Consommation très raisonnable

La consommation de cette Mustang EcoBoost s'est avérée très raisonnable. Alors que je me suis parfois amusé à accélérer de façon, disons, « sportive », et que j'ai abordé certaines courbes avec aplomb, la consommation moyenne est demeurée sous les 10 L/100 km, ce qui, dans les circonstances, est plus qu'honorable. J'ai même réussi à obtenir une moyenne d'à peine plus de 7 L/100 km en conduisant à 100 km/h sur une autoroute, dans des conditions idéales.

Cette voiture est bien née. La finition intérieure est de qualité, son look est un juste équilibre entre le classique et le moderne, et le *feeling* Mustang y est intact. De fait, elle se démarque de ses concurrentes par l'ensemble de ses qualités qui en font une voiture supérieure aux Camaro et Challenger de ce monde.

Donc, à moins d'être un éternel fan de concours et de vouloir l'emporter, ce qui vous oblige à posséder un moteur 8 cylindres, sans lequel vous ne sauriez être un vrai homme, cette version à 4 cylindres est un choix digne des meilleures Mustang de l'histoire.

- Agrément de conduite amélioré
- Consommation raisonnable
- C'est une vraie Mustang !
- Fiable
- Finition de bonne qualité

- Bruit du moteur moins enivrant (pour les puristes)

HONDA

Civic

PRIX: 16 155 $
CONSOMMATION: 6,7 L/100 km
GES: 157 g/km
COTE D'ÉMISSIONS DE GES: 8/10
COTE DE SMOG CALIFORNIENNE: nd

Retour au sommet

DANIEL BRETON

Après avoir été le leader mondial en ce qui a trait à la qualité, à la performance, à l'économie et à la fiabilité dans le segment des voitures compactes, la Honda Civic a été rejointe, voire dépassée par certains modèles concurrents ces dernières années.

Pour cette 10e génération, Honda a frappé un grand coup. Non seulement cette compacte est maintenant proposée avec deux moteurs (dont un de 1,5 litre turbo), mais elle est aussi disponible avec une transmission CVT, ce qui fait de cette Civic 2016 la voiture à essence la plus écoénergétique de sa catégorie: 6,7 L/100 km en consommation combinée ville et route. J'ai moi-même obtenu une moyenne de 5 L/100 km sur l'autoroute à 100 km/h, et elle demeure étonnamment frugale en ville. Ma consommation combinée fut de 6,4 L/100 km après avoir parcouru plus de 400 km, dont la moitié en conditions urbaines.

Agrément de conduite retrouvé

Si les deux dernières générations se sont embourgeoisées (lire: sont devenues plus ennuyeuses à conduire), cette 10e génération nous redonne un peu de cet agrément de conduite qui caractérisait depuis ses débuts la Honda Civic. Soyons francs: nous sommes loin des premières générations, alors que cette voiture pesait moins de 1000 kg, mais sa nouvelle configuration moteur/transmission/poids allégé la rend plus agile et collée à la route.

Finition améliorée

La qualité de la finition, qui n'avait pas suivi le rythme d'évolution des concurrents, est aussi nettement en hausse. Fini les appliqués de plastique de bas de gamme et les boutons

Fiche technique

PLACES : 5
ESPACE CARGO (MIN - MAX) : 428 L
POIDS : 1320 kg
MOTEUR : 1,5 L Turbo
Puissance : 174 ch
Couple : 162 lb-pi

ergonomiquement insensés. Cette voiture est maintenant de meilleure qualité et encore plus spacieuse que la version précédente. On en est d'ailleurs à se demander quand les voitures de la catégorie des compactes cesseront de grossir.

Look plus... agressif ?

Le look de cette voiture est beaucoup plus affirmé que celui de la version précédente, ce qui plaira aux gens qui n'aiment pas les gueules anonymes. Cela dit, vu le nombre de Civic qui envahiront nos routes d'ici peu, cela ne fera jamais d'elle une voiture exclusive.

L'intérieur, beaucoup plus moderne, intègre les plus récentes technologies de communication et d'affichage en vogue dans le milieu automobile. Il y a maintenant un espace pour un téléphone intelligent qui est compatible avec les systèmes CarPlay et Android Auto.

Pour ceux et celles qui s'intéressent à leur consommation, le tableau de bord est particulièrement bien conçu. En effet, vous avez à la fois un indicateur de consommation instantané très intuitif et un indicateur de consommation moyenne, ce qui vous permet de gérer votre consommation et de potentiellement modifier vos habitudes de conduite afin d'adopter l'écoconduite.

Toujours aussi fiable

Bien que dotée de nouvelles mécaniques, nous ne saurions remettre en question la fiabilité de la toute nouvelle Honda Civic. La réputation de Honda en tant que motoriste est sans faille. Je ne peux donc que recommander cette voiture, si vous n'êtes pas prêt à passer à l'hybride ou à l'électrique.

À ce sujet, je me pose la question suivante : Honda proposera-t-il bientôt une nouvelle version hybride ou hybride enfichable de sa Civic ? Car, aussi frugale soit-elle, cette toute nouvelle Civic 2016 consomme 30 % plus de carburant et émet 30 % plus de CO_2 que la Civic hybride 2015...

À suivre...

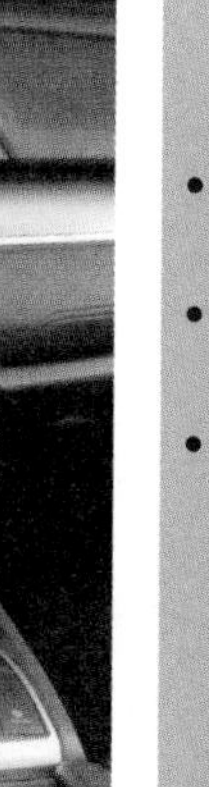

- Qualité d'ensemble en nette hausse
- Consommation améliorée
- Conduite plus dynamique

- Pas de version hybride

Fit

PRIX : 14 730 $
CONSOMMATION :
6,8 L/100 km
GES : 154 g/km
COTE D'ÉMISSIONS DE GES : 8/10
COTE DE SMOG CALIFORNIENNE : 6/10

La parfaite citadine

DANIEL BRETON

Le segment des voitures sous-compactes regorge de produits, mais tous ne représentent pas de bons achats. Et ce n'est pas une simple question de qualité. C'est plutôt une combinaison de facteurs qui rend un véhicule intéressant dans ce créneau. Lesquels ? Voyons un peu.

Une habitabilité trompeuse

Si vous vous déplacez surtout en milieu urbain, il est plus facile de le faire au volant d'une voiture de petite taille, facile à garer. Sur ce plan, le format de la Honda Fit est parfait. Capable de recevoir confortablement quatre personnes, elle propose aussi, et surtout, un habitacle hyper spacieux, une référence dans la catégorie. En fait, tout repose sur son fameux plancher abaissé à l'arrière (grâce à l'emplacement du réservoir à essence sous les sièges avant), qui permet de décupler le volume de chargement. Concrètement, vous avez plus d'espace à l'arrière de la Fit qu'à bord d'une Mazda3 ou d'une Ford Focus, par exemple, des voitures du segment des compactes.

En prime, on peut relever l'assise des sièges arrière à la verticale grâce au système Magic Seat, ce qui permet de transporter des objets de plus grande dimension qu'on ne peut coucher. Ingénieux.

Fiche technique

PLACES : 5
ESPACE CARGO (MIN - MAX) :
470 L – 1492 L
POIDS : 1131 kg
MOTEUR :
Puissance : 130 ch
Couple : 114 lb-pi

L'automatique plus économe

Les quatre versions de la Fit profitent de la même mécanique, soit un 4 cylindres de 1,5 litre, lequel avance une puissance de 130 chevaux et un couple de 114 lb-pi. Bref, rien d'éblouissant. Toutefois, vu le poids du véhicule, à peine 1100 kg, cela ne handicape pas trop les prestations. La puissance peut être transmise aux roues par l'intermédiaire d'une boîte manuelle à six rapports ou d'une transmission à variation continue (CVT). Si la Fit est plus amusante à conduire lorsqu'elle est équipée de la boîte manuelle, il est évident que, en milieu urbain, la CVT vous facilitera grandement la tâche. Qui plus est, la différence de consommation annoncée en ville est de beaucoup inférieure avec cette transmission à variation continue, soit 7,3 L/100 km, comparativement aux 8,1 litres de la boîte manuelle. Lors de nos essais, la médiane a été de 6,8 L/100 km, mais avec une bonne portion parcourue en milieu rural, où l'efficacité est au mieux.

Quant à la fiabilité, vous n'avez rien à craindre : l'écusson Honda est une garantie de quiétude.

Amusante à conduire

La Fit a beau être plus économique sur les grandes artères, c'est dans la circulation lourde qu'elle est le plus à l'aise. Maniable, elle se veut amusante à conduire et vous permet de vous faufiler là où d'autres n'osent pas s'aventurer. En revanche, elle est bruyante à vitesse d'autoroute, alors que son moteur révolutionne à quelque 3000 tr/min. Sur de longs trajets, on finit par s'en lasser. Son niveau de confort et sa stabilité ont été améliorés lors du passage à la dernière génération (2015), donc il n'y a rien à craindre de ce côté.

Disons oui à la Fit en ville. Par contre, si vos trajets vous amènent souvent ailleurs, vous serez mieux servi... ailleurs.

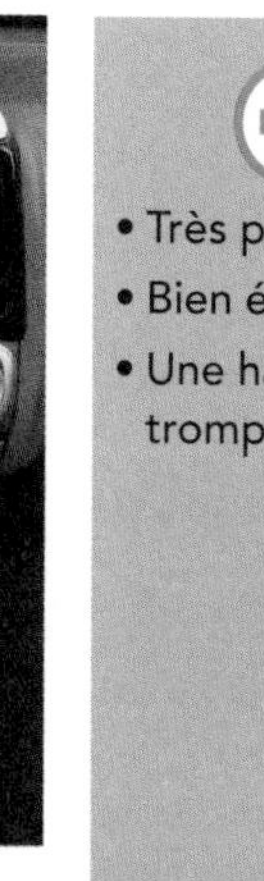

- Très pratique
- Bien équipée
- Une habitabilité trompeuse

- Sensible aux vents

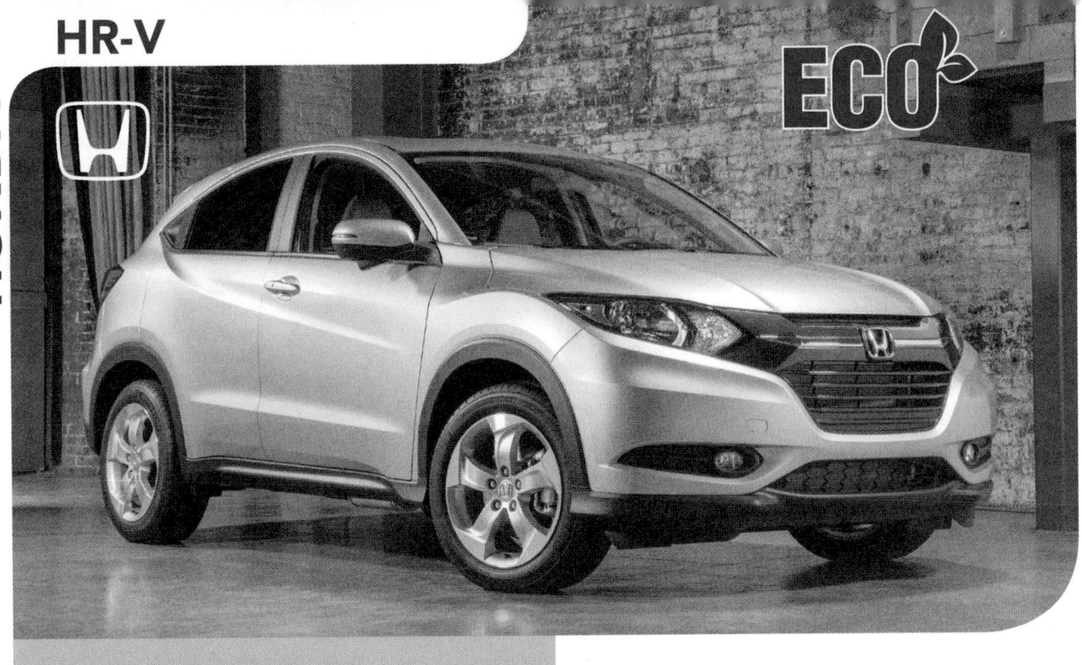

PRIX : 20 690 $
CONSOMMATION : 7,6 L/100 km
GES : 178 g/km
COTE D'ÉMISSIONS DE GES : 7/10
COTE DE SMOG CALIFORNIENNE : 6/10

Un petit VUS à considérer

DANIEL BRETON

S'il y a bien une catégorie qui est de plus en plus populaire, c'est bien celle des VUS compacts. Hauts sur pattes, pouvant être équipés de la traction intégrale, ces petits véhicules semblent avoir trouvé une place de choix dans le cœur de nombreux Nord-Américains et même chez de plus en plus d'Européens.

N'étant pas personnellement un grand fan de tels véhicules, je leur reconnais tout de même des qualités, dont la principale est d'être très utiles dans les régions favorables aux tractions intégrales. De plus, ils ne sont pas trop gros et peuvent se déplacer avec aisance dans la circulation urbaine.

Une teinte de modernisme

On reconnaît tout de suite le coup de crayon de Honda lorsqu'on aperçoit la HR-V. Avec ses lignes galbées et son museau qui se veut « sportif », la HR-V est tout à fait au goût du jour et saura certainement plaire aux amateurs de la catégorie.

Comme ses consœurs Civic et Fit, son intérieur est résolument moderne. L'écran tactile, très efficace et intuitif au centre d'un tableau de bord épuré, est du plus bel effet. Il satisfera ceux qui souhaitaient voir disparaître la kyrielle de boutons qui sévissaient dans la plupart des véhicules depuis quelques années.

La qualité de la finition est à la hauteur. Elle est d'ailleurs en hausse chez tous les produits Honda en 2016, ce qui était nécessaire après quelques années caractérisées par une surabondance de plastique bon marché.

Fiche technique

PLACES: 5
ESPACE CARGO (MIN – MAX):
688 L – 1665 L
POIDS: 1314 kg
MOTEUR:
Puissance: 141 ch
Couple combinés: 127 lb-pi

Son espace intérieur est suffisant pour accueillir confortablement quatre adultes... et quelques bagages. Son espace cargo est somme toute assez limité, mais la plupart des gens ne partent pas en voyage toutes les semaines, n'est-ce pas ? Et l'idée de se procurer un véhicule qui se veut un tant soit peu écoénergétique (comme celui ou celle qui se procure ce bouquin) devrait nous inciter, si possible, à en acheter un plus petit que plus gros... Si besoin est, on peut ajouter à l'occasion une boîte sur le toit ou une petite remorque plutôt que traîner inutilement du poids. Rouler dans un véhicule trop gros pour rien, 90 % du temps, augmente inutilement la consommation de carburant.

Gourmande en hiver

Ce petit VUS particulièrement agile se débrouille très bien en toutes circonstances. En ville, sur l'autoroute ou en pleine tempête de neige, jamais vous ne serez pris au dépourvu avec le HR-V. Il fait tout avec aisance et démontre un aplomb auquel on ne s'attend pas nécessairement chez un véhicule de ce format.

Sa consommation d'essence est raisonnable. J'ai réussi à obtenir une moyenne sur l'autoroute d'environ 7,5 L/100 km, ce qui est tout à fait correct. En banlieue dans des conditions hivernales, cette consommation a toutefois grimpé à près de 11 L/100 km. La Subaru Impreza, une autre compacte à traction intégrale, fait mieux dans les mêmes conditions. Mais, voyez-vous, elle ne fait évidemment pas aussi « moderne » que la HR-V, n'est-ce pas ?

Si vous avez besoin d'un petit VUS à traction intégrale (et j'insiste sur le mot « besoin »), la Honda HR-V saura certainement être à la hauteur de vos espoirs. C'est un véhicule fiable et somme toute agréable à conduire, mais il ne sera pas le plus écoénergétique.

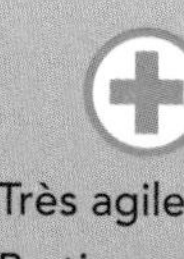

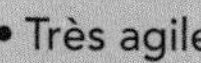

- Très agile
- Pratique, malgré son petit format
- Consommation raisonnable

- Inutile si vous n'avez pas besoin d'un véhicule à traction intégrale

Sonata Hybrid

PRIX : 29 649 $
CONSOMMATION : 5,7 L/100 km
GES : 137 g/km
COTE D'ÉMISSIONS DE GES : 9/10
COTE DE SMOG CALIFORNIENNE : 6/10

Mieux que certaines japonaises

JACQUES DUVAL

La marque coréenne Hyundai s'est jointe aux constructeurs d'automobiles qui proposent à leur clientèle ce que les Américains appelleraient « *the next best thing to an electric car* » : une voiture hybride réunissant moteur thermique (comme dans le bon vieux temps) et moteur électrique.

Le modèle qui propose ce duo est la Sonata. J'ai entendu des propriétaires s'en dire extrêmement déçus, alors que d'autres en sont satisfaits.

La version hybride se tirerait mieux d'affaire au chapitre de la fiabilité. Quoi qu'il en soit, c'est une auto que l'on achètera après une sorte de pile ou face. D'autant plus que la Sonata possède un charme irrésistible qui fait bonne impression au premier contact. Ce modèle hybride de seconde génération (on a corrigé les fautes du modèle antérieur) se fait accompagner d'une version rechargeable assez intéressante.

Parmi ses caractéristiques les plus dignes de mention, il y a la possibilité de rouler à 120 km/h en mode électrique seulement, en débranchant le moteur thermique de l'arbre de transmission. Il en résulte une consommation réjouissante de seulement 3,3 L/100 km (selon nos essais), alors que le modèle non rechargeable demande 5,5 litres pour parcourir la même distance.

Batterie plus efficace

L'origine de tels chiffres est imputable à un moteur ordinaire de 2,0 litres à injection directe et cycle Atkinson, qui travaille de concert avec une unité électrique de 38 kW pour une puissance totale de 193 chevaux. On gagne 9 chevaux avec la batterie rechargeable, mais il faut aussi tenir

Fiche technique

PLACES : 5
ESPACE CARGO : 376 L
POIDS : 1586 kg
MOTEURS (ESSENCE/ÉLECTRIQUE) :
Puissance : 193 ch
Couple : essence : 140 lb-pi
électrique : 151 lb-pi
BATTERIE :
Type : lithium-ion polymère
Capacité : 1,6 kWh
Garantie : 8 ans/160 000 km

compte de la puissance que procure la régénération du freinage. Un autre accessoire boni est le système stop/start qui arrête le moteur quand l'auto est immobilisée dans le trafic et qui le relance dès qu'on relâche la pédale de frein. Disons que cela tient davantage du gadget et que l'économie obtenue est mince. Dans cette Sonata hybride de seconde génération, la batterie est appréciablement plus légère et plus compacte, ce qui a permis de préserver les places arrière, souvent amputées par la présence de la batterie lithium-ion polymère. Celle-ci se trouve désormais dans le coffre.

Les accélérations sont vives (0-100 km/h en 7,5 secondes), sans jamais être victimes du délai que l'on constate souvent sur les autos à simple motorisation. Mimant Mercedes, la Sonata hybride arbore aussi le signalement de Blue Drive MD. Excluant la Genesis, qui fait dorénavant cavalier seul comme marque de luxe exclusive de Hyundai, la Sonata est la voiture la mieux nantie du groupe sud-coréen. Tous les accessoires habituels des voitures haut de gamme répondent présent – caméra de marche arrière, régulateur de vitesse intelligent (la voiture règle sa vitesse sur celle de la voiture qui vous précède, et ce, jusqu'à l'arrêt complet), avertisseurs d'angle mort, bip de changement de voie. Même le volant chauffant peut faire partie de l'équipement facultatif.

Voilà les grandes lignes de la participation de Hyundai au problème environnemental, avec une compétence qui mérite d'être soulignée et qui dépasse les résultats d'autres constructeurs japonais.

- Hybride de seconde génération
- Batterie plus compacte
- Aérodynamisme poussé
- Équipement généreux

- Fiabilité variable
- Pas de traction intégrale
- Direction sans feedback

Sonata PHEV

HYUNDAI

PRIX: 43 999 $

CONSOMMATION: essence-électricité: 2,4 L/100 km; essence: 5,9 L/100 km

AUTONOMIE ÉLECTRIQUE: 43 km

TEMPS DE CHARGE: 120 V: 9 h - 240 V: 2,7 h

GES: 63 g/km

COTE D'ÉMISSIONS DE GES: 10/10

COTE DE SMOG CALIFORNIENNE: 9/10

Étonnante

DANIEL BRETON

Ma première expérience au volant d'une Hyundai Sonata hybride n'avait pas été un succès. En effet, alors que ce constructeur coréen prétendait avoir trouvé un juste équilibre entre économie de carburant et agrément de conduite, mon essai avait révélé qu'il était à peu près impossible de désactiver le moteur à essence en conduisant cette voiture de manière écoénergétique. Ainsi, la consommation constatée « dans la vraie vie » avait été 50 % plus élevée que lors des tests officiels. C'était il y a cinq ans.

Comme on a très peu entendu parler de la toute nouvelle Hyundai Sonata hybride rechargeable, je me posais bien des questions sur ses capacités réelles par rapport à celles annoncées.

Une autonomie réelle… réellement étonnante

Avec sa batterie lithium-ion polymère de 9,8 kWh, Hyundai annonce une autonomie de 40 km. Or, en testant cette voiture dans différentes conditions hivernales, j'ai à plus d'une reprise réussi à atteindre et même à dépasser cette autonomie ! C'est comme si la température froide (entre 0 et -15 °C) affectait moins cette batterie que d'autres.

Lors de mes déplacements courts, j'ai souvent obtenu une consommation de moins de 1,5 L/100 km. Or, dans ma semaine d'essai, j'ai dû parcourir de plus longues distances sur l'autoroute. Ainsi, lors d'un voyage de 130 km, j'ai obtenu une consommation de 4,3 L/100 km, ce qui est très bien, compte tenu des conditions enneigées d'alors. Au final, cette semaine s'est terminée avec une consommation

Fiche technique

PLACES : 5
ESPACE CARGO : 280 L
POIDS : 1718 kg
MOTEURS (ESSENCE/ÉLECTRIQUE) :
Puissance : 202 ch
Couple : essence : 140 lb-pi
électrique : 151 lb-pi
BATTERIE :
Type : lithium-ion polymère
Capacité : 9,8 kWh
Garantie : 8 ans/160 000 km

moyenne de 3,5 L/100 km (712 km parcourus et 25 litres consommés).

Luxe et confort

La PHEV est spacieuse et bien équipée. Alors que la Chevrolet Volt ne peut déplacer cinq adultes confortablement, la Sonata accueille commodément trois adultes à l'arrière.

La qualité de finition est impeccable. L'aménagement intérieur est sobre et de bon goût, mais le design conventionnel ne heurtera ni n'inspirera personne.

La Sonata PHEV est pourvue de tous les gadgets au goût du jour : radar anticollision, détecteur de changement de voie, écran tactile et reconnaissance vocale, sièges chauffants et ventilés, volant chauffant, etc. Seul bémol : son coffre à bagages est handicapé par sa batterie. Cela dit, celui-ci demeure bien plus grand que celui de la Ford Fusion Energi.

En deux heures et demie, on peut recharger la batterie sur une borne de niveau 2, ce qui est tout à fait acceptable.

Une bonne routière

Conduire cette voiture est une expérience agréable, sans être transcendante. Elle est stable, prend les courbes avec une certaine assurance, accélère correctement. Elle est dans la bonne moyenne dans sa catégorie, sans avoir le dynamisme d'une Volkswagen Jetta Turbo hybride ou d'une Mazda6.

La Sonata PHEV est une des belles surprises de la cuvée automobile 2016. Son prix, plus élevé que ses concurrentes Fusion et Volt, la rend économiquement moins intéressante, mais pour ceux et celles qui cherchent une voiture bien née, très bien équipée, spacieuse et surtout véritablement écoénergétique, elle est certainement un choix à considérer.

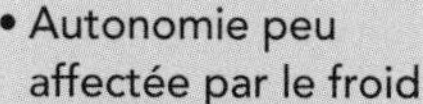

- Autonomie peu affectée par le froid
- Consommation hybride raisonnable
- Véhicule spacieux pour les passagers

- Prix de base élevé

Soul EV

PRIX: 34 995 $
AUTONOMIE ÉLECTRIQUE: 149 km
TEMPS DE CHARGE: 120 V: 24 h
240 V: 4 à 5 h – Rapide : ½ h à 80 %
GES: 0 g/km
COTE D'ÉMISSIONS DE GES : 10/10
COTE DE SMOG CALIFORNIENNE : 10/10

Des plus intéressants... si vous en trouvez un

DANIEL BRETON

Il y a quelques années, j'avais testé la Kia Soul à essence. Ce qui m'avait alors le plus marqué dans ce petit multisegment était... les haut-parleurs qui s'éclairaient au rythme du son. Comme quoi je n'avais pas gardé un souvenir impérissable de ce véhicule.

Son look original n'avait pas pu me faire oublier ses performances modestes, sa tenue de route quelconque et, surtout, sa consommation élevée. Bref, j'étais loin d'être un fan.

Disons-le, je suis plus impressionné par la version électrique de la Soul.

Un peu comme dans le cas de la Smart, qui a été transformée par sa motorisation électrique, la Soul devient beaucoup plus intéressante en version électrique, sans pour autant être parfaite.

Moteur amélioré

Dotée d'un moteur électrique de 109 chevaux et 210 lb-pi de couple, elle n'a rien d'un bolide, mais c'est bien assez pour la faire accélérer de façon convenable et se déplacer aisément dans toutes les circonstances. Son moteur électrique remplit donc très bien son mandat. Il est important de savoir qu'en modèle à essence, la version la plus puissante n'a que 164 chevaux et 151 lb-pi de couple. Donc, sur le plan de la performance, c'est un peu comme si on avait remplacé le moteur à essence par un moteur diesel... sans la pollution.

Fiche technique

PLACES: 5
ESPACE CARGO (MIN – MAX):
532 L – 1402 L
POIDS: 1492 kg
MOTEUR:
Puissance: 109 ch
Couple: 210 lb-pi
BATTERIE:
Type: lithium-ion polymère • Capacité: 27 kWh
Garantie: 8 ans/160 000 km

Batterie à la hauteur

La batterie de la Kia Soul EV est une lithium-ion polymère de 27 kWh dont la puissance est de 90 kW. Cela a rendu mon voyage hivernal de Montréal à Beaumont (270 km) très confortable, car je savais que j'avais assez d'autonomie pour m'y rendre en n'arrêtant que deux fois pendant 15 à 20 minutes pour recharger à 80 % la batterie grâce à des bornes rapides. J'aurais même pu me rendre au-delà de Beaumont, puisqu'il me restait plus de 40 km d'autonomie. J'ai parcouru cette distance en trois heures et demie à une vitesse oscillant de 90 à 100 km/h, par une température d'environ 5 °C, ce qui est très bien.

Je suis d'avis qu'on peut parcourir la distance Montréal-Québec avec un seul arrêt à une borne de recharge de niveau 3 en été; et avec trois arrêts par temps très froid. Le temps de recharge est assez court: moins de cinq heures sur une borne de 240 volts, grâce à un chargeur à bord de 6,6 kW. Sur une prise de 120 volts, cela prend environ 24 heures. Grâce au port à recharge rapide, on peut recharger la batterie à 80 % en moins de 20 minutes. Comme l'autonomie indiquée à pleine charge était d'environ 115 km, et que je suis parvenu à parcourir plus de 130 km à 5 °C, je pense que dans des conditions optimales, il est tout à fait possible de parcourir plus de 180 km en été sur une seule charge, ce qui est excellent… en attendant les Chevrolet Bolt et Tesla Model 3 qui seront là sous peu.

« Drôlement » équipée !

La Soul EV est très bien équipée avec des sièges avant chauffants et ventilés, un volant chauffant, une sellerie en cuir, un système de navigation, une caméra de recul, etc. En résumé, elle est aussi bien équipée que la Kia Soul à essence en version SX de luxe. Elle a cependant un petit plus: une fonction chauffage et climatisation réservée au seul conducteur afin d'économiser l'énergie, ce qui a beaucoup de sens.

Cela dit, le système de navigation est d'une efficacité moyenne, surtout en ce qui a trait à la fonction qui permet de trouver les bornes de recharge sur la route.

- Bonne autonomie
- Recharge rapide
- Prix compétitif

- Difficilement disponible
- GPS peu efficace

L'espace cargo de la Kia Soul EV 2016 est le même que dans la version à essence. Cela ne veut pas dire pour autant que ce soit très vaste, mais il y a tout de même 50 % plus d'espace de chargement avec les sièges rabaissés qu'à bord d'une Nissan Leaf : 1400 litres pour la Kia comparativement à 250 litres pour la Leaf.

De plus, grâce aux rabais gouvernementaux (là où ils sont offerts), cette Soul EV se vend à peu près le même prix qu'une Soul à essence dotée d'un équipement similaire, ce qui rend ce petit multisegment très abordable, surtout lorsqu'on calcule tout l'argent qu'on économisera en essence et en entretien.

Conduite zen… ou molle ?

La suspension de cette voiture est plutôt molle. Pour ceux et celles qui aiment rouler confortablement, cela en fait un véhicule relaxant, zen même, mais les courbes sont à prendre en douceur. Le bouton qui permet de modifier le comportement du véhicule n'a que très peu d'effet concret, sinon rendre le volant un peu plus difficile à manœuvrer.

Ajoutée à la suspension, la direction quelque peu floue fait de la tenue de route une expérience quelconque. Si sur l'autoroute la conduite se fait dans le calme, sur les petites routes sinueuses, elle est moins relaxante, à moins de conduire de façon très zen (c'est-à-dire assez lentement), car les sièges aussi sont mous. On a donc un peu l'impression d'être à bord d'une guimauve qui nous enveloppe. Pour ceux qui aiment rouler mollo, c'est très apaisant.

Si seulement…

J'ai beau parler des vices et vertus de ce petit multisegment, son principal problème est qu'il n'y en a que peu au Canada. Aux États-Unis, on n'a évidemment pas ce problème là où il y a des lois zéro émission. En effet, des dizaines de clients se sont inscrits sur des listes d'attente interminables et plusieurs d'entre eux se sont finalement résignés à aller chez un autre constructeur ou à se procurer une Soul à essence.

Donc, ce petit multisegment est des plus intéressants… si vous réussissez à en trouver un.

ECO electric

CT 200h

PRIX : 31 650 $
CONSOMMATION : 5,6 L/100 km
GES : 132 g/km
COTE D'ÉMISSIONS DE GES : 9/10
COTE DE SMOG CALIFORNIENNE : 8/10

Sympathique à souhait

JACQUES DUVAL

Avec ses airs de Mazda3 et son logo Lexus planté au milieu de la calandre, la CT 200h ne dit pas grand-chose au commun des mortels. C'est pourtant une petite voiture très agréable à fréquenter si l'on peut oublier son prix un peu rébarbatif. Dans la colonie des hybrides, je ne connais pas de voiture affichant un tel attrait. On a affaire à une petite familiale de luxe peu encombrante en milieu urbain, à la fois confortable et silencieuse une fois sur l'autoroute.

La première bonne nouvelle pour ceux qui ne sont pas encore prêts à passer à un véhicule 100 % électrique concerne son rendement énergétique. De tous les modèles du genre, c'est celui qui m'a le plus impressionné sous ce rapport. Imaginez, lors d'un trajet de 200 km à des vitesses variant de 100 à 115 km/h, cette Prius nouveau genre s'est contentée de 4,8 L/100 km, ce qui est remarquable. D'ailleurs, cette cousine rapprochée de la populaire hybride de Toyota partage avec elle la totalité de sa mécanique, soit son moteur électrique avec piles à hydrure métallique de nickel et un moteur thermique (à essence) de 1,8 litre, ce qui permet à la CT 200h d'annoncer une puissance totale de 134 chevaux. Ces derniers sont acheminés vers la traction avant par une transmission automatique CVT dont la plus grande vertu est de se faire oublier.

Étant donné son poids élevé (les batteries ne sont pas des poids plume), cette voiture donne l'impression de traîner la patte, mais une bonne utilisation des réglages compensera cette lacune. Il suffit de placer la manette en mode sport pour voir les performances s'animer joyeusement.

Fiche technique

PLACES : 5
ESPACE CARGO (MIN – MAX) :
405 L – 700 L
POIDS : 1420 kg
MOTEURS (ESSENCE/ÉLECTRIQUE) :
Puissance : 134 ch
Couple :
essence : 105 lb-pi
électrique : 142 lb-pi
BATTERIE :
Type : nickel-hydrure métallique (NiMH)
Capacité : 1,3 kWh
Garantie : 8 ans/160 000 km

En mode sport

Bien sûr, vous ferez passer le cadran à multiples affichages au rouge pour ne pas vous être comporté comme un citoyen responsable. Le score de 4,8 L/100 km sera donc pénalisé en conséquence. Le choix d'un réglage sport a aussi une saine répercussion sur la tenue de route qui devient plus assurée. Cela se ressent dans la direction qui donne une bonne sensation de contact avec le bitume. Détail décevant : l'insonorisation en parcours urbain est moins notable que sur route, ce qui est plutôt anachronique.

Au volant, on sera ravi du confort des sièges et, de prime abord, dérouté par l'ambiance qui règne à bord en raison d'une instrumentation inédite et d'un levier de vitesses inhabituel. Cependant, la plus sérieuse lacune tient à la piètre visibilité, que ce soit vers l'arrière ou du côté droit où l'angle mort est agaçant. La qualité d'exécution de l'intérieur retient l'attention avec cette large console bourrée d'informations soulignant la vocation mi-sportive, mi-écologique de cette petite Lexus.

À l'arrière, vos passagers ne se sentiront pas coincés comme des sardines, mais le volume du coffre est amputé par la présence des batteries, une faiblesse qu'on observe dans toutes les voitures hybrides dérivées d'un modèle à essence. Le coffre de faible largeur impose d'escamoter les dossiers de la banquette arrière pour gagner un peu d'espace.

Peu populaire, la CT 200h risque une forte diminution de sa valeur de reprise. Par ailleurs, si vous cherchez une voiture qui se démarque de la Prius tout en proposant un agrément de conduite inattendu, elle mérite une sérieuse considération.

- Véhicule très confortable
- Tenue de route supérieure
- Fiabilité exemplaire

- Espace réduit à l'arrière

PRIX : 41 400 $
CONSOMMATION : 5,9 L/100 km
GES : 139 g/km
COTE D'ÉMISSIONS DE GES : 9/10
COTE DE SMOG CALIFORNIENNE : 9/10

La route est un long fleuve tranquille

DANIEL BRETON

Lexus a été le premier constructeur à se lancer dans les véhicules hybrides de luxe et son pari a été le bon, car cela l'a distingué des autres constructeurs de luxe qui fonçaient tout droit dans le mur de la puissance et de la surconsommation de carburant.

Aujourd'hui, si Lexus essaie de montrer un côté plus sportif afin de « jazzer » son image de marque, il le fait en s'assurant de proposer une offre inégalée en matière de véhicules de luxe écoénergétiques.

La Lexus ES 300h est la parfaite illustration de ce luxe efficace.

Une voiture discrète

Elle ne fait pas tourner les têtes. Ne suscite pas les passions. Certains la confondront peut-être avec une Toyota Camry ou une Honda Accord. Mais, aux yeux du propriétaire d'une telle voiture, cela n'a pas d'importance. Il ne veut pas attirer l'attention, mais veut plutôt se faire discret.

Pour ceux qui aiment le bling-bling, cela peut sembler incompréhensible, mais, pour ces gens, le tape-à-l'œil est de mauvais goût. Ce que les amateurs de Lexus apprécient particulièrement, c'est le confort, le luxe classique, de bon ton, et surtout la qualité. Or, une voiture telle que la Lexus ES 300h offre tout cela pour un prix de départ très raisonnable, qui se compare avantageusement à la concurrence.

Face à la concurrence

Alors que la Lincoln MKZ hybride rivalise avec la Lexus ES 300h en termes d'économie de carburant, la BMW 328d consomme plus, pollue plus et émet presque 30 % plus de CO_2,

Fiche technique

PLACES : 5
ESPACE CARGO : 343 L
POIDS : 1660 kg
MOTEURS (ESSENCE/ÉLECTRIQUE) :
Puissance : 200 ch
Couple : essence : 156 lb-pi
électrique : 199 lb-pi
BATTERIE :
Type : nickel-hydrure métallique (NiMH)
Capacité : 1,6 kWh
Garantie : 8 ans/160 000 km

ce qui est tout de même beaucoup. La Lincoln a clairement un look plus audacieux, ce qui plaira à certains, mais pas nécessairement aux acheteurs types de Lexus.

Chez Cadillac, la ELR est très intéressante grâce à sa technologie empruntée à la Chevrolet Volt, qui lui donne plus de 60 km d'autonomie, mais elle coûte environ 25 000 $ de plus que la Lexus, ce qui n'est pas rien.

Passez au salon

Cette voiture vous accueille comme si vous étiez dans le salon d'un ami. La qualité de la finition est irréprochable, les sièges sont d'un très grand confort à l'avant comme à l'arrière, le silence y est d'or et, comme il se doit, tous les gadgets modernes y sont incorporés : GPS, sièges chauffés et ventilés, Bluetooth, etc.

Bref, cette voiture vous dorlote sur la route. D'ailleurs, à ce sujet…

La route est un long fleuve tranquille

Rouler en Lexus ES 300h ne vous procure pas de sensations fortes. Au contraire, elle apporte de la « zénitude » dans votre vie. Vous n'avez pas le goût de prendre les courbes à fond de train. Vous les épousez doucement, tranquillement, et vous écoutez de la grande musique tout en roulant à la vitesse autorisée (ou légèrement plus vite) sur l'autoroute.

En ville, elle se conduit tout en silence et ne cherche pas à épater, mais plutôt à bercer. Sa consommation combinée est de moins de 6 L/100 km, ce qui est excellent pour une voiture de cette catégorie.

À citer en exemple

La cerise sur le gâteau, avec une Lexus, c'est cette fiabilité inégalée, combinée à un service hors pair. Et lorsqu'on a goûté à un tel service, on peut difficilement revenir en arrière. D'où tout le respect qu'inspire aujourd'hui cette marque. Les Allemands devraient s'en inspirer.

- Une voiture de grande qualité
- Fiabilité hors pair
- Service inégalé
- Consommation frugale

- Suspension et conduite un peu molles au goût de certains
- Plaisir de conduite mitigé

LEXUS

GS 450h

PRIX : 75 500 $
CONSOMMATION : 7,6 L/100 km
GES : 179 g/km
COTE D'ÉMISSIONS DE GES : 7/10
COTE DE SMOG CALIFORNIENNE : 8/10

Accélération d'un V8, consommation d'un 4 cylindres

JEAN-FRANÇOIS GUAY

Lorsque Toyota a commercialisé sa première voiture hybride en Amérique du Nord, la Prius, peu de gens croyaient que cette technologie pourrait un jour s'appliquer aux voitures de luxe. À l'époque, on se disait qu'un automobiliste bien nanti avait d'autres préoccupations que le prix et la consommation de carburant. Or, les mentalités ont évolué et Toyota a su profiter des circonstances favorables. Aujourd'hui, la gamme Lexus compte pas moins de six modèles à motorisation hybride. Depuis le lancement de son premier modèle hybride en 2006 (le RX 400h, maintenant appelé RX 450h), Lexus a produit plus de 500 000 des 8 millions de véhicules hybrides que Toyota a vendus dans le monde.

Bien qu'il s'agisse d'une voiture au dossier quasi irréprochable, on s'accorde pour dire que la GS 450h n'est pas le modèle le plus populaire de Lexus. Malgré ses nombreux atouts, elle doit affronter de grandes pointures comme les Mercedes-Benz Classe E et BMW Série 5. Pour relancer les ventes de la GS en 2016, les stylistes ont retouché avec un brin de sportivité le design des pare-chocs et la calandre trapézoïdale, en prenant soin d'ajouter des phares de croisement à DEL, des feux de jour et arrière à DEL en forme de « L ».

Cette mise à jour coïncide avec l'arrivée de la version GS F de haute performance à moteur V8 de 5,0 litres et 467 chevaux. Ce qui prouve que Lexus est capable du meilleur comme du pire en matière de conduite écoénergétique ! Blague à part, la lettre « F » est avant tout une image de marque qui vise à démontrer que la GS n'est pas seulement confortable et

Fiche technique

PLACES : 5
ESPACE CARGO : 450 L
POIDS : 1865 kg
MOTEURS (ESSENCE/ÉLECTRIQUE) :
Puissance : essence : 338 ch
Couple : essence : 257 lb-pi électrique : nd
BATTERIE :
Type : nickel-hydrure métallique (NiMH)
Capacité : 1,9 kWh
Garantie : 8 ans/160 000 km

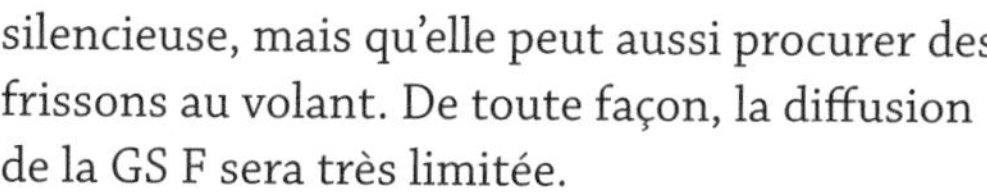

silencieuse, mais qu'elle peut aussi procurer des frissons au volant. De toute façon, la diffusion de la GS F sera très limitée.

Une hybride avec du tempérament

La motorisation de la GS 450h combine un V6 de 3,5 litres à cycle Atkinson avec injection directe et un moteur électrique pour une puissance totale de 338 chevaux. Ce tandem permet des accélérations d'un V8, passant de 0 à 100 km/h en 5,6 secondes. Quand le conducteur préfère s'en tenir à l'efficacité énergétique, le mode EV allonge l'autonomie en mode tout électrique.

Selon la disponibilité sur le marché canadien ou américain, il est possible de rehausser l'apparence et la tenue de route en choisissant le groupe « F Sport » (à ne pas confondre avec la GS F), lequel comprend une calandre plus dynamique, un aileron arrière, des jantes de 19 pouces, une instrumentation inspirée des voitures de course, des sièges plus enveloppants et une suspension adaptative.

Comparativement aux RX 450h et LS 600h L de Lexus, la GS 450h n'est pas pourvue de la traction intégrale, mais de roues motrices arrière, ce qui accentue son tempérament sportif, mais restreint sa diffusion dans les marchés où l'hiver sévit plusieurs mois par an. Pour profiter d'un rouage à quatre roues motrices, l'acheteur doit opter pour la GS 350 équipée d'un V6 thermique de 3,5 litres et 311 chevaux. Il existe aussi une version 200t à quatre cylindres turbo de 2,0 litres et 241 chevaux avec mode propulsion, laquelle est distribuée aux États-Unis.

La Lexus GS 450h est pratiquement sans rivale, le seul modèle qu'elle trouve en travers de son chemin est l'Infiniti Q70 Hybride laquelle n'est plus distribuée au Canada, mais demeure encore offerte aux États-Unis. Par rapport à la Q70, la GS offre une conduite plus feutrée et un silence de roulement accru.

- Système hybride fiable
- Confort et silence de roulement
- Bonne tenue de route

- Absence d'un rouage intégral avec l'hybride
- Direction et freins trop flegmatiques
- Prix élevé

LS 600h L

PRIX : 147 200 $
CONSOMMATION : 11,7 L/100 km
GES : 269 g/km
COTE D'ÉMISSIONS DE GES : 4/10
COTE DE SMOG CALIFORNIENNE : 8/10

La Lexus des Lexus

JACQUES DUVAL

La Lexus LS 600h L en impose d'abord par ses manuels d'instruction : trois bouquins et pas moins de 1292 pages ! Cela donne une petite idée de la multiplication des systèmes et des équipements que l'on trouve dans le vaisseau amiral de la division de luxe de Toyota.

Si l'appellation de la voiture ne vous est pas familière, sachez que les lettres « LS » identifient le haut de gamme de la marque ; et les lettres « H » et « L », une version allongée à motorisation hybride. Ce modèle ne fait pas beaucoup de bruit sur le marché, ce qui s'explique par le supplément d'environ 40 000 $ sur la 460 pour une voiture plus spacieuse à l'arrière et un tantinet plus économique grâce à son moteur électrique.

Parlons consommation

La puissance combinée du V8 de 5,0 litres et des deux moteurs électriques est de 438 chevaux, ce qui donne des talents de sprinteuse à la voiture, mais au détriment de la consommation. En ville, cette dernière se situe à 12 L/100 km, tandis qu'une conduite calme vous donnera environ 10 L/100 km. Ce n'est pas la mer à boire, étant donné que bien des automobiles du même gabarit peuvent faire aussi bien, sinon mieux, avec une motorisation conventionnelle. Et c'est là que le bât blesse, puisque cette Lexus 600h L coûte la peau des fesses. Au prix demandé, on peut même s'acheter une Tesla Model S et avoir encore assez d'argent pour une Prius. La Californienne n'a ni le luxe ni la richesse des aménagements de la Japonaise, mais elle possède en revanche deux coffres à bagages, alors que la 600h L n'en a qu'un seul, tout petit de surcroît. Donnons un autre point à la Lexus pour ses quatre roues motrices.

Fiche technique

PLACES: 4 ou 5
ESPACE CARGO: 283 L
POIDS: 2320 kg
MOTEURS (ESSENCE/ÉLECTRIQUE):
Puissance :438 ch
Couple : essence : 385 lb-pi
électrique : 221 lb-pi
BATTERIE:
Type : nickel-hydrure métallique (NiMH)
Capacité : 1,9 kWh
Garantie : 8 ans/160 000 km

Cette véritable limousine aligne ce qu'il y a de mieux dans tous les domaines, y compris une boîte de vitesses à huit rapports avec palettes sous le volant et mode séquentiel. Le conducteur bénéficie de quatre modes de réglage du comportement de la voiture : « Éco », « Confort », « Sport S » et même « Sport S + ». Ce dernier réglage est à mon avis celui qui rend la voiture la plus agréable à conduire. Notre Lexus 600h L ne se traîne pas les pieds avec un résultat dynamique de 6 secondes dans le sprint 0-100 km/h.

Une fiabilité exemplaire

Sa qualité de construction n'est rien moins que spectaculaire et je n'hésiterai même pas à dire qu'elle est égale, sinon supérieure à celle d'une Rolls ou d'une Bentley. Pour en être convaincu, il suffit d'examiner la richesse de la présentation du tableau de bord et de tous les accessoires y afférents.

Avant de clore le débat, il est bon de savoir que cette Lexus un brin écologique offre un confort et un luxe inouïs. Pas moins de 52 boutons pour ceci et cela sont à votre disposition et aucun accessoire à la mode n'est absent. Il y a même une tablette de travail à l'arrière, un système qui stoppe l'auto face à un piéton, des fauteuils invitants et un frigo. Quand débouche-t-on le champagne ?

- Quand le grand luxe cultive l'écologie
- Confort suprême
- Le succédané d'une Rolls-Royce
- Finition soignée

- Le centre du pitonnage
- Transmission parfois hésitante
- Prix astronomique pour la version hybride
- Plaisir de conduite mitigé

NX 300h

PRIX : AWD : 53 350 $
CONSOMMATION : AWD : 7,1 L/100 km
GES : AWD : 172 g/km
COTE D'ÉMISSIONS DE GES : 8/10
COTE DE SMOG CALIFORNIENNE : 8/10

Beauté frugale

DANIEL BRETON

S'il y a une mode qui ne cesse de prendre de l'ampleur, c'est celle des petits VUS de luxe. Après avoir encombré les rues et entrées de garage de la planète, les VUS, tous plus gros et puissants les uns que les autres, sont en train de céder le pas à des modèles au gabarit plus « raisonnable » dans la mesure où un VUS peut l'être.

Bien que je ne sois pas un grand fan des VUS, je conviens que ceux-ci puissent avoir un certain attrait. En effet, être assis plus haut pour avoir un meilleur point de vue sur ce qui nous entoure est intéressant. Une traction intégrale n'est pas non plus à dédaigner lorsqu'on vit dans des régions montagneuses ou enneigées. Cela dit, on peut tout aussi bien faire sans, et cela ne pose aucun problème à une majorité de gens que je connais, qui vivent en régions montagneuses et enneigées.

Pourquoi donc pourrait-on s'intéresser à un VUS compact comme le Lexus NX 300h ? Tout simplement parce que, si l'on désire absolument un tel VUS, celui-ci se révèle à la fois particulièrement confortable et écoénergétique. En effet, de tous les petits VUS de luxe proposés par les Cadillac, BMW, Audi et autres constructeurs de ce monde, le NX 300h est le plus écoénergétique et le moins polluant de tous... à moins de passer à un VUS hybride rechargeable, ce qui coûterait un bon 20 000 $ de plus.

Bien pensé

Dans tout véhicule de luxe, on trouve souvent des gadgets qui s'avèrent inutiles à l'usage. Pas dans celui-ci. Ce véhicule a été bien pensé pour une conduite en tout confort et en toute sécurité. Sa tenue de route est parmi les meilleures du segment ; son agilité est étonnante ; sa traction intégrale est efficace ; sa consommation est véritablement frugale et son

Fiche technique

PLACES : 5
ESPACE CARGO (MIN - MAX) : 453 – 1501 L
POIDS : 1896 kg – 4180 lb (AWD)
MOTEURS (ESSENCE/ÉLECTRIQUE) :
Puissance : 194 ch
Couple combinés : essence : 152 lb-pi, électrique : nd
BATTERIE :
Type : nickel-hydrure métallique (NiMH)
Capacité : 1,6 kWh
Garantie : 8 ans/160 000 km

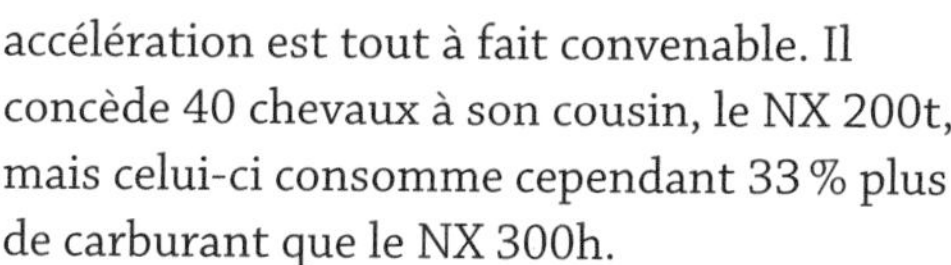

accélération est tout à fait convenable. Il concède 40 chevaux à son cousin, le NX 200t, mais celui-ci consomme cependant 33 % plus de carburant que le NX 300h.

Après plusieurs centaines de kilomètres, j'ai réussi à obtenir une consommation moyenne de 7,4 L/100 km, et ce, en conduite hivernale à des températures frisant parfois les -15 °C. C'est excellent. En écoconduite, il est même possible de descendre sous les 6,5 L/100 km, ce qui est exceptionnel pour un VUS à traction intégrale.

Confortable

L'intérieur de ce véhicule est des plus accueillants. À peine assis, on est enveloppé dans des sièges d'un grand confort et d'une belle qualité. Même les passagers assis à l'arrière seront à leur aise. L'ergonomie du véhicule est sans reproche et le système de contrôle des commandes est, à mon humble avis, très intuitif… ce qui n'est apparemment pas l'avis de tous.

Un look d'enfer ?

Tous ceux et celles que j'ai croisés et qui ont eu l'occasion de découvrir la « gueule » du NX 300h sont impressionnés par ce faciès résolument moderne. Je ne suis pas certain de partager cet enthousiasme, mais il semble qu'on ne doive pas discuter des goûts et des couleurs… et pourtant cet élément est toujours un argument de vente.

Beau, bien conçu, écoénergétique et sans aucun doute tout aussi fiable que les autres produits de la marque, je suis d'avis que le Lexus NX 300h risque d'avoir beaucoup de succès.

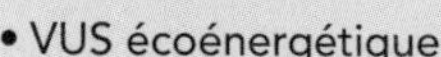

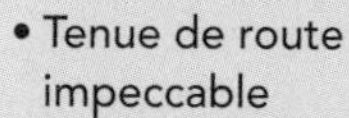

- VUS écoénergétique
- Tenue de route impeccable
- Agile
- Grande qualité initiale

- Un peu chère

PRIX : AWD : 68 550 $ • FWD : 54 575 $
CONSOMMATION : AWD : 7,8 L/100 km
GES : AWD : 187 g/km
COTE D'ÉMISSIONS DE GES : 7/10
COTE DE SMOG CALIFORNIENNE : 8/10

Par quatre chemins

JACQUES DUVAL

Lexus avait gardé le dessert pour la fin lors du dévoilement de la plus récente interprétation de son VUS format moyen, le RX 450h. Cela se passait au Massif, un centre de ski réputé, à 75 km de Québec, où l'on avait suppléé à la rareté de vraie neige par son équivalent artificiel mêlé à de la boue pour constituer un sentier particulièrement rebelle.

Le défi était de taille pour un utilitaire sport de grand luxe comme le RX 450h de Lexus, dont le système à traction intégrale n'intervient sur l'arrière qu'en cas de nécessité. Comme sur le RAV4 de Toyota, un petit moteur électrique, sur l'essieu arrière, assure la propulsion tout en rechargeant la batterie.

À travers les arbustes, les bosses et les brusques changements de cap, le véhicule, fort de ses quatre roues motrices, s'est frayé un chemin sans mal. Le secret ? Maintenir l'accélérateur enfoncé malgré la tentation de diminuer l'allure, vu la dangerosité du terrain. On avait même placé un instructeur en bord de piste pour nous rappeler de ne pas diminuer la cadence dans les endroits les plus ardus. Finalement, la dépanneuse est restée dans son coin pendant qu'une bonne dizaine de nos engins négociaient ce parcours sans coup férir.

Pour le RX 450h, ce fut le couronnement de son appartenance aux purs et durs de cette catégorie, une qualité que le luxe et le confort douillet du véhicule tendent à faire oublier. C'est le VUS dont la conduite se rapproche le plus de celle d'une automobile, même si la direction gagnerait à être plus communicative. Le silence de roulement, le confort, l'absence de roulis en virage et une pléthore d'accessoires, tant pour le divertissement que pour la sécurité active, sont autant de facteurs

Fiche technique

PLACES: 5
ESPACE CARGO (MIN – MAX): 510 L – 1557 L
POIDS: AWD: 2150 kg
MOTEURS (ESSENCE/ÉLECTRIQUE):
Puissance: 308 ch
Couple: essence: 247 lb-pi
électrique: nd
BATTERIE:
Type: nickel-hydrure métallique (NiMH)
Capacité: 1,9 kWh
Garantie: 8 ans/160 000 km

qui ont fait l'objet d'une attention particulière. Le RX est aussi plus accueillant pour les occupants: il y a plus d'espace à l'arrière pour les jambes et, en prime, des sièges chauffants. On appréciera la présence d'un écran agrandi (12,3 pouces) qui surplombe un tableau de bord dont l'esthétique est indéniable.

Trente pour cent plus économique

En ce qui a trait au comportement de la mécanique hybride, il n'y a pas de changement majeur par rapport au modèle précédent. Le moteur V6 3,5 litres à cycle Atkinson a cependant subi d'innombrables petites révisions visant à le rendre plus écoénergétique.

Alors qu'une Lexus RX sans assistance électrique consomme en moyenne un bon 12 L/100 km, c'est, selon l'EPA, 7,6 L/100 km en ville et 7,8 L/100 km sur l'autoroute si la lettre « h » s'accroche à la dénomination de ce modèle. Quant aux performances, elles sont honnêtes, sinon spectaculaires. La transmission automatique à huit rapports avec palettes au volant confère un petit côté sport à ce VUS. On peut même commander le groupe F qui modifie les paramètres du véhicule du mode confort à celui de Sport Plus, option qui s'accompagne de jantes de 20 pouces, lesquelles donnent au RX une allure plus féroce.

Après avoir conduit le RX 450h par monts et par vaux, on comprend pourquoi ce modèle et son frère jumeau, le RX 350 strictement à essence, sont les plus vendus de toute la gamme Lexus. J'ai beau lui chercher déplaisance, je ne trouve vraiment rien à lui reprocher. C'est de toute évidence le meilleur achat dans sa catégorie.

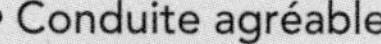

- Conduite agréable
- Insonorisation de l'habitacle
- Économie non négligeable
- Surprenant en hors-route

- Direction inerte
- Performances améliorables
- Prix dissuasif

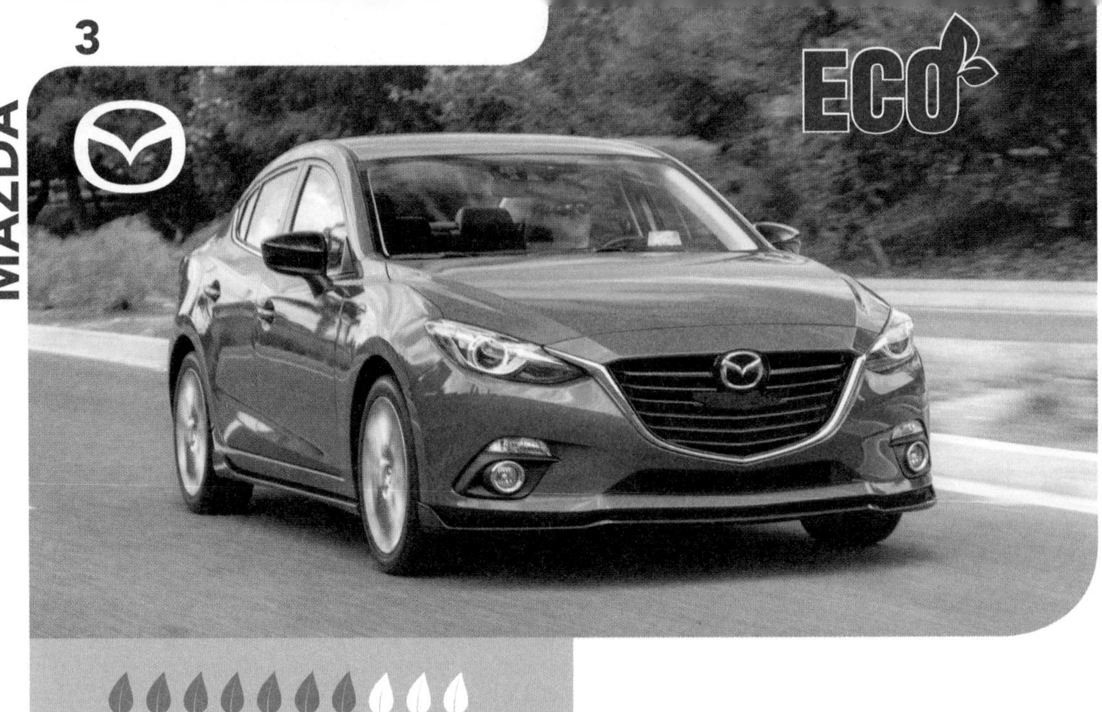

PRIX: 15 550$
CONSOMMATION: 6,2 L/100 km
GES: 162 g/km
COTE D'ÉMISSIONS DE GES: 8/10
COTE DE SMOG CALIFORNIENNE: 9/10

Dans les petits pots…

DANIEL RUFIANGE

Bien qu'ils soient tous en concurrence, les constructeurs ne profitent pas des mêmes ressources pour livrer leur combat. Mazda, par exemple, doit gérer son budget de façon beaucoup plus stricte qu'une maison comme Toyota qui a des moyens quasi illimités. Comme une équipe sportive établie dans un petit marché, qui doit se battre contre ses rivales des mégapoles aux revenus infinis, elle doit innover pour livrer la marchandise.

C'est ce que Mazda a fait au tournant de la présente décennie. Jadis, ses véhicules étaient handicapés par des mécaniques gloutonnes. Aujourd'hui, ses moulins comptent parmi les plus frugaux de l'industrie des véhicules non hybrides.

La recette tient en un seul mot: SkyActiv.

La Mazda3, comme tous les véhicules de la gamme, en profite. Avant d'aller plus loin, une précision sur l'approche SkyActiv s'impose.

Innover

Consciente qu'elle devait moderniser et rendre ses mécaniques plus économiques, la haute direction n'a pas hésité à lancer un appel à l'innovation. N'ayant pas les moyens de lancer de longues études en recherche-développement, on a simplement demandé aux ingénieurs de sortir des balises, de penser autrement, de défier les conventions établies, bref, de réinventer la roue.

Le résultat: la technologie SkyActiv. Concrètement, cette dernière touche l'ensemble de la conception du véhicule, de la carrosserie au châssis en passant par la mécanique. Des exemples?

Fiche technique

PLACES : 5
ESPACE CARGO (MIN – MAX) :
hayon : 572 L – 1334 L
berline : 340 L
POIDS : 1300 kg
MOTEUR :
Puissance : 155 ch
Couple : 150 lb-pi

L'objectif premier était d'améliorer le rendement du moteur à essence en réduisant ses pertes (systèmes d'échappement, de refroidissement et d'alimentation, entre autres). La liste des changements est impressionnante : augmentation du taux de compression à 13:1 ; réduction du diamètre de la chambre de combustion et des pistons ; nouveau design du système d'échappement ; etc. Il en résulte un moteur 10 % plus léger, qui a réduit la friction de 30 %, et dont la consommation d'essence et les rejets de CO_2 ont été améliorés de 15 %.

Du côté des transmissions, on a priorisé la compacité et la légèreté. Et on a repensé le châssis : réduction du poids, augmentation de la rigidité, accent mis sur la stabilité, etc.

Sommairement, la philosophie SkyActiv, c'est un peu cela.

La voiture

Résultat ? La Mazda3 reste une voiture amusante à conduire, mais, en plus, son rendement énergétique est maintenant au niveau de la concurrence. Avec le moteur quatre cylindres de 2,0 litres, j'ai maintenu une moyenne de consommation de 6,2 L/100 km. Pour une voiture de cette taille et de ce prix, c'est excellent. Pour obtenir de meilleurs chiffres ailleurs, il faut toucher à l'hybridité... ou à une Civic Turbo. Avec le moteur quatre cylindres de 2,5 litres, on obtient également un bon rendement, mais pensez davantage à 7 L/100 km. Que vous optiez pour la boîte manuelle ou automatique, les différences sont minimes, bien que la seconde se montre parfois paresseuse.

Du reste, la Mazda3 n'a plus besoin de présentation. Belle gueule, habitacle bien ficelé et très polyvalent, conduite affûtée. Prendre son volant est toujours un plaisir. En prime, la garantie vous permet de prendre la route sans vous soucier du kilométrage.

Un achat sûr.

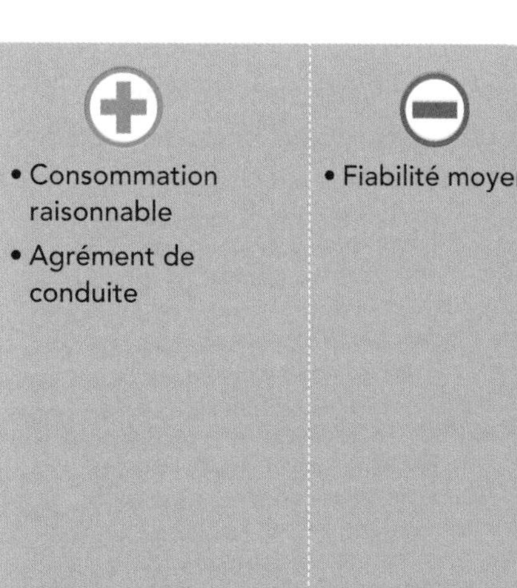

+
- Consommation raisonnable
- Agrément de conduite

–
- Fiabilité moyenne

PRIX : 20 695 $
CONSOMMATION : 7,6 L/100 km
GES : 180 g/km
COTE D'ÉMISSIONS DE GES : 7/10
COTE DE SMOG CALIFORNIENNE : 6/10

Une guerre fratricide à l'horizon

JEAN-FRANÇOIS GUAY

Tandis que Ford et Toyota mettent du temps à faire leur entrée dans la catégorie des VUS de poche, Mazda s'est enfin décidé à produire le CX-3 pour rivaliser avec les Nissan Juke, Honda HR-V, Chevrolet Trax. Vu les dimensions déjà réduites du CX-5, il n'est pas étonnant que Mazda ait tergiversé avant de commercialiser le CX-3. Un mauvais calcul et les deux modèles se seraient livrés une guerre fratricide. Or, une loi non écrite veut que la longueur d'un VUS urbain ne dépasse pas 4,4 mètres – le Subaru Crosstrek étant le point limite. Avec ses 4,5 mètres, le CX-5 laisse le champ libre au CX-3 qui mesure 4,2 mètres d'un pare-chocs à l'autre.

Dans la lignée des modèles Mazda dont le design s'inspire du style KODO, le CX-3 en met plein la vue tant sur le plan de l'esthétique que de l'équipement. Au point de vue technique, le CX-3 intègre le procédé SkyActiv visant à optimiser le groupe propulseur et le poids du véhicule afin de réduire la consommation d'essence tout en améliorant le comportement routier.

Pas de boîte manuelle

Sous le capot, le moteur quatre cylindres de 2,0 litres présente les dernières évolutions du moteur à essence : injection directe, taux de compression extrêmement élevé de 13 à 1, cavité optimisée des pistons, réduction des frottements internes du moteur et poids allégé. Le tout se traduit par un meilleur couple à bas et moyen régimes et par une réduction de la consommation et des émissions polluantes. La transmission automatique à six rapports

Fiche technique

PLACES : 5
ESPACE CARGO (MIN – MAX) :
452 L – 1528 L
POIDS : 1275 kg
MOTEUR :
Puissance : 146 ch
Couple : 146 lb-pi

participe activement à diminuer la consommation d'essence grâce à un nouveau type de convertisseur de couple qui réduit le glissement et la perte de puissance. Le CX-3 ne dispose que d'une boîte automatique, alors que son grand frère CX-5 propose une boîte manuelle ou automatique avec la traction avant, une boîte automatique avec l'intégrale.

Malgré tout ce flafla technologique, le 2,0 litres du CX-3 n'est pas le moteur le plus puissant de sa catégorie et se fait déclasser par les Nissan Juke et Fiat 500X. Développant 146 chevaux et 146 lb-pi de couple, des chiffres comparables aux Honda HR-V et Subaru Crosstrek, il s'avère plus rapide que ces derniers en accélération avec un chrono de 9,5 secondes pour le 0-100 km/h. Qui plus est, ce moteur est l'un des plus frugaux de la catégorie et ne consomme que 7,6 L/100 km en mode deux roues motrices. L'ajout du rouage intégral augmente la consommation d'environ 7 %.

Le concept *Jinba Ittai*

L'habitacle peut accueillir confortablement quatre adultes, mais il y a de la place pour cinq personnes. Les passagers arrière apprécieront l'assise moelleuse de la banquette, mais se montreront plus critiques à l'endroit de l'espace alloué pour les jambes. À l'avant, l'espace est plus étroit en raison des formes enveloppantes du tableau de bord et de la console destinées à créer l'impression de faire corps avec le véhicule – un concept connu sous le nom japonais de *Jinba Ittai*. Pour un comportement routier plus sportif, la version GT est campée sur des pneus de 18 pouces.

À cause de son châssis court, le coffre de 452 litres est cependant plus petit que celui d'une Mazda3 Sport (572 litres). Une fois la banquette rabattue, l'espace utilitaire se compare à ses concurrents directs.

En conclusion, il faut savoir que la marque japonaise a connu des ennuis de fiabilité en début de production. On nous assure que ces lacunes ont été corrigées.

- Design réussi
- Habitacle style *Jinba Ittai*
- Comportement routier sportif

- Pas de boîte manuelle
- Volume du coffre
- Espace limité aux places arrière

PRIX: 31 900 $
CONSOMMATION: 7,8 L/100 km
GES: 184 g/km
COTE D'ÉMISSIONS DE GES: 7/10
COTE DE SMOG CALIFORNIENNE: 6/10

Un bain de jouvence

JACQUES DUVAL

Que diable vient faire une voiture sport, futile aux yeux de certains, dans un livre consacré majoritairement à des véhicules électriques à forte tendance écologique ? Il ne faut pas oublier que notre bannière comporte aussi l'appellation « écoénergétiques » qui s'applique à certaines voitures satisfaisant à cette définition, telle la Mazda MX-5, mieux connue sous le nom de Miata.

Lorsque j'en ai fait l'essai, une qualité s'est clairement détachée : sa consommation frugale. Une auto sport qui peut se satisfaire de 6 L/100 km sur autoroute mérite d'être épinglée parmi les réussites de l'industrie en matière de consommation. Même si le terme SkyActiv accolé aux divers modèles Mazda paraît peu explicite, il faut saluer les résultats. Car l'optimisation des composantes du moteur a des échos dans tous les autres paramètres de la voiture, que ce soit la suspension, le freinage ou la carrosserie qui se voit allégée de 60 kg grâce à plusieurs pièces en aluminium.

Faible appétit

Cet allégement de la voiture se reflète dans la consommation d'abord, mais aussi dans les performances du petit moteur de 2,0 litres qui, avec l'injection directe, met 155 chevaux à la disposition du conducteur. Malgré un léger déficit de 3 chevaux par rapport au moteur de la génération précédente, la MX-5 pousse encore plus loin l'agrément de conduite. Que ce soit avec les boîtes manuelle ou automatique, elle vous propulse à 100 km/h en 7 petites secondes. Ce n'est

Fiche technique

PLACES: 2
ESPACE CARGO: 130 L
POIDS: 1058 kg
MOTEUR:
Puissance: 155 ch
Couple: 148 lb-pi

pas une Ferrari, mais, sur une petite route sinueuse en bonne compagnie par un bel après-midi d'été, c'est pareil. Délivrez-vous de la capote dont le maniement est un jeu d'enfant et le plaisir sera quintuplé.

Si les performances jouent un rôle primordial dans une voiture sport, le comportement routier est encore plus significatif pour la simple raison que la vitesse n'est pas toujours la bienvenue sur nos routes. Sans défoncer les murs, la MX-5 adopte une tenue en virage qui s'avère un délice par son bel équilibre attribuable en bonne partie à la position centrale avant du moteur, équilibre qui fait ressortir la pleine maniabilité de la voiture au moment de la garer.

Tonique anti-vieillesse

Cette Mazda est une véritable cure de jouvence, d'où la prédominance de conducteurs aux tempes grises à son volant. Cela dit, il faut avoir le cœur et l'esprit jeunes pour tolérer l'intolérance de la MX-5 aux routes dévastées de certaines régions d'Amérique. Tout ça pour dire que le confort en prend pour son grade dans des conditions défavorables. Il faut par ailleurs une bonne dose de souplesse pour se glisser au volant, et encore plus pour se remettre à la verticale. Les propriétaires de Mazda MX-5 ne sont toutefois pas du genre à se laisser impressionner par un tel écueil et vont jusqu'à démontrer leur attachement à cette voiture en la conduisant même en hiver. Il faut le faire!

Si je vous dis que le volume du coffre ne dépasse pas 130 litres, vous aurez compris que l'on n'achète pas cette voiture pour son côté pratico-pratique, mais bien pour le plaisir qu'elle procure, sans grands frais d'essence.

P.S. Suite à une entente avec la marque italienne Fiat, la MX-5 prêtera ses principales composantes à un spyder Fiat. Reste à savoir si son moteur différent sera aussi sobre que celui de la création japonaise.

- Voiture unique en son genre
- Un tonique anti-vieillesse
- Toit simple comme bonjour
- Plaisir garanti

- Habitacle étroit
- Insonorisation améliorable
- Confort minimal
- Faible espace de rangement

PRIX: 27 998 $
AUTONOMIE ÉLECTRIQUE: 100 km
TEMPS DE CHARGE: 120 V: 14 h (12A), 22 h (8A) – 240 V: 7 h – Rapide: ½ h à 80 %
GES: 0 g/km
COTE D'ÉMISSIONS DE GES: 10/10
COTE DE SMOG CALIFORNIENNE: 10/10

La spartiate électrique

DANIEL BRETON

Alors que la Nissan Micra est le véhicule à quatre places à essence le plus dépouillé sur le marché, ce titre revient à la Mitsubishi i-MiEV dans le segment des voitures 100 % électriques. Mais pour arriver à nous intéresser à cette petite voiture, nous devons nous déprogrammer. Cela veut dire cesser de croire indispensables et incontournables ces prémisses qu'on nous a ancrées dans le ciboulot au fil des ans, du type:

- plus gros et plus puissant est obligatoirement meilleur;
- on a besoin de tous ces gadgets;
- une voiture doit nécessairement avoir 500 km d'autonomie.

En effet, cette voiture n'est ni grosse, ni puissante, ni bourrée de gadgets... et c'est tant mieux. Ce qui compte pour bien des gens, c'est de se rendre du point A au point B à bord d'un véhicule fiable, assez spacieux pour les courses de tous les jours, et abordable. La Mitsubishi i-MiEV accomplit ces tâches sans problème.

Faible autonomie

Cette voiture se conduit tranquillement. Les accélérations ne peuvent être brusques parce que la i-MiEV n'est pas puissante. Les courbes ne sauraient se négocier à vive allure, mais qui veut faire de la vitesse en i-MiEV? Elle se rend du point A au point B en roulant doucement, sans pour autant ralentir la circulation urbaine.

Elle est sûre dans les courbes, mais sa tenue de route est un peu molle. Heureusement, le fait que les batteries soient placées dans le plancher aide à abaisser son centre de gravité.

Fiche technique

PLACES: 4
ESPACE CARGO (MIN – MAX): 377 L – 1430 L
POIDS: 1154 kg
MOTEUR:
Puissance: 66 ch
Couple: 145 lb-pi
BATTERIE:
Type: lithium-ion • Capacité: 16 kWh
Garantie: 8 ans/160 000 km

Son autonomie n'est pas très grande. Le mieux que j'ai pu faire en conditions idéales est 125 km, ce qui est moins que les 145 km de la Smart ForTwo Electric Drive. La i-MiEV est donc la voiture 100 % électrique dotée de la plus faible autonomie sur le marché.

Recharge

Sa batterie de 16 kWh (dont environ 12 kWh sont utilisables) peut être rechargée en 14 heures sur une prise de 120 volts, et en 7 heures avec un chargeur de 240 volts. Cela est dû à son chargeur embarqué de 3,3 kWh. Or, il faut bien le dire: *un chargeur embarqué de moins de 6 kWh est totalement dépassé en 2016 pour une voiture 100 % électrique.*

Cela dit, la i-MiEV peut être rechargée à 80 % en environ 20 minutes (ce qui est excellent) sur une borne rapide, grâce à son port de recharge rapide CHAdeMO. Et cela deviendra de plus en plus intéressant au fur et à mesure que les bornes de 400 volts se déploieront en Amérique du Nord.

Dépouillée à souhait

L'intérieur et l'extérieur de cette voiture sont plutôt dépouillés. La qualité d'assemblage est correcte, sans plus; les essuie-glaces sont extraordinairement mal placés au repos; elle ne possède pas de régulateur de vitesse. Bref, cette voiture fait un pied de nez aux idées reçues quant à ce que doit être une voiture «branchée» (dans tous les sens du mot) en 2016.

Avis aux intéressés: la i-MiEV est la spartiate électrique.

- Pas chère
- Fiable
- Pas de gadgets

- Faible autonomie
- Tenue de route passable, sans plus
- Qualité de finition inférieure

Juke

PRIX : 20 698 $
CONSOMMATION : 7,8 L/100 km
GES : 188 g/km
COTE D'ÉMISSIONS DE GES : 7/10
COTE DE SMOG CALIFORNIENNE : 6/10

Design et format avant-gardistes

JEAN-FRANÇOIS GUAY

Partout où il va, le Nissan Juke ne passe pas inaperçu. On l'aime ou on le déteste ! Dévoilé en 2011, le Juke a ouvert la voie aux VUS à vocation urbaine. Malgré son âge, il n'a pas vieilli d'un iota tellement ses formes étaient avant-gardistes.

Le Juke peut se targuer d'être l'un des deux plus petits VUS sur le marché, l'autre étant le MINI Countryman. Mesurant 4,1 mètres de long sur un empattement de 2,5 mètres, son statut de véhicule urbain lui sied parfaitement. Et, contrairement aux VUS grand format dont les dimensions ne peuvent laisser libre cours à l'imagination des stylistes, le Juke bénéficie de fantaisies laissées au goût de chacun. Ainsi, les dimensions réduites du Juke permettent quelques excentricités stylistiques, par exemple son capot sculpté, ses clignotants intégrés aux ailes avant, ses gros phares ronds à faisceau, ses feux arrière en forme de boomerangs, ses poignées des portières arrière dissimulées dans la carrosserie, sa haute ceinture de caisse et sa ligne de toit fuyante évoquant les coupés GT-R et 370Z de Nissan.

Un habitacle exigu

L'intérieur n'est pas aussi extravagant et l'on aurait préféré que l'instrumentation s'inspire davantage d'une voiture sport. Compte tenu des mensurations du Juke, il est normal que l'habitacle et les sièges soient étroits. Néanmoins, les grandes personnes pourront prendre place aisément sur les sièges avant et ne seront pas à plaindre. À l'arrière, c'est une tout autre histoire, car la pente du toit et les

Fiche technique

PLACES : 5

ESPACE CARGO (MIN – MAX) :
297 L – 1017 L

POIDS : 1324 kg

MOTEUR :
Puissance : 188 ch
Couple : 177 lb-pi

arches de roues grugent beaucoup d'espace dans l'ouverture des portières.

Parmi les autres déceptions, il y a peu de rangements à bord et le volume du coffre est le plus petit de la catégorie. Pour ajouter aux inconvénients, il faut retirer les appui-têtes de leur socle pour rabattre la banquette arrière divisée 60-40, et la visibilité vers l'arrière est problématique (la caméra de recul n'est pas superflue).

Manuelle ou CVT

Le quatre cylindres turbo de 1,6 litre développe 188 chevaux et 177 lb-pi de couple. Pour des performances plus sportives, il existe une version NISMO dont le moteur délivre 215 ou 211 chevaux, selon que le rouage d'entraînement est à traction avant ou intégral. Ce surplus de puissance n'entache pas vraiment la consommation moyenne de carburant, qui augmente d'à peine 0,3 L/100 km. Même si la course du levier de vitesses est longue et manque de précision, il est dommage que la boîte manuelle à six rapports ne soit pas proposée avec le rouage intégral pour exploiter tout le potentiel du moteur. Les accélérations sont énergiques, mais les reprises de la boîte CVT prennent du temps à réagir.

Par rapport à ses rivaux à vocation essentiellement utilitaire, le Juke se démarque par son comportement routier plus vif et agile. Même si son rayon de braquage est long pour un véhicule de son gabarit, le Juke se faufile avec aisance dans la circulation. En virage et sur les autoroutes, il vire à plat et les vents latéraux ont peu d'effet sur la tenue de cap. Toutefois, le court empattement du châssis et la fermeté des amortisseurs filtrent mal les imperfections de la chaussée.

Il en résulte un confort moyen. Au « finish », le Juke doit être considéré comme une curiosité dont l'aspect pratique est discutable.

- Design unique
- Véhicule passe-partout
- Moteur performant

- Boîte CVT lente
- Coffre à bagages minuscule
- Accès étriqué aux places arrière

PRIX : 31 998 $

AUTONOMIE ÉLECTRIQUE : (24 kWh) 135 km, (30 kWh) 172 km

TEMPS DE CHARGE : (24 kWh) 120 V : 21 h – 240 V : 5 h – Rapide : 1 h (30 kWh), 120 V : 26 h – 240 V : 6 h – Rapide : 1 h

GES : 0 g/km

COTE D'ÉMISSIONS DE GES : 10/10

COTE DE SMOG CALIFORNIENNE : 10/10

Citius, Altius, Fortius[1]

DANIEL BRETON ET JACQUES DUVAL

L'opinion de Daniel Breton

Il y a près de cinq ans, je faisais un premier essai de la Nissan Leaf. Pour 2016, j'ai fait l'essai de la toute nouvelle « mise à jour » de ce modèle qui est en train de devenir une icône de la catégorie.

Conception saine

Contrairement à plusieurs autres modèles de voitures conçues pour un moteur à combustion interne, puis transformée, la Nissan Leaf a été pensée dès le départ en tant que voiture électrique, avec batterie dans le plancher... et c'est tant mieux. Il y a plus d'espace dans le coffre, une meilleure tenue de route, un centre de gravité plus bas et l'emplacement de la batterie est ainsi plus sécuritaire.

L'accent est donc mis par Nissan sur le côté pratique et sur les considérations propres à une voiture électrique (tels l'emplacement du branchement, le système de GPS comprenant les sites où l'on peut recharger, et *tutti quanti*). Cela rend cette voiture des plus agréables à conduire au quotidien.

De plus, le système NissanConnect avec applications mobiles comprend la téléphonie mains libres Bluetooth, la transmission audio en continu Bluetooth, la messagerie texte mains libres et un port USB pour iPod et autres appareils compatibles.

1. Ces trois mots latins de la devise olympique signifient : « Plus vite, plus haut, plus fort. »

Fiche technique

PLACES : 5
ESPACE CARGO (MIN – MAX) : 668 L – 849 L
POIDS : 1477 kg
MOTEUR :
Puissance : 107 ch
Couple : 187 lb-pi
BATTERIE :
Type : lithium-ion
Capacité : 24 kWh (S), 30 kWh (SV, SL)
Garantie : 8 ans/160 000 km

Performances à la hauteur

Cette voiture offre une douceur de roulement hors du commun. Particulièrement silencieuse même par rapport aux autres voitures électriques, elle possède une suspension aussi souple que ferme (elle prend les courbes avec beaucoup d'assurance), et ses accélérations sont des plus convaincantes. Un pur bonheur à conduire.

Autonomie grandement améliorée sur l'autoroute

Alors que la faiblesse de la version précédente était l'autoroute, la nouvelle version à batterie de 30 kWh semble avoir résolu le problème. En effet, en roulant à 100 km/h par une température moyenne de 0 °C, j'ai réussi à parcourir sans mal plus de 180 km, et j'ai même pu pousser son autonomie jusqu'à 200 km lorsque la circulation était plus dense.

Ainsi, je ne serais pas du tout surpris de la voir parcourir plus de 250 km en été dans les conditions idéales.

Qui plus est, le port de recharge rapide est maintenant offert sur toutes les versions. On peut donc charger cette voiture à 80 % en moins d'une demi-heure sur les bornes rapides qui se multiplient partout en Amérique du Nord.

Cinq ans après mon premier essai de la Nissan Leaf, force est de constater que la mise à jour de cette voiture arrive à point nommé. De plus, des rumeurs persistantes nous portent à croire que la version 2017 sera encore plus performante, ce qui ne sera pas de trop, étant donné que les Chevrolet Bolt et Tesla Model 3 s'en viennent sur le marché à grands pas.

La Nissan Leaf 2016 a été améliorée sur plusieurs points par rapport au modèle 2015, ce qui en fera certainement un succès, d'autant plus que son prix de départ n'a pas augmenté. Cela dit, la batterie de 30 kWh n'est disponible de série que dans les versions SV et SL, qui coûtent quelques milliers de dollars de plus que la version de base.

Au final, comme il semble que Jacques apprécie moins ses qualités routières que moi, la décision vous revient.

Allez donc en faire l'essai !

- Autonomie grandement améliorée
- Très agréable à conduire (Daniel)
- Port de recharge rapide de série

- Finition intérieure moyenne
- Ambiance bas de gamme
- Comportement routier quelconque (Jacques)

L'opinion de Jacques Duval

D'entrée de jeu, permettez-moi de ne pas partager l'enthousiasme de mon estimé collègue, Daniel, à propos de la Leaf. Pas tellement parce qu'elle m'avait laissé en plan lors de mon premier essai il y a cinq ans, mais surtout parce que son comportement sur la route m'apparaît comme celui d'une petite voiture sans trop de raffinement. Pour le prix demandé, l'impression générale est celle d'une petite auto bon marché. Direction par trop légère, insonorisation négligée, ambiance bas de gamme.

Cela dit, je lui donne une absolution totale pour ce qui est du non-respect de son autonomie lors de ma première sortie à son volant, alors qu'après 90 km de route, la réserve électrique promise de 150 km ne m'a pas donné d'autre choix que d'appeler la dépanneuse.

La Leaf 2016 annonce 200 km d'autonomie et je n'ai eu aucun mal à en tirer précisément 204 km sur un parcours identique à celui de mon essai initial. J'ajouterai à son crédit que j'avais procédé à une recharge d'environ 7 ou 8 heures sur une simple prise 120 volts. Bien sûr, il faudra pratiquer une conduite hyperéconomique en sachant qu'une telle performance ne sera réalisable que par beau temps, en été. Car il faut tenir compte du fait que chaque voiture électrique perd environ 20 % de son autonomie durant le temps des neiges.

Cela peut même aller jusqu'à 30 % avec la Leaf, si l'on conduit sans se préoccuper le moins du monde de la consommation.

Remarquez que la même pénalité s'applique aux voitures à moteur à essence, mais comme la jauge à essence n'est pas graduée en milles ou en kilomètres, mais plutôt constituée d'une aiguille aux indications très approximatives, on ne peut pas visualiser ce que coûte véritablement une accélération à l'emporte-pièce.

Pas de nouveau

Cela dit, qu'en est-il des autres nouveautés de la Nissan Leaf du millésime 2016 ? Si l'on exclut la batterie plus performante, les changements sont minimes et rien, par exemple, ne permet de départager l'ancien modèle du nouveau, à moins de s'attarder à de menus détails.

Deux modes de conduite sont offerts, l'un permettant d'affranchir les accélérations et de retrancher une demi-seconde au sprint entre 0 et 100 km/h, aux dépens de l'autonomie, bien sûr. Ce mode, dès son engagement, propulse la Leaf vers l'avant, sans même que l'on enfonce l'accélérateur. Très utile pour les dépassements, mais on doit s'y faire. Tout comme le levier de vitesse, un peu déroutant de prime abord avec cette molette qui permet d'engager la marche avant ou arrière ainsi que le frein de stationnement. Au volant, la visibilité est excellente et le pare-soleil, ce grand négligé, est d'une dimension qui le rend très utile au coucher du soleil. En revanche, j'ai trouvé que les sièges pourraient être un peu mieux rembourrés. La finition était sans faille dans la voiture mise à l'essai, quoique l'abondance de plastique au tableau de bord affadisse le coup d'œil.

Il faut aussi faire preuve de réserve en conduisant, car il est facile de se laisser distraire par la pléthore d'informations qui s'affichent sur l'écran central.

Une déception

C'est le comportement routier de la Leaf qui m'a toutefois le plus déçu en raison d'une suspension bringuebalante qui absorbe les inégalités du revêtement par de petites secousses désagréables, tandis que le freinage s'accompagne de sautillements qui allongent les distances d'arrêt. C'est souvent le lot des pneus à faible résistance de roulement, qui favorisent l'autonomie. Enfin, la direction n'est pas très bavarde.

Cela en fait beaucoup sur le dos de cette Nissan Leaf dont les utilisateurs se déclarent en général très satisfaits. On peut certes lui pardonner ses quelques écarts de conduite, mais il faut savoir qu'au plan de la conduite pure, la voiture exige un certain nombre de sacrifices.

PRIX : 9 998 $
CONSOMMATION : 7,8 L/100 km
GES : 184 g/km
COTE D'ÉMISSIONS DE GES : 8/10
COTE DE SMOG CALIFORNIENNE : nd

Hommage à la simplicité volontaire

DANIEL BRETON

Toutes les semaines, je fais l'essai d'un véhicule écoénergétique. Celui-ci peut être électrique, hybride enfichable, hybride, ou tout simplement réputé très économique en carburant dans sa catégorie. Mais, en 2016, personne ne parle plus de véhicule embrassant la notion toute écologique de la simplicité volontaire.

Je m'explique.

Il y a dans le concept de simplicité volontaire une volonté de se débarrasser de tout ce qui n'est pas absolument nécessaire. On remet même en question les grands efforts d'imagination que déploient les entreprises et notre système capitaliste pour créer des besoins là où il n'y en a pas. Et c'est là où la Nissan Micra se démarque.

Si vous le voulez, vous pouvez vous procurer cette petite voiture :

- sans air climatisé ;
- sans glaces électriques ;
- sans déverrouilleur à distance ;
- sans Bluetooth ;
- sans régulateur de vitesse ;
- sans entrée USB ;
- etc.

Bref, elle peut être aussi spartiate que la majorité des voitures sous-compactes l'était il y a 15 ans, ce qui est une excellente nouvelle si vous êtes ouvert à la simplicité volontaire.

Je dois vous avouer que je n'ai personnellement eu aucun problème à me passer de ces gadgets… sauf le Bluetooth sans lequel il est plutôt difficile de parler au

Fiche technique

PLACES : 5
ESPACE CARGO (MIN – MAX) : 408 L – 819 L
POIDS : 1044 kg
MOTEUR :
Puissance : 109 ch
Couple : 107 lb-pi

téléphone en conduisant. Et je ne suis pas prêt à me débarrasser de mon cellulaire !

Eh non, je ne suis pas encore un parfait écolo !

Amusante à conduire

Bien que toute simple, cette voiture est particulièrement amusante à conduire, aussi bien en ville que sur la route. Elle est vive, se manie comme un charme et peut vous inciter aux excès de vitesse si vous n'y prenez garde. Elle me rappelle la Renault 5 d'antan. Elle est cependant plutôt sensible aux vents latéraux. Sa transmission manuelle à cinq rapports (un autre objet en voie de disparition) est très précise et forme un duo très bien coordonné avec le petit moteur quatre cylindres de 1,6 litre.

Consommation quelque peu… rétro

Cette voiture n'est évidemment pas à la fine pointe de la technologie. C'est pourquoi sa consommation est raisonnable, sans plus. Il y a moyen de dénicher assez facilement une petite voiture frugale, mais, lorsque son prix de départ est de moins de 10 000 $, il est évident qu'elle n'a pratiquement aucun compétiteur sur le plan économique.

Si vous envisagez de vous procurer une petite voiture qui se démarque par sa simplicité volontaire, la Nissan Micra est certainement le meilleur choix parmi les voitures à essence. Acheter une voiture qui comprend moins d'équipements veut aussi dire que sa construction aura nécessité moins de matières premières, d'énergie et d'eau, ce qui est écologiquement cohérent.

De plus, moins une voiture est équipée de gadgets de tous genres, moins elle risque d'avoir de problèmes. En effet, je doute fort que les glaces à manivelles fassent défaut ou que l'absence d'air climatisé puisse constituer un problème de fiabilité !

Donc, pour les spartiates et autres adeptes de la simplicité volontaire, cette voiture semble toute désignée !

- Voiture simple
- Agréable à conduire
- Peu chère à l'achat

- Consommation quelque peu décevante
- Sensible aux vents latéraux
- Équipement sommaire

Cayenne S E-Hybrid

PRIX: C: 87 700$ P: 106 600$
CONSOMMATION:
Essence: C: 10,7 L/100 km P: 9,4 L/100 km
Essence-électricité: C: 5 L/100 km
P: 4,6 L/100 km
AUTONOMIE ÉLECTRIQUE: C: 22 km P: 26 km
TEMPS DE CHARGE:
C: 120 V: 12 h – 240 V: 2,7 h – Rapide: 1,2 h
P: 120 V: 10 h - 240 V: 2,3 h – Rapide: 15 min à 80%
GES: C: 163 g/km P: 143 g/km
COTE D'ÉMISSIONS DE GES: C: 8/10 P: 9/10
COTE DE SMOG CALIFORNIENNE: 6/10

En attendant mieux

DANIEL BRETON

J'ai toujours été un fan de Porsche. Cette petite compagnie se démarquait par sa rigueur toute germanique, par ses voitures très pointues et, contrairement aux sportives italiennes, par sa fiabilité.

Il y a une vingtaine d'années, j'ai même eu la chance d'en posséder une qui m'a procuré beaucoup de plaisir... et valu des contraventions pour excès de vitesse.

Je me suis beaucoup assagi depuis.

Une hybride rechargeable, vraiment?

Pour avoir déjà fait l'essai d'une Porsche Cayenne S, je dois dire que toute personne habituée à un tel véhicule ne se sentira pas dépaysée. L'intérieur, très cossu et confortable, vous met tout de suite à l'aise. Reste à comprendre la très grande quantité de boutons qui vous entourent. Cela devrait se faire assez vite, ceux-ci étant plutôt intuitifs.

Vient alors le moment du départ.

Lorsqu'on démarre, la Porsche Cayenne S E-Hybrid se met à faire du bruit, pas mal de bruit, même. Étonnant. S'il y a une chose qui caractérise les véhicules hybrides rechargeables et électriques, c'est bien le silence, et pourtant cette Porsche est plutôt bruyante. Cela est d'autant plus ennuyeux qu'il ne s'agit pas du bruit caractéristique du moteur Porsche, mais bien du bruit agaçant de ce qui semble être une énorme soufflerie.

Fiche technique

PLACES : C : 5 P : 4
ESPACE CARGO (MIN - MAX) :
C : 566 L - 1671 L P : 335 L - 1153 L
POIDS : C : 2350 kg P : 2095 kg
MOTEURS (ESSENCE/ÉLECTRIQUE) :
Puissance : 416 ch
Couple : 435 lb-pi
BATTERIE : Type : lithium-ion
Capacité : C : 10,8 kWh P : 9,4 kWh
Garantie : 8 ans/160 000 km

* C = Cayenne, P = Panamera

Panamera S E-Hybrid

Dotée d'un moteur V6 de 3,0 litres d'une puissance de 333 chevaux, auquel est couplé un moteur électrique de 95 chevaux, ses accélérations sont bien senties : ce mastodonte de 2350 kg fait le 0-100 km/h en moins de 6 secondes. Le passage des huit rapports de la transmission ne se fait cependant pas sans heurts quand le véhicule passe du mode électrique au mode essence. Pour une Porsche, c'est plutôt décevant.

Évidemment, la tenue de route est des plus solides et le freinage est à l'avenant, du Porsche pur jus.

Autonomie et consommation

Au fil des 543 km que j'ai parcourus avec la Cayenne, j'ai réussi à obtenir une consommation moyenne de 3,4 L/100 km, ce qui est tout à fait honorable pour un véhicule si gros et puissant. Cela dit, lorsque j'ai pris soin de rouler à 100 km/h sur l'autoroute, une fois l'autonomie électrique épuisée, la consommation est passée à 9 L/100 km, ce qui est très moyen.

Le maximum d'autonomie 100 % électrique que j'ai obtenu avec la batterie de 10,8 kWh a été 32 km et cela fut atteint en roulant doucement. La recharge se fait en 2 heures 45 avec le chargeur embarqué de 3,6 kW et en 1 heure 20 si vous optez pour le chargeur de 7,2 kW.

Sachant que pour le montant minimum de 87 700 $ exigé pour ce VUS hybride rechargeable (et encore plus pour la Panamera S E-Hybrid !), on peut se procurer une Tesla Model S 70D (environ 400 km d'autonomie 100 % électrique) et pour quelques milliers de dollars de plus une Tesla Model X, et que Porsche a elle-même annoncé l'arrivée d'une voiture 100 % électrique à 500 km d'autonomie au moment où je faisais l'essai de ce véhicule...

... je dirais de ces deux Porsche E-Hybrid qu'on s'attend à mieux. Vivement l'arrivée de la Porsche Mission E.

Cayenne S E-Hybrid

- Véhicules très puissants
- Tenue de route et freinage supérieurs

- Autonomie décevante
- Bruyantes
- Transmission hésitante

PRIX: 39 895 $

CONSOMMATION: 4X2: 10,2 L/100 km

GES: 274 g/km

COTE D'ÉMISSIONS DE GES: 4/10

COTE DE SMOG CALIFORNIENNE: 5/10

Le seul diesel de la catégorie

JEAN-FRANÇOIS GUAY

Dans le segment des camionnettes pleine grandeur, le Ram 1500 est devenu une référence en matière de design et d'ingéniosité. Son allure musclée inspirée des «tracteurs routiers» et ses nombreuses astuces ont secoué à qui mieux mieux les camionnettes Ford F-150, Chevrolet Silverado 1500 et GMC Sierra 1500, qui se sont crues seules au monde pendant trop longtemps.

Conscient que les acheteurs de pick-up ont un faible pour les moteurs diesels, FCA (Fiat Chrysler Automobiles) s'est empressé de damer le pion à Ford et à General Motors, il y a trois ans, en lançant un V6 turbodiesel de 3,0 litres appelé EcoDiesel.

Silence et souplesse

Pour éviter toute confusion, le V6 EcoDiesel du Ram 1500 est le même moteur que l'on trouve sous le capot du Jeep Grand Cherokee, lequel a coupé les liens avec le V6 turbodiesel de Mercedes-Benz à la fin de 2009. Quant au moteur turbodiesel à six cylindres en ligne de 6,7 litres, qui équipe les Ram 2500 et 3500, il est construit par l'entreprise américaine Cummins et n'a aucun point en commun avec le V6 EcoDiesel du Ram 1500. Mais une chose est sûre, l'EcoDiesel est plus silencieux et moins rugueux que le Cummins!

Alors que le Ford F-150 mise sur la technologie EcoBoost pour réduire la consommation de ses V6 à essence et que General Motors a modernisé les V6 et V8 à essence des camionnettes Silverado 1500 et Sierra 1500 avec l'injection directe et la désactivation des cylindres, le Ram 1500 mise sur la faible consommation de son moteur diesel. Développant 240 chevaux et un couple

Fiche technique

PLACES: 3 ou 6
ESPACE CARGO: 1614 L (benne de 6 pi 4 po)
POIDS: 2308 kg
MOTEUR:
Puissance :240 ch
Couple : V6 turbodiesel 3,0 litres : 420 lb-pi

de 420 lb-pi, il consomme 1 L/100 km de moins que le V6 de Ford. Le Ram possède un autre atout dans ses cartons, soit le V6 Pentastar de 3,6 litres à essence (305 ch, 269 lb-pi), dont la consommation n'est que de 0,6 L/100 km plus élevée qu'avec l'EcoBoost de 2,7 litres de Ford.

Sortez la calculatrice

Mais pour profiter du moteur EcoDiesel, il y a un prix à payer ! En effet, un consommateur averti devra déterminer s'il vaut la peine de dépenser tant d'argent pour épargner un ou deux litres de moins aux 100 km. En plus de payer un supplément (5700 $) par rapport au V6 Pentastar de 3,6 litres, l'acheteur devra aussi opter pour un modèle de luxe, car l'EcoDiesel n'est pas disponible dans les versions d'entrée de gamme.

De plus, les émissions de GES du diesel étant 17 % plus élevées par litre que l'essence, le moteur diesel du RAM émet ainsi 6 % plus de CO_2 que l'EcoBoost de 2,7 litres de Ford. Et c'est sans tenir compte du fait que les émissions polluantes d'un moteur diesel sont aussi plus élevées que celles d'un moteur à essence. Sauf que le moteur EcoBoost consomme beaucoup plus lorsque le camion est chargé.

Si l'on compare la puissance du V6 Pentastar au V6 EcoDiesel, ce dernier est capable de tracter une remorque 12 % plus lourde avec un rapport de pont de 3,55. Un autre point qui milite en faveur de l'EcoDiesel est la possibilité d'opter pour un rapport de pont de 3,92 (non proposé avec le Pentastar), lequel augmente la capacité de remorquage à 4177 kg, selon la configuration de la cabine et la longueur de la benne.

Pour l'instant, aucune camionnette américaine d'une demi-tonne ne fait concurrence au Ram 1500 à moteur diesel. La seule opposition provient du côté japonais alors que Nissan commercialise un nouveau Titan XD doté d'un V8 turbodiesel Cummins. Or, le Ram a le mérite d'offrir une consommation moindre que celle du Titan.

- Faible consommation de l'EcoDiesel
- Boîte automatique à huit rapports
- Calandre avec volets actifs, qui améliore le coefficient de pénétration (Cx) de la voiture

- Moteur EcoDiesel non disponible dans les versions de base
- Prix élevé de l'option EcoDiesel
- Camionnette plus lourde que la concurrence

PRIX: 17 300$
CONSOMMATION: 6,5 L/100 km
GES: 154 g/km
COTE D'ÉMISSIONS DE GES: 8/10
COTE DE SMOG CALIFORNIENNE: 7/10

Beaucoup d'améliorations!

DANIEL BRETON

Disons-le d'emblée: la précédente génération de la Smart Fortwo à essence a été sur le marché beaucoup trop longtemps. Handicapée par une fiabilité plutôt moyenne, par des coûts d'entretien et de réparation prohibitifs et, surtout, par une transmission antédiluvienne, elle ne plaisait plus à grand-monde, comme en témoignaient ses ventes en chute libre.

Vint alors la version électrique de la Smart, qui sauva la mise pour cette division de Mercedes, en plus d'aider le constructeur allemand à satisfaire les normes de consommation de la réglementation CAFE (Corporate Average Fuel Economy), régie par le NHTSA (nhtsa.gov/fuel-economy). Cette réglementation a pour but de réduire la consommation d'énergie en augmentant l'économie d'essence des voitures et camions légers aux États-Unis.

Il semble que, depuis deux ans, Mercedes était si peu fier de ses Smart à essence qu'on n'en a vu aucune aux salons de Detroit, Los Angeles et Montréal. Seules trônaient les Smart Fortwo ED dans leurs stands.

Eh bien, ce n'est plus le cas.

La nouvelle Smart Fortwo est arrivée et elle a changé.

Tant mieux!

Dotée d'une toute nouvelle motorisation et, surtout, d'une transmission digne de ce nom, la nouvelle mouture est tellement améliorée qu'on a peine à y croire! Elle est plus vive à l'accélération, le passage des vitesses n'a rien à voir avec ce qu'elle nous faisait subir auparavant, et la tenue de route a été grandement améliorée! De plus, sa suspension est beaucoup plus agréable.

Fiche technique

PLACES : 2
ESPACE CARGO (MIN - MAX) : 190 - 350 L
POIDS : 965 kg
MOTEUR :
Puissance : 89 ch
Couple : 100 lb-pi

Son look extérieur ne semble pas faire l'unanimité cependant. Plus carrée, elle plairait davantage aux hommes, mais moins aux femmes que l'ancienne version (selon ma conjointe et ses amies, du moins !). Par contre, l'intérieur charme tout le monde. Il est mieux fini, mieux aménagé et, surtout, mo-der-ne.

Contrairement à la version précédente, les fonctions que l'on trouve maintenant dans toutes les voitures contemporaines (Bluetooth, prise USB, etc.) sont proposées d'entrée de jeu sur cette voiture. Les manettes sont judicieusement disposées et la qualité de finition a été améliorée.

Le prix reste raisonnable pour cette petite citadine, mais je ne peux m'empêcher de penser que la version électrique coûte à peu près le même prix là où l'on offre des rabais gouvernementaux, ce qui, du coup, rend la nouvelle Fortwo moins attirante que sa consœur électrique.

En rupture de stock

Il ne reste que très peu de modèles électriques disponibles et les Smart Fortwo ED en nouvelle version ne seront pas sur le marché avant encore plusieurs mois.

Dernier point non négligeable : pour une si petite voiture dotée d'un moteur de 0,9 litre turbo, la consommation me semble plutôt élevée. 6,5 L/100 km en consommation combinée, alors que la Honda Civic, une voiture beaucoup plus grosse, consomme à peine 0,2 L/100 km de plus pour un prix pas tellement plus élevé. Cela me laisse songeur.

Cela dit, pour une petite citadine qui passe (et se gare) littéralement partout, cette nouvelle Smart Fortwo est une énorme amélioration.

Reste à voir ce qu'il en sera de sa fiabilité.

- Voiture améliorée à tous points de vue
- Prix raisonnable
- Transmission digne du XXIe siècle

- Consommation un peu élevée
- Fiabilité inconnue

Fortwo Electric Drive

PRIX: 26 990$
AUTONOMIE ÉLECTRIQUE: 109 km
TEMPS DE CHARGE:
120 V: 16 h – 240 V: 6 h
GES: 0 g/km
COTE D'ÉMISSIONS DE GES: 10/10
COTE DE SMOG CALIFORNIENNE: 10/10

Beau, bon, pas cher

DANIEL BRETON

Je me rappelle le lancement de la Smart Fortwo. C'était en 1998, soit il y a presque 20 ans. Après toutes ces années, force est de constater qu'il était temps que la troisième génération voie le jour... Malheureusement, ce n'est pas le cas pour la version électrique: la Smart Fortwo ED hérite du même vieux châssis, de la même vieille recette que le modèle 2015, contrairement à la version à essence qu'on peut voir dans les salles d'exposition. C'est une déception.

Cela dit, puisque je connais très bien cette petite voiture (ma conjointe en possède une), je peux témoigner de ses qualités. Les trois principales sont: sa très grande maniabilité; le fait qu'elle soit 100% électrique; et son prix particulièrement alléchant (grâce aux rabais ou crédits d'impôt gouvernementaux). Ainsi, la Fortwo ED est parmi les voitures électriques les plus abordables sur le marché nord-américain.

Une citadine qui se débrouille sur la route

La Smart Fortwo électrique n'est pas nouvelle. En fait, nous en sommes déjà à la troisième génération.

Cette voiture, contrairement au modèle à essence, est dépourvue de transmission, ce qui rend l'accélération linéaire et plus rapide. De plus, le centre de gravité a été abaissé grâce à la batterie logée dans le plancher, ce qui améliore la tenue de route et la résistance aux vents latéraux. Les transformations faites pour la version électrique la rendent ainsi beaucoup plus intéressante et amusante à conduire.

Fiche technique

PLACES : 2
ESPACE CARGO (MIN – MAX) : 220 L – 340 L
POIDS : 900 kg
MOTEUR :
Puissance : 74 ch
Couple : 96 lb-pi
BATTERIE :
Type : lithium-ion • Capacité : 17,6 kWh
Garantie : 8 ans/160 000 km

Son principal défaut est sa suspension très sèche qui vous brasse le popotin sur chaussée abîmée et Dieu sait qu'il y a de cela chez nous !

La recharge exige environ 6 heures sur une borne de 240 volts et jusqu'à 14 heures sur une prise de 110 volts. Étonnamment, bien que cette voiture soit 100 % électrique, elle ne peut être dotée d'un port pour la recharge rapide. Oubliez donc les longs voyages à bord de la Fortwo électrique.

Autonomie très acceptable au quotidien

On ne peut guère l'utiliser pour les longues distances, mais son autonomie maximale de 109 km suffit amplement pour les déplacements de tous les jours. Rappelons que la distance maximale parcourue par près de 90 % des Canadiens et des Américains pour se rendre au boulot est de 60 km aller-retour, ce qui rend son autonomie tout à fait acceptable.

Dans les conditions les plus froides (-30 °C), son autonomie descend à 85-90 km. L'ayant testée pendant un hiver particulièrement rigoureux, je peux en témoigner.

Il est à noter qu'elle est la seule voiture électrique disponible en version cabriolet au Canada. Je la recommande d'ailleurs fortement : c'est un réel plaisir, et de plus son toit rétractable est très bien conçu.

Les habitants des régions froides apprécient les sièges chauffants de série, mais je vous suggère aussi d'opter pour le régulateur de vitesse et le GPS.

En résumé, cette petite voiture électrique mérite vraiment ces qualificatifs : beau, bon, pas cher !

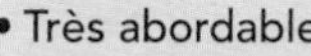

- Très abordable
- Cabriolet maniable

- Suspension sèche
- Pas de port de recharge rapide

Crosstrek Hybrid

PRIX : 30 495 $
CONSOMMATION :
7,9 L/100 km
GES : 176 g/km
COTE D'ÉMISSIONS DE GES : 8/10
COTE DE SMOG CALIFORNIENNE : 9/10

Dernier de classe

JACQUES DUVAL

Chez les constructeurs automobiles asiatiques, Subaru se situe en retrait de ses concurrents plus populaires et plus agressifs. Pourtant, la marque a acquis ses lettres de noblesse grâce à ses performances dans les grands rallyes internationaux. On peut aussi la créditer d'une fidélité constante à la traction intégrale et de moteurs singuliers à cylindres à plat, une architecture chère à Porsche. Ses créations dans la catégorie des petites voitures aux grandes inspirations sont les WRX et WRX STI.

Subaru se distingue par la loyauté de sa clientèle. La marque jouit d'une estime palpable dans l'est des États-Unis et au Québec : les modèles sont particulièrement bien adaptés aux conditions hivernales. Pour se mettre au pas, Subaru a récemment ajouté à sa gamme un multisegment hybride. Il s'agit du Crosstrek hybride.

Ce modèle ne passera pas à l'histoire. Et sa couleur verdâtre risque de susciter plus de remarques désobligeantes que de clins d'œil admiratifs.

Performances pitoyables

Le Crosstrek est décevant. D'abord par son désir de se montrer économe avec une motorisation hybride sous la forme d'un moteur à essence secondé d'un groupe électrique qui ajoute 13,4 chevaux aux 148 du quatre cylindres de 2,0 litres, pour un total de 161 chevaux. Voilà une bien maigre pitance pour un véhicule alourdi de 104 kg par sa motorisation hybride à laquelle on a eu la mauvaise idée de joindre un système start/stop au fonctionnement si saccadé que mon passager m'a demandé si j'avais calé lorsque le moteur s'est arrêté à un feu rouge.

Fiche technique

PLACES: 5
ESPACE CARGO (MIN – MAX): 609 L – 1422 L
POIDS: 1595 kg
MOTEURS (ESSENCE/ÉLECTRIQUE):
Puissance: 161 ch
Couple: 163 lb-pi
BATTERIE:
Type: nickel-hydrure métallique (NiMH)
Capacité: 0,55 kWh
Garantie: 8 ans/160 000 km

Cette astuce doit normalement permettre de diminuer la consommation, une économie qui s'est révélée insignifiante. Notre essai s'est soldé par une consommation moyenne peu enviable de 9 L/100 km et un temps d'accélération de 10 secondes entre 0 et 100 km/h.

Ne comptez donc pas rouler en mode électrique très longtemps avec le Crosstrek hybride. J'ai eu du mal à dépasser les 20 km/h sans que le moteur à essence entre en fonction. Comme si ce n'était pas suffisant, sachez que la transmission de type CVT est hésitante et n'aide en rien la léthargie du moteur.

Le Crosstrek a été mis au point pour permettre à Subaru d'avoir une présence sur le marché des multisegments compacts à quatre roues motrices, une catégorie dominée par les Toyota RAV4 et Honda CR-V. La version de Subaru ne fait pas le poids, même si l'on peut louer son confort et un comportement plus près de celui d'une auto que d'un camion. La direction est également sans reproche, mais le freinage cause un sérieux tangage lors d'un arrêt précipité.

Un intérieur plus relevé

Le Crosstrek semble mieux réussi à l'intérieur en dépit d'un réglage manuel des sièges un peu dépareillé dans une voiture qui se veut luxueuse. De bons points aussi aux commandes sur le volant pour le téléphone, à la chaîne audio et au régulateur de vitesse. Le seul reproche, ici, a trait à l'écran de la caméra de recul, trop éloigné et trop petit. Sur le plan de l'habitabilité, l'espace pour les bagages est gêné par un plancher qu'on a surélevé pour faire place aux composantes électriques. Le pneu de secours ayant disparu, on peut craindre d'avoir à utiliser un kit de dépannage pour réparer un pneu lors d'une excursion hors route.

Le Subaru Crosstrek hybride est probablement le véhicule hybride du genre le moins attrayant sur le marché.

- Présentation intérieure réussie
- Commandes au volant pratiques
- Direction précise

- Hybridation ratée
- Start/stop détestable
- Moteur lymphatique
- Pas recommandable

Impreza PZEV

PRIX : 19 995 $
CONSOMMATION : 7,5 L/100 km
GES : 177 g/km
COTE D'ÉMISSIONS DE GES : 7/10
COTE DE SMOG CALIFORNIENNE : 9/10

Une traction intégrale… pas trop gourmande

DANIEL BRETON

Certains ne jurent que par les véhicules à traction intégrale. Pas moi. Je ne suis pas de ceux qui croient que, pour rouler en toute sécurité, vous devriez être au volant d'un véhicule à traction intégrale. D'autant plus que ce système semble inspirer un faux sentiment de sécurité à certains conducteurs qui se mettent alors à rouler trop vite, ce qui leur fait oublier qu'une traction intégrale… ne leur permet pas de freiner plus vite pour éviter le fossé.

Pensez à ce que vous venez de lire et jetez un coup d'œil autour de vous lors de la prochaine tempête de neige. Vous constaterez avec étonnement que des voitures et camions légers à traction intégrale trouvent le moyen de déraper et de sortir de la route ! Pourquoi ? Parce que leurs propriétaires roulent trop vite.

Qu'est-ce que le système PZEV ?

PZEV veut dire Partial Zero Emissions Vehicle, ce qu'on pourrait traduire par « véhicule à émissions quasi nulles ». Attention : plusieurs personnes semblent confondre les émissions polluantes et les émissions de gaz à effet de serre.

La classification PZEV a d'ailleurs été créée à la suite de négociations entre le California Air Resource Board (CARB) et les constructeurs automobiles afin que ces derniers puissent retarder la mise en marché de véhicules sans émissions (polluantes et de GES) à la sortie du pot d'échappement (électriques et hydrogènes).

Le système PZEV de Subaru diminue les émissions polluantes qui sortent du pot

Fiche technique

PLACES : 5
ESPACE CARGO (MIN - MAX) : hayon : 638 L – 1485 L
berline : 340 L
POIDS : 1365 kg
MOTEUR :
Puissance : 148 ch
Couple : 145 lb-pi

d'échappement, par exemple le monoxyde de carbone, les composés organiques volatils, les particules fines, les NO_X, qui contribuent aux cancers et aux maladies pulmonaires et cardiovasculaires.

Ce système antipollution de Subaru est donc parmi les plus efficaces sur le marché, mais il n'est pas unique. D'autres constructeurs proposent des systèmes tout aussi efficaces, voire supérieurs.

Il est à noter que le système PZEV de Subaru ne diminue pas les émissions de CO_2 qui contribuent au réchauffement climatique. En effet, les systèmes antipollution ne peuvent filtrer le CO_2. Au contraire, plus un filtre est contraignant, plus il a tendance à faire augmenter la consommation de carburant d'un véhicule. Ainsi, un tel système fera croître les émissions de CO_2, puisque celles-ci sont directement proportionnelles à la consommation de carburant.

Une voiture simple et pratique

La Subaru Impreza n'a jamais fait et ne fera probablement jamais tourner les têtes. Son look est quelconque et son intérieur compte parmi les plus fades de l'industrie. Cela dit, l'instrumentation a été améliorée, de sorte que vous pouvez maintenant voir votre consommation instantanée et moyenne, ce qui peut être efficace dans la gestion de votre écoconduite.

Cette petite voiture démontre un réel talent de routière quand les conditions se dégradent. En effet, sa traction intégrale renommée, alliée à un centre de gravité assez bas, rend sa conduite très rassurante… à condition que vous n'en abusiez pas.

J'ai réussi à faire 6,2 L/100 km sur autoroute, à 100 km/h, ce qui est très raisonnable pour une voiture à traction intégrale. En consommation combinée, cette voiture fait environ 7,5 L/100 km.

Donc, si vous avez réellement besoin d'une traction intégrale, cette voiture vaut le coup.

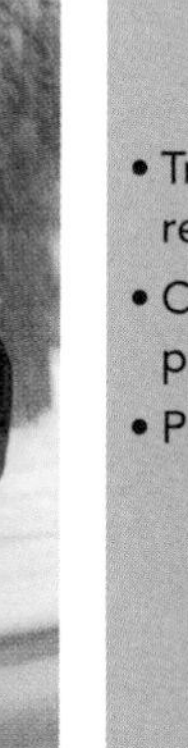

- Traction intégrale renommée
- Consommation pas trop élevée
- Prix raisonnable

- Le système PZEV ne réduit pas les GES
- Espace cargo réduit
- Faible valeur de revente

Model S 70/70D

PRIX : 70 : 95 300 $ **70D :** 101 900 $
AUTONOMIE ÉLECTRIQUE :
70 : 370 km **70D :** 385 km
TEMPS DE CHARGE :
70 : 120 V : 71 h – 240 V : 8 h –
400 V : 1 h 30 (env.) – Supercharger : 50 min
70D : 120 V : 74 h – 240 V : 8 h 15 –
400 V : 1 h 30 (env.) – Supercharger : 54 min
GES : 0 g/km
COTE D'ÉMISSIONS DE GES : 10/10
COTE DE SMOG CALIFORNIENNE : 10/10

La revanche des *nerds*

DANIEL BRETON

Il y a quelques mois, j'ai eu la chance de faire l'essai de la toute nouvelle Tesla Model S 70D, une voiture 100 % électrique à traction intégrale, dotée d'une autonomie 100 % électrique qui dépasse les 400 km.

À ceux qui ont déjà conduit une Tesla Model S, je n'apprendrai rien si je dis que l'accélération de cette voiture est très impressionnante (quelle que soit la version), qu'elle colle admirablement à la route et qu'elle semble d'une solidité inébranlable. Toutes ses qualités ont déjà été amplement énumérées. Quant à sa cote de sécurité en cas de collision, établie par la National Highway Traffic Safety Administration (NHTSA), elle n'est pas non plus à dédaigner.

Ce qui m'a vraiment impressionné, c'est cette combinaison si étrange de puissance et de silence. À peu près tous les constructeurs traditionnels conçoivent des voitures de performance qui doivent nécessairement faire du bruit pour bien affirmer leur statut, un peu à l'exemple des gars de l'équipe de football du collège qui hurlent lors des fêtes, comme si le fait qu'ils soient costauds ne suffisait pas à affirmer leur virilité.

La Tesla Model S, c'est la revanche de l'intellectuel, du *nerd*, bref, de celui qui en a soupé d'entendre les hurlements des *bullies* de l'école… et de subir leur intimidation.

Silencieusement, la Tesla Model S pulvérise les voitures à moteur bruyant. Qu'il s'agisse d'une 70D, d'une P85D ou d'une P90D, c'est

Fiche technique

PLACES : 5 ou 7
ESPACE CARGO : (MIN – MAX) :
744,7 L – 1645 L + 150 L avant
POIDS : 2100 à 2400 kg
MOTEUR :
Puissance : **70 :** 315 ch **70D :** 518 ch
Couple : **70 :** 325 lb-pi **70D :** 387 lb-pi
BATTERIE :
Type : lithium-ion • Capacité : 70 kWh
Garantie : 8 ans/km illimité moteur et batterie

trop puissant pour rien, certes, mais c'est assez puissant pour faire taire les fous de la route.

Excellente habitabilité

Si vous n'avez pas besoin d'une traction intégrale, vous pouvez vous procurer la Tesla Model S 70 qui offre plus d'espace pour les bagages, et ce, à un coût moindre.

Les Tesla Model S 70 et S 70D comportent beaucoup, beaucoup d'espace cargo, mais qui s'en soucie parmi les acheteurs principaux de ce type de voiture ? Pourtant, si les gens prenaient le temps d'examiner les chiffres, ils se rendraient compte qu'une telle voiture est plus logeable que bien des VUS.

L'abordable de luxe

Si vous parcourez plus de 30 000 km par an et que vous songiez à vous acheter une Audi, une BMW ou une Mercedes de plus de 60 000 $, vous pouvez vous procurer une Tesla Model S 70 sans problème, car tout l'argent que vous épargnerez en essence et en entretien fera que vous paierez le même prix (ou même moins cher) la Tesla Model S 70... en ne polluant plus par le pot d'échappement.

Accès à bord difficile

Cela dit, cette voiture n'est pas parfaite. L'accès à bord est plutôt désagréable à cause du seuil de toit trop bas. À l'arrière, c'est pire : ma tête touche au plafond, et pourtant je ne suis pas très grand. Mais, croyez-le ou non, j'ai aussi observé cela à bord de certains VUS !

Oui, la console centrale est tout aussi géniale et plus intuitive que toute autre console de voiture, mais elle est si grande qu'elle peut être un réel objet de distraction. De plus, la qualité de la finition est un peu inégale, mais il semblerait qu'on y travaille.

En résumé, les Tesla Model S 70 et S 70D sont deux voitures dignes de figurer tout en haut de votre liste d'achat si vous aimez la performance, l'espace de rangement... et rouler véritablement électrique.

- La quintessence de la voiture électrique
- Performance inégalée
- Autonomie inégalée
- Sécurité inégalée
- La moins chère des Tesla

- Accès à bord difficile
- Qualité de finition inégale
- Peu de rangement
- Autonomie en forte baisse par temps très froid

Model S 85

PRIX: nd

AUTONOMIE ÉLECTRIQUE:

85: 426 km

TEMPS DE CHARGE:

85: 120 V: 81 h – 240 V: 9 h 10 – 400 V: 1 h 50 (env.) – Supercharger: 1 h

GES: 0 g/km

COTE D'ÉMISSIONS DE GES: 10/10

COTE DE SMOG CALIFORNIENNE: 10/10

190 000 km: wow!

SYLVAIN JUTEAU

Le 13 mars 2013 restera gravé dans ma mémoire, car ce jour-là j'ai reçu ma Tesla Model S. Il s'agissait de la 6004e berline construite par Tesla, cette jeune entreprise californienne exceptionnelle.

La Tesla dont je suis l'heureux propriétaire a déjà parcouru 190 000 km, tous électriques, en moins de trois ans! La plus grande qualité de cette voiture est de se mettre à niveau au fur et à mesure des mises à jour logicielles.

En outre, puisqu'elle est en aluminium, aucune rouille ne s'est formée sur sa carrosserie, de sorte que ma Tesla est aussi belle que lorsqu'elle est sortie de chez le fabricant. Parmi les autres avantages de cette voiture, l'économie de carburant figure au premier rang: sur 190 000 km, c'est environ 25 000 $ d'essence que je n'ai pas brûlés, littéralement!

Évidemment, on peut ajouter d'autres économies, comme les coûts d'entretien, qui sont minimes, et les primes d'assurances réduites pour les voitures vertes.

Cela dit, certains mythes laissent sous-entendre qu'on ne peut pas aller loin avec un véhicule électrique. Je vous dirais que, dans mon cas, c'est tout le contraire. Quand il ne coûte presque rien pour avaler les kilomètres, on ne se lasse pas d'aller toujours plus loin! À 190 000 km, bien des véhicules à essence seraient désuets ou trop usés, et plusieurs pièces mécaniques seraient défectueuses.

Fiche technique

PLACES : 5 ou 7
ESPACE CARGO : (MIN – MAX) :
744,7 – 1645 L + 150 L avant
POIDS : 2100 à 2400 KG
MOTEUR :
Puissance : **85 :** nd
Couple : **85 :** nd
BATTERIE :
Type : lithium-ion • Capacité : 85 kWh
Garantie : 8 ans/km illimité moteur et batterie

Avec ma Tesla, au contraire, comme le bon vin, elle s'améliore avec l'âge. Je n'ai jamais eu de problème majeur, même si j'ai beaucoup roulé. Les seuls petits pépins que j'ai eus ont été rapidement résolus par Tesla Motors qui m'a offert un service après-vente exceptionnel.

Lorsque le toit ouvrant s'est mis à faire un bruit étrange, Tesla a réglé le problème en peu de temps, tout en me prêtant une voiture de courtoisie, une Tesla Model S, évidemment. Même chose lorsque le fabricant a dû remplacer le groupe motopropulseur au complet, encore en raison du bruit qu'il faisait. De fait, le service et la garantie de 8 ans à kilométrage illimité de la batterie sont tellement exceptionnels que j'ai toujours été agréablement surpris de la vitesse à laquelle l'entreprise a réglé les problèmes.

Un jour, alors que l'odomètre indiquait 130 000 km, je suis tombé en panne. Des gens de chez Tesla sont venus me chercher et ont remorqué la voiture au garage. Eh bien, savez-vous quoi ? C'est la batterie de 12 volts qui faisait défaut ! Je vous pose la question suivante : connaissez-vous bien des constructeurs automobiles qui changeraient une batterie de 12 volts, sous garantie, tout en vous prêtant une voiture de courtoisie équivalente à la vôtre ?

Quant à l'angoisse du manque d'autonomie, sachez que jamais je ne suis tombé en panne d'électricité, même si je me suis rendu en Floride et à Detroit en partant de Montréal ! En effet, les outils de planification de l'autonomie et le réseau de bornes de recharge au Québec et en Amérique du Nord sont si efficaces que je n'ai jamais craint de manquer d'électricité.

En résumé, je considère que Tesla a révolutionné l'industrie des voitures de luxe. Je ne reviendrai plus jamais en arrière.

- Voiture innovante
- Autonomie ne baisse pas après 200 000 km
- Tenue de route hors pair

- Certains petits problèmes d'étanchéité

Model S P85D/P90D

PRIX: P90D: 146 000 $
AUTONOMIE ÉLECTRIQUE:
P90D: 407 km
TEMPS DE CHARGE:
P90D: 120 V: 77 h 45 – 240 V: 8 h 45 – 400 V: 1 h 45 (env.) – Supercharger: 58 min
GES: 0 g/km
COTE D'ÉMISSIONS DE GES: 10/10
COTE DE SMOG CALIFORNIENNE: 10/10

La perfection serait-elle de ce monde ?

JACQUES DUVAL

Qui aurait pu deviner, il y a cinq ans, qu'une petite compagnie du sud de la Californie s'apprêtait à lancer sur le marché ce que les experts – l'Union des consommateurs (Consumer Reports) des États-Unis et la NHTSA (National Highway Traffic Safety Administration) – reconnaissent aujourd'hui comme étant la meilleure voiture au monde ?

Cette voiture révolutionnaire est la Tesla Model S proposée en quatre versions dont la P90D. J'ai acheté deux modèles du genre, une P85 et une P85D dont je suis enchanté. Notons que la P90D a pris la relève de la P85D. J'ajoute qu'aucune des autos que j'ai possédées dans ma vie n'a atteint le niveau de perfection du Model S. Les atouts, on les connaît : sécuritaire, capable de rouler 424 km sans recharger ses batteries, spacieuse (jusqu'à sept places), comportement routier phénoménal, performante (la berline la plus rapide du monde), luxueuse, confortable, et d'une construction si solide qu'elle ne connaît pas les bruits parasites. Quant aux faiblesses, mentionnons le prix (un rabat-joie) et un équipement incomplet. Certes, l'écran central élimine tous les boutons, mais le fait que l'on puisse l'utiliser en roulant pour accéder à Internet est dangereux. Il y a aussi l'absence de lecteur CD qui m'agace. La finition intérieure pourrait aussi être plus relevée et la console centrale est inexistante, à moins de payer un supplément.

Les nouveaux sièges (option apparue il y a un an) sont certes plus agréables, mais il est plus

Fiche technique

PLACES: 5 ou 7
ESPACE CARGO: (MIN – MAX):
744,7 – 1645 L + 150 L avant
POIDS: 2100 à 2400 KG
MOTEUR:
Puissance: **P90D:** 463 ch
Couple: **P90D:** 713 lb-pi
BATTERIE:
Type: lithium-ion • Capacité: 90 kWh
Garantie: 8 ans/km illimité moteur et batterie

difficile de boucler sa ceinture de sécurité quand on porte un veston ou un manteau. La voiture donne si peu l'impression de vitesse qu'il arrive que l'on s'approche trop vite de celle qui nous précède, nous obligeant à plonger sur les freins.

Le « D » du Model S signifie que la voiture a quatre roues motrices ; son adhérence est telle qu'elle accélère pratiquement aussi vite sur la neige que sur un pavé sec. Quant à la P90D, elle a tous les attributs de la 85, tout en retranchant trois dixièmes de seconde au sprint 0-100 km/h de 3,1 secondes de la P85D.

Même avec quatre personnes à bord sur le circuit ICAR, elle a littéralement foudroyé mes passagers.

Que dire de l'Auto Pilot ?

L'« Auto Pilot » est une nouveauté qui a été activée sur ma voiture neuf mois après la prise de possession.

Un beau matin, comme Tesla le fait souvent, on avait installé sur ma voiture, pendant la nuit, via l'électronique, toute une série de nouveautés, dont une instrumentation remaniée et… les logiciels permettant de rouler en mode autonome !

Je devenais un conducteur passif qui gardait les mains près du volant pendant que la voiture se dirigeait seule tant dans des chemins secondaires que sur l'autoroute. Attention : on se rend vite compte que cette magie en est à ses balbutiements. La voiture aux multiples caméras a besoin de lire la route et ses lignes de démarcation pour se guider d'elle-même et il arrive que, en présence de détritus ou d'une circulation trop importante, l'écran vous demande de tenir le volant. Bref, les erreurs de guidage restent à corriger et l'Auto Pilot n'est pour le moment qu'un gadget qui impressionnera vos passagers, mais vous créera à l'occasion de petites frayeurs.

- Consommation électrique minimale
- Performances indécentes
- Autonomie prolongée
- Sécurité optimale

- Prix prohibitif
- Peu de rangement
- Écran d'information distrayant
- Équipement incomplet
- Auto Pilot en développement

Model X P90D

PRIX: nd
AUTONOMIE ÉLECTRIQUE: 402 km
TEMPS DE CHARGE:
P90D: 120 V: 78 h – 240 V: 8 h 50 –
400 V: 1 h 40 (env.) – Supercharger: 55 min
GES: 0 g/km
COTE D'ÉMISSIONS DE GES: 10/10
COTE DE SMOG CALIFORNIENNE: 10/10

Croisons-nous les doigts

JACQUES DUVAL ET SYLVAIN JUTEAU

L'opinion de Jacques Duval

Le fameux Model X de Tesla a enfin fait ses débuts sur route, ce qui, dans un sens, est imprécis, puisqu'il s'agit d'un VUS capable, en principe, d'enjamber les terrains les plus impraticables grâce à sa traction intégrale et à sa garde au sol réglable de 18 pouces. Mais ce ne sont là que des caractéristiques bien anodines comparativement aux autres particularités qui font du Model X un véhicule donnant l'impression de vouloir réinventer la roue.

Le magicien Elon Musk, fondateur de Tesla, a puisé dans ses étonnantes ressources pour que le Model X sorte des sentiers battus, au propre et au figuré. Le résultat n'est sans doute pas esthétiquement aussi flatteur que dans le cas du Model S, mais il a tout pour se démarquer de l'entièreté des VUS concurrents. Cela commence par un pare-brise panoramique qui procure une visibilité encore jamais vue sur n'importe quel véhicule: il se prolonge loin vers les places arrière. L'effet est remarquable. Mais où est le pare-soleil?

Voilà le hic, car, pour se protéger d'un soleil couchant, on doit articuler un bras fixé au-dessus de la portière par un aimant et le faire pivoter jusqu'au rétroviseur, où un autre aimant le retient en place. Cette opération n'est ni ergonomique ni sécuritaire quand le véhicule est en marche. On doit aussi oublier le toit ouvrant et le porte-bagages. En revanche, il est possible de fixer un support sur le pare-chocs arrière pour pallier cet inconvénient. Et le Model X peut tirer une charge de 2268 kg, ce

Fiche technique

PLACES : 5 ou 7
ESPACE CARGO : (MIN – MAX) : nd
POIDS : nd
MOTEUR :
Puissance : nd
Couple : nd
BATTERIE :
Type : lithium-ion • Capacité : 90 kWh
Garantie : 8 ans/km illimité moteur et batterie

qui consacre son rôle de VUS. Par ailleurs, il en coûtera certes la peau des fesses quand une belle roche viendra s'échouer au milieu du pare-brise et qu'on devra le remplacer.

Le ballet d'ouverture

L'aspect le plus spectaculaire de la dernière création de Tesla demeure ses irrésistibles portes en ailes de faucon à commande électrique, dont la mission est de faciliter l'accès aux places arrière. Quand elles entrent en action, ces portes attirent les curieux. À l'usage, cependant, elles me sont apparues sujettes aux problèmes par leur complexité. Une sorte de cauchemar d'ingénieurs qui a fait dire à Elon Musk lui-même qu'on est peut-être allé trop loin dans la conception du Model X. En plus d'être lentes dans leur ballet d'ouverture, je me demande si elles seront en mesure de résister aux rigueurs de l'hiver, neige, verglas, etc.

En revanche, j'ai beaucoup aimé les portes avant qui s'ouvrent toutes seules, et bien sûr le confort des sièges et tout ce qui constitue l'héritage du Model S, dont la présence de deux moteurs électriques, l'un à l'avant et l'autre à l'arrière, conjuguant une puissance de 762 chevaux, ce qui fait du Model X le VUS le plus rapide de la planète.

L'acheteur peut opter pour un aménagement intérieur de 5, 6 ou 7 places, quoique l'on puisse se demander où l'on mettra les bagages de tout ce beau monde. Un nouvel acheteur rencontré lors de notre essai avait choisi d'en faire un 6 places avec un intérieur tout blanc, ce qui est moins osé qu'on pourrait le croire.

Des acheteurs contents

Interrogé sur son expérience, cet acheteur nous a raconté avoir eu à visiter le centre de service pour des problèmes avec la clef électronique et ses diverses commandes. « Il faut s'attendre à ce genre d'ennuis avec un véhicule aussi nouveau et bourré d'accessoires futuristes », dit-il, mais il ne se départirait pas de sa récente

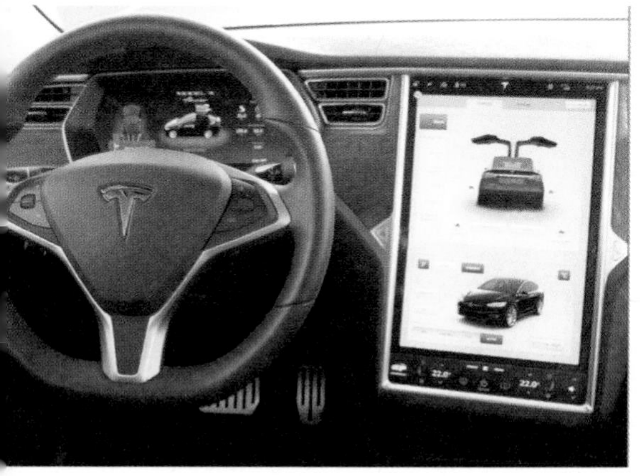

- Solutions innovatrices
- Puissance hallucinante
- Tenue de route surprenante
- Niveau sonore discret

- Fiabilité non éprouvée
- Freinage perfectible
- Pare-brise discutable
- Prix excessif

acquisition. Un autre point critique est le peu d'espace de rangement dans l'habitacle. En contrepartie, cet habitacle bénéficie d'un filtre Hepa qui permet de purifier l'air tout comme dans une salle d'opération.

Le véhicule est un rêve à conduire grâce à ses performances phénoménales, à sa tenue de route exemplaire, à sa direction communicative et à son silence parfait. Seul le freinage me semble un peu limite de temps à autre. Et j'éviterais les pneus de 22 pouces, plus bruyants et plus raides sur mauvaise route.

Bien sûr, le Model X est onéreux, très onéreux, mais il est difficile de trouver un VUS aussi performant et classé comme l'un des plus sûrs sur le marché. Sans compter qu'il vous donnera, jour après jour, 410 km presque gratuits. Qui dit mieux ?

L'opinion de Sylvain Juteau

Pour moi, c'est la voiture de l'année, toutes catégories confondues ! Nous l'avons attendue longtemps, cette belle grande déesse 100 % électrique. Enfin, j'ai pu la conduire... et pas seulement pour un petit tour. J'ai eu la chance, avec mon ami Jacques Duval, d'avoir comme monture ce formidable VUS pendant trois jours, sur les belles routes de la Floride, et de parcourir un total de 1200 km. Un gros merci à mon ami Mark Templeton qui a généreusement prêté son Model X P90D avec l'option « Ludicrous » tout équipée et « Founder's Edition » s'il vous plaît !

La 8e merveille du monde !

Je n'arrive pas à trouver les bons mots pour bien la qualifier ! Il est vrai que je suis un fan de longue date de Tesla...

Écoutez, c'est comme si l'on conduisait une berline de performance, mais avec le confort et l'espace d'un VUS ! Sur la piste d'accélération, vous avez entre les mains un bolide qui battra la grande majorité des voitures sport sur le 0-100 km/h, tout en étant en mesure d'asseoir sept adultes et de remorquer jusqu'à 2268 kg !

Bref, vous avez tous les avantages de la Tesla Model S (qui a raflé à peu près tous les prix dans le monde à titre de meilleur véhicule de l'année, toutes catégories confondues), mais avec la commodité d'un grand VUS ! En plus, ajoutez ce pare-brise plus « vitré » que celui d'un hélicoptère, l'autopilote, l'écran géant de 17 pouces, les portes faucon articulées... Sans parler de la consommation nulle d'essence ! Que voulez-vous de plus ?

À mon avis, les portes faucon sont très utiles, car, étant papa de trois magnifiques enfants, j'adore pouvoir « embarquer » debout dans la deuxième rangée tout en étant protégé de la pluie et de la neige par ces portes. Je peux ainsi attacher tranquillement ma marmaille, installer les sièges de bébé, même sous la pluie battante. Avoir accès à la troisième rangée de sièges sans effectuer de contorsions est également très apprécié !

À mes yeux, si vous résidez à moins de 100 km d'un centre de service Tesla et que vous êtes déjà acheteur dans la catégorie des VUS de luxe, la question ne se pose même plus. Oubliez les Porsche Cayenne, BMW X5, Range Rover, Audi Q7... Ils n'arrivent même pas à la cheville de la Tesla Model X 100 % électrique, et le mot est faible !

Cela dit, elle n'est pas parfaite, et, comme pour tout joyau technologique, il y aura des bogues. Mais le service après-vente de Tesla est dans une classe à part... Ils corrigeront ces bogues par des mises à niveau automatiques et autres ajustements. En plus, ils sont raisonnables quant au coût des pièces. Le remplacement du méga pare-brise (en cas de collision) ne coûtera pas 10 000 $, comme certains dénigreurs l'ont laissé entendre, mais 2500 $, installation comprise ! Bien des changements de pare-brise ordinaires, chez les concurrents de voitures de luxe, coûtent plus cher que ça !

Je risque une prédiction : le Model X sera le véhicule de l'année 2016, et ce sera unanime ! Un seul point négatif pour moi : son prix canadien ! Elon Musk a promis sur son compte Twitter que l'écart de prix avec le Model S serait de 5000 $ US, alors qu'il s'agit plutôt de 20 000 à 30 000 $ CA selon la configuration choisie !

Avalon Hybrid

PRIX: Camry: 28 710 $ – Avalon: nd
CONSOMMATION: Camry: 5,7 L/100 km
Avalon: 5,9 L/100 km
GES: Camry: 134 g/km
Avalon: 139 g/km
COTE D'ÉMISSIONS DE GES: 9/10
COTE DE SMOG CALIFORNIENNE: 9/10

Les voitures sans ennui… ennuyeuses

DANIEL BRETON

Si vous jetez un œil sur le type de véhicules que conduisent les chauffeurs de taxi des grandes villes nord-américaines (et même à Paris), vous constaterez que beaucoup sont passés à l'hybride: Prius, Prius V et Camry hybrides – donc à peu près exclusivement des véhicules du constructeur Toyota.

Il y a une raison toute simple à cela. Ces véhicules se paient d'eux-mêmes, car ils font économiser à ces chauffeurs plusieurs milliers de dollars par année, et, point non négligeable, ils sont considérés comme les plus fiables sur le marché.

Cela dit, tout le monde n'est pas chauffeur de taxi. Ce n'est pas parce qu'une voiture est économique et fiable qu'on voudra se la procurer. Si tel était le cas, plusieurs constructeurs, qui fabriquent depuis des années, voire des décennies, des véhicules peu fiables (dont les coûts de réparation sont souvent prohibitifs), auraient fait faillite depuis longtemps.

Ce qui prouve que, dans la décision d'achat, d'autres facteurs entrent en jeu: look, couleur, statut social, performance, nouveauté. Voilà où des voitures telles que la Camry hybride et l'Avalon hybride perdent clairement du terrain.

A-NO-NY-MES

Malgré des efforts certains, ces deux voitures ont de plus en plus de peine à affronter la concurrence hybride, même si elles sont plus puissantes que leurs consœurs à simple moteur quatre cylindres. En effet, les Ford Fusion hybride et Hyundai Sonata hybride ont des

Fiche technique

PLACES : 5
ESPACE CARGO : Camry : 370 L – Avalon : 396 L
POIDS : 1550 kg
MOTEURS (ESSENCE/ÉLECTRIQUE) :
Puissance : Essence : 200 ch
Couple : essence : 156 lb-pi
électrique : 199 lb-pi
BATTERIE :
Type : nickel-hydrure métallique (NiMH)
Capacité : 1,6 kWh
Garantie : 8 ans/160 000 km

Camry Hybrid

cotes de consommation tout aussi bonnes que celles des Toyota (de 5,5 à 5,9 L/100 km), mais ces deux rivales des Toyota procurent un agrément de conduite supérieur.

De plus, le look des Fusion et Sonata est résolument plus moderne que celui des Camry et Avalon, aussi bien à l'intérieur qu'à l'extérieur. Si au moins l'intérieur de la Camry était aussi raffiné que celui de la Lexus... Mais comment serait-ce possible, puisque Lexus est la division de luxe de Toyota ?

Si l'on tient compte du fait que Ford propose une version hybride rechargeable de sa Fusion (Fusion Energi), dont l'autonomie 100 % électrique est d'environ 35 km, la Camry est littéralement larguée. Cela dit, la Fusion Energi a le gros défaut d'avoir une batterie qui occupe beaucoup (trop ?) de place dans le coffre. Il est à espérer que Ford réglera ce problème de conception qui amenuise l'intérêt pour cette voiture. Je ne connais pas grand-monde qui peut se contenter d'un coffre de voiture sport dans une voiture de format intermédiaire.

Les Camry et Avalon hybrides ont cependant la qualité d'être très confortables et extrêmement fiables. Si vous ne voulez pas de problèmes, vous pouvez acheter sans crainte un de ces deux modèles, mais vous éprouverez paradoxalement un certain ennui au volant.

En résumé : si vous comptez garder votre véhicule très longtemps ou si vous conduisez un taxi, ces deux véhicules peuvent être de bons choix. Par contre, si vous voulez un véhicule plus écoénergétique ou si vous aimez une conduite plus engageante, envisagez plutôt l'achat d'autres modèles.

Camry Hybrid

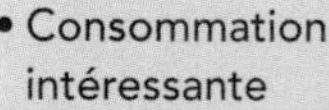

- Consommation intéressante
- Fiabilité hors du commun
- Design amélioré

- Ennuyeuses à conduire
- Look banal
- Dépassée par la concurrence

Highlander Hybrid

PRIX : 45 755 $
CONSOMMATION : 8,4 L/100 km
GES : 200 g/km
COTE D'ÉMISSIONS DE GES : 7/10
COTE DE SMOG CALIFORNIENNE : 8/10

La définition d'un véritable multisegment

JEAN-FRANÇOIS GUAY

Le Highlander n'a jamais eu la vie facile chez Toyota. En plus de devoir rivaliser avec les modèles des marques concurrentes, il doit se démarquer de ses frères d'armes, les 4Runner, RAV4, Sequoia, Sienna et Venza. Pour faire sa niche au sein de sa confrérie, le Highlander ne ménage rien en rassemblant sous un même toit l'espace utilitaire et le confort d'une fourgonnette, les capacités hors route et de remorquage d'un VUS. Quant à la version hybride du Highlander, elle a le mérite de consommer aussi peu de carburant qu'un VUS de taille compacte.

Avant l'arrivée des nouveaux Volvo XC90 T8 et BMW X5 xDrive 40e, le Highlander était l'un des rares VUS grand format à motorisation hybride dans un marché où l'on compte également le Lexus RX 450h.

Peu importe la version, les caractéristiques du Highlander concordent parfaitement avec la définition d'un multisegment (*crossover*) : un habitacle pouvant accueillir jusqu'à huit personnes, un rouage à traction avant ou intégral, une grande capacité de remorquage, différents niveaux de finition et plusieurs groupes d'équipements.

Trois moteurs électriques

Le Highlander hybride est proposé uniquement avec la traction intégrale et une boîte CVT. Il est propulsé par un moteur V6 à cycle Atkinson de 3,5 litres qui est jumelé à deux moteurs électriques, un à l'avant et l'autre à l'arrière, pour une puissance combinée de 280 chevaux, soit 10 de plus que le Highlander conventionnel à moteur V6 de 3,5 litres. Faute d'acheteurs, le gros

Fiche technique

PLACES : 7 ou 8
ESPACE CARGO (MIN – MAX) : 390 L – 1198-2370 L
POIDS : 2170 kg
MOTEURS (ESSENCE/ÉLECTRIQUE) :
Puissance : 280 ch
Couple : essence : 215 lb-pi
électrique : 247 lb-pi
BATTERIE :
Type : nickel-hydrure métallique (NiMH)
Capacité : 1,9 kWh
GARANTIE : 8 ans/160 000 km

quatre cylindres de 2,7 litres (185 chevaux) n'est plus disponible au Canada, mais il poursuit sa carrière aux États-Unis.

Lors de sa dernière refonte en 2014, une nouvelle transmission intégrale sur demande a été installée dans le Highlander conventionnel, avec boîte automatique à six rapports, pour diminuer la consommation. Auparavant, la transmission comptait cinq rapports et la traction intégrale était à prise constante. Ce nouveau mécanisme dirige désormais 100 % de la puissance aux roues avant en conditions normales, et peut acheminer jusqu'à 50 % de la motricité aux roues arrière lors d'une perte d'adhérence.

Pour circuler en terrain meuble, il est possible de verrouiller la répartition du couple moteur dans l'ordre de 50:50 entre les différentiels avant et arrière, et ce, jusqu'à une vitesse de 40 km/h. Quant au Highlander hybride, il a conservé son rouage 4WD-i qui se fie au moteur électrique arrière pour lui procurer une traction supplémentaire lors du patinage des roues avant.

Capacité de remorquage

Le Highlander se débrouille bien dans la neige et les pentes glacées. Malgré tout, la plateforme et la mécanique du Highlander hybride sont assez robustes pour tracter 1587 kg, alors que le V6 conventionnel à essence repousse la capacité de remorquage à 2268 kg.

En ce qui concerne le chargement, la présence des batteries ne gruge aucun espace et tous les Highlander ont les mêmes dimensions intérieures.

Coté à 8,4 L/100 km de consommation combinée moyenne, le Highlander hybride est le plus écoénergétique des véhicules non rechargeables pouvant accueillir jusqu'à huit passagers.

Si vous avez réellement besoin d'un véhicule si gros, il est digne de considération.

- Vaste habitacle
- Silence et confort de roulement
- Traction intégrale et capacité de remorquage
- Consommation intéressante

- Boîte CVT hésitante
- Absence de plaques de protection (hors route)

PRIX: 21 165 $
CONSOMMATION: 7,4 L/100 km)
GES: 174 g/km
COTE D'ÉMISSIONS DE GES: 8/10
COTE DE SMOG CALIFORNIENNE: nd

Du réchauffé (anciennement Scion)

DANIEL RUFIANGE

C'est bien connu, quantité de produits avancés par l'empire Toyota profitent de l'hybridité. Cependant, le constructeur est conscient que tous les consommateurs n'ont pas les ressources pour acquitter les frais supplémentaires requis pour l'achat de certains modèles hybrides qu'ils pourraient convoiter.

Heureusement, il y a des solutions de rechange, dont une nouvelle venue qui s'invite chez Toyota (anciennement Scion) cette année, la iM. Celle-ci est commercialisée sous le nom de Toyota Auris en Europe et sa dernière réingénierie date de 2012. On nous sert donc du réchauffé, du moins en partie.

Cette compacte, qui reprend des airs de Mazda3, est animée par l'infatigable moteur quatre cylindres de 1,8 litre de la Toyota Corolla, un bloc qui propose une puissance de 137 chevaux et un couple de 126 lb-pi. Ce n'est pas mal, mais on aurait souhaité une mécanique plus moderne dans les entrailles d'un nouveau produit. La seule technologie intéressante à laquelle nous avons droit est le système Valvematic, un dispositif emprunté à la version Eco de la Corolla, qui maximise la puissance et l'économie d'essence en variant constamment l'ouverture des soupapes.

Sécurité d'abord

À bord, on est un peu plus gâté, puisque la technologie est bien présente. On nous propose, de série, deux écrans qui fournissent une kyrielle d'informations sur la voiture, toutes les prises imaginables pour vos appareils, un système de climatisation à deux zones et la caméra de recul. La sécurité n'a pas été laissée pour compte, puisqu'une importante

Fiche technique

PLACES : 5
ESPACE CARGO : 588 L
POIDS : 1335 kg
MOTEUR :
Puissance : 137 ch
Couple : 126 lb-pi

quantité d'aides à la conduite ont été greffées au modèle. Quant aux coussins gonflables, ils sont au nombre de huit.

Agréable à conduire

Au volant, on découvre une voiture peu puissante, mais amusante à conduire. Il faut remercier les ingénieurs d'avoir opté pour des réglages plus agressifs au niveau du châssis. Pour une économie d'essence optimale, la boîte CVT se veut toute désignée, mais pour un plaisir plus marqué au volant, une transmission manuelle à six rapports est disponible. Ironiquement, les performances nous ont semblé plus intéressantes avec la boîte CVT.

Sur le plan de la consommation, nos essais se sont conclus par une moyenne de 7 L/100 km. C'est acceptable, sans plus.

Heureusement, les prix exigés pour cette voiture, soit 21 165 $ pour les versions à boîte manuelle et 21 990 $ pour celles équipées de la transmission CVT, demeurent respectables.

Par contre, lorsqu'on regarde à l'intérieur même de la famille Toyota, on trouve la Prius C, une sous-compacte intéressante dont le prix de base s'apparente à celui de la iM. La différence ? Une consommation moyenne bien inférieure avec la Prius C, soit un tantinet sous les 5 L/100 km.

Tout demeure une question de besoin. Le fait que la iM soit un peu plus spacieuse joue en sa faveur. Scion, qui vacille sur notre marché, a enfin un produit intéressant à proposer aux consommateurs. Reste à savoir comment ils réagiront au transfert de ce modèle de la marque Scion à la marque Toyota. À mon avis, c'est de bon augure.

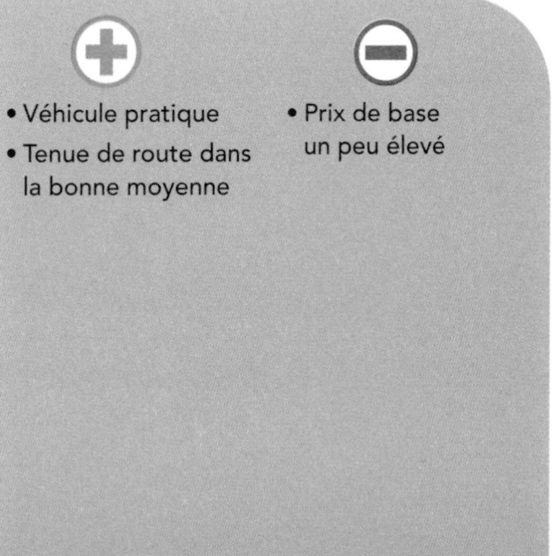

PRIX: 26 305 $
CONSOMMATION: 4,5 L/100 km
GES: 106 g/km – 170 g/mi
COTE D'ÉMISSIONS DE GES: 10/10
COTE DE SMOG CALIFORNIENNE: 9/10

LA référence hybride et la pionnière réincarnée

JACQUES DUVAL ET DANIEL BRETON

L'opinion de Jacque Duval

On ne peut enlever à la Toyota Prius d'avoir été la première voiture hybride sur le marché et, du même coup, la responsable de l'éveil des automobilistes à l'auto écoénergétique. Ce n'est pas rien. Mon premier contact avec la Prius du millésime 2016 s'est déroulé au Japon, mais la brièveté de la rencontre et un environnement confiné m'ont laissé sur mon appétit. Une seconde prise en main en sol nord-américain a été beaucoup plus révélatrice.

Une vue panoramique

La première chose qui saute aux yeux est la grandeur du pare-brise qui donne une vue grandiose sur le paysage tout en étant un atout précieux en matière de sécurité. Cela dit, si la visibilité vers l'avant est excellente, la lunette en deux plans ne vous donne qu'un vague aperçu de ce qui se passe derrière vous. Donc, la caméra de marche arrière à 360 degrés est obligatoire.

Cette édition 2016 de la Prius reste un *liftback* à traction avant, doté d'un hayon découvrant un vaste espace de chargement accru de 56 litres. Tout le monde s'accorde à dire que la voiture hybride la plus vendue au monde s'est embellie en s'allongeant d'environ 6 cm.

À l'intérieur, certains seront décontenancés par l'instrumentation qui, pour des raisons de coût, prend place au centre pour accommoder tant la conduite à gauche qu'à droite. On y

Fiche technique

PLACES : 5
ESPACE CARGO : 697 L
POIDS : 1395 kg
MOTEURS (ESSENCE/ÉLECTRIQUE) :
Puissance : 121 ch
Couple : essence : 105 lb-pi
batterie : 120 lb-pi
BATTERIE :
Type : nickel-hydrure métallique (NiMH) ou lithium-ion
Capacité : 1,3 kWh
Garantie : 8 ans/160 000 km

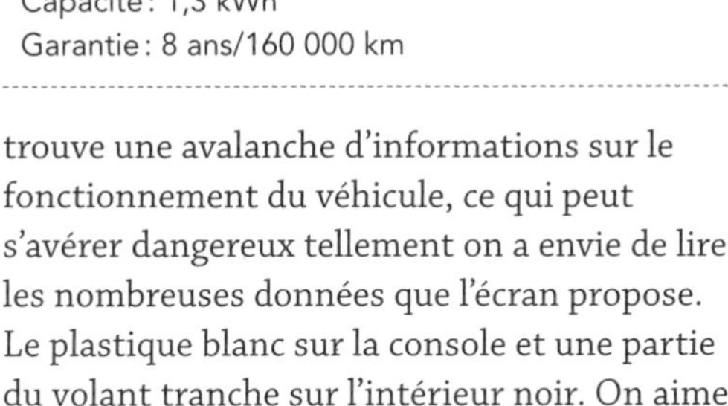

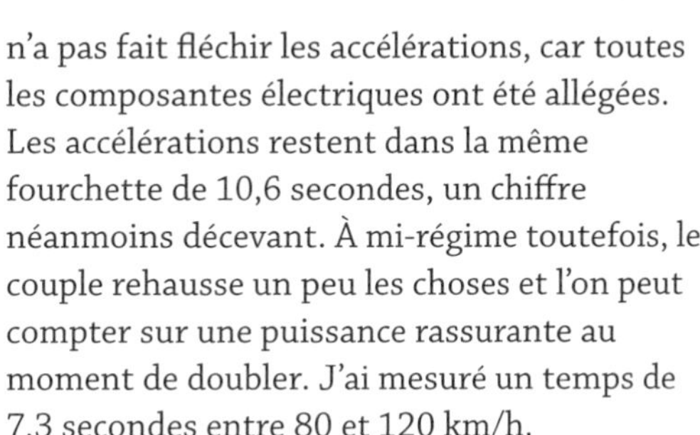

trouve une avalanche d'informations sur le fonctionnement du véhicule, ce qui peut s'avérer dangereux tellement on a envie de lire les nombreuses données que l'écran propose. Le plastique blanc sur la console et une partie du volant tranche sur l'intérieur noir. On aime ou on n'aime pas cette finition, c'est selon.

Performances modestes

Mécaniquement, il faut retenir que cette Prius repose sur une plateforme entièrement nouvelle (TNGA). Bien sûr, elle respecte le fameux NVH (*noise, vibration and harshness*) tout en améliorant de 60 % la rigidité, gage d'une meilleure tenue de route.

Si l'on s'arrête aux entrailles de la Prius, on découvre que le moteur, un quatre cylindres de 1,8 litre à cycle Atkinson, a vu sa puissance diminuer de 131 à 121 chevaux, lesquels sont gérés par une transmission CVT. Ce léger recul n'a pas fait fléchir les accélérations, car toutes les composantes électriques ont été allégées. Les accélérations restent dans la même fourchette de 10,6 secondes, un chiffre néanmoins décevant. À mi-régime toutefois, le couple rehausse un peu les choses et l'on peut compter sur une puissance rassurante au moment de doubler. J'ai mesuré un temps de 7,3 secondes entre 80 et 120 km/h.

Quoi qu'il en soit, personne n'achète cette voiture pour ses performances, mais pour économiser à la pompe. Grâce à son moteur électrique soutenu par une batterie lithium-ion placée sous la banquette arrière, il est possible d'atteindre des vitesses surprenantes en mode strictement électrique. Un ingénieur nous a cité la vitesse de 105 km/h, qui tient, selon nous, de l'exploit. Notre virée s'est soldée par une consommation moyenne de 4,5 L/100 km.

- Une agréable embellie
- Agrément de conduite en hausse
- Excellente cote de sécurité
- Voiture spacieuse

- Pas de version rechargeable
- Visibilité arrière atroce
- Puissance modeste
- Tableau de bord déroutant

L'opinion de Daniel Breton

En 2016, comment une voiture prétendument « verte » (comme si une voiture pouvait vraiment être verte) peut-elle n'être qu'une hybride, alors que tous ces nouveaux modèles électriques arrivent sur le marché ? Parce que les hybrides ont encore leur place.

Une consommation exceptionnelle

Toyota a réussi à augmenter l'efficacité thermique du moteur à essence à 40 %, un sommet dans l'industrie automobile, et à réduire son poids de 100 kg. Ainsi, avec cette voiture intermédiaire, on réussit à obtenir des accélérations honorables et, surtout, une consommation inégalée pour un véhicule non enfichable.

Selon les données officielles du gouvernement américain (voir : fueleconomy.gov), la consommation de la toute nouvelle Toyota Prius est de : 4,4 L/100 km en ville ; 4,7 L/100 km sur route ; 4,5 L/100 km en consommation combinée.

Quant à la Prius Eco (offerte aux États-Unis seulement), sa cote de consommation est de : 4,1 L/100 km en ville ; 4,4 L/100 km sur route ; 4,2 L/100 km en consommation combinée. Ce qui est légèrement mieux que la version précédente.

Mais là où la Prius se démarque, c'est par la facilité avec laquelle on peut atteindre et même dépasser ces cotes de consommation. En effet, alors que dans la troisième génération de Prius je pouvais obtenir une consommation d'environ 3,8 L/100 km en pratiquant l'écoconduite, j'ai pu obtenir des cotes de consommation exceptionnelles avec cette voiture hybride. En montagne : 4 L/100 km. Sur un trajet combinant autoroute et ville : 2,9 L/100 km !

Un prix abordable

À partir de 25 995 $ CA, cette voiture se vend à peu près au même prix que les voitures intermédiaires traditionnelles en version de base, alors que celles-ci (Honda Accord, Ford Fusion, Hyundai Sonata) consomment et émettent en GES au minimum 75 % plus que la Prius.

Deux batteries: NiMH et Li-ion

Si vous achetez la Prius de base, vous aurez droit à la traditionnelle (et increvable) batterie NiMH. Si vous optez pour une des versions plus équipées, vous passerez automatiquement à la batterie Li-ion.

Et, de l'équipement, il y en a. Des sonars aux avertisseurs pour piétons, changements de voie ou collision imminente, en passant par les caméras et l'écran de tableau de bord, cette voiture est maintenant à la page avec des équipements considérés comme incontournables en matière de voiture de haute technologie.

Une routière accomplie

Si les trois précédentes versions étaient ennuyantes comme la pluie à conduire, cette Prius 4 est des plus agréables sur routes sinueuses. Sa tenue dans les courbes a été grandement améliorée grâce à une suspension revue, un centre de gravité abaissé et une voie élargie.

Son nouveau châssis, plus rigide, a un effet décisif, surtout quand on conduit en mode *Power.* Sans dire que la Toyota Prius est devenue une grande routière, on peut affirmer que le plaisir de conduire vient de monter à bord. Dix-neuf ans après son arrivée sur le marché, ce n'est pas trop tôt.

Elle a assurément sa place

La Toyota Prius et sa technologie ne sont pas dépassées. Pour tous ceux et celles qui ne peuvent brancher leur voiture ou qui doivent parcourir de longues distances et qui ont besoin d'un véhicule à la fois pratique, abordable (même sans subventions) et très économe d'essence... elle est la référence. Notons que Toyota vient à peine de dévoiler la Prius Prime... annonçant une décevante autonomie de 35 km.

Prius C

PRIX : 21 055 $
CONSOMMATION : 4,5 L/100 km
GES : 111 g/km
COTE D'ÉMISSIONS DE GES : 10/10
COTE DE SMOG CALIFORNIENNE : 8/10

Une gagnante !

DANIEL BRETON

La Prius C est une de ces petites voitures qui ne font pas beaucoup de bruit, mais qui tracent leur chemin de belle façon. Cette sous-compacte hybride s'est fait connaître, entre autres, grâce aux services de covoiturage et d'autopartage, qui l'utilisent de plus en plus fréquemment.

Une gueule à part

Si son look se veut quelque peu spécial, il semble être apprécié par plus de gens que celui de sa grande sœur, la Toyota Prius. Son intérieur, qui se veut moderne, n'est pas des plus réussis ; les lignes et les couleurs bariolées ne sont pas terribles. Le principal défaut réside dans les matériaux qui font très (trop) plastique pour paraître de qualité.

Par contre, le tableau de bord, pratique et bien conçu, regorge d'informations des plus utiles pour une écoconduite efficace. Il vous permet de bien comprendre et gérer votre consommation et vos habitudes au volant, ce qui est très important quand on conduit une voiture hybride.

Le système Bluetooth est très facile à activer et toutes les fonctions sont intuitives. Cela dit, le graphisme de l'ensemble fait plutôt bon marché, un peu comme ces jeux vidéo à quelques sous qu'on trouve dans les marchés aux puces.

LA motorisation hybride

Elle est connue, archiconnue même. Je fais évidemment allusion à la motorisation hybride de Toyota, qui a plus que gagné ses lettres de noblesse. Elle est la référence en matière de motorisation hybride.

Fiable, à la limite de l'inusable, cette motorisation vous rendra de fiers services

Fiche technique

PLACES: 5
ESPACE CARGO (MIN - MAX): 260 L – 484 L
POIDS: 1132 kg
MOTEURS (ESSENCE/ÉLECTRIQUE):
Puissance: 99 ch
Couple: essence: 82 lb-pi
électrique: 125 lb-pi
BATTERIE:
Type: nickel-hydrure métallique (NiMH)
Capacité: 0,9 kWh
Garantie: 8 ans/160 000 km

pendant de longues années. À tel point que plusieurs organismes spécialisés ont désigné les Prius comme les véhicules les plus fiables sur 300 000 km.

Le petite Prius C ne fait pas exception à la règle. Elle est très fiable, et de plus son prix est concurrentiel, donc on ne peut plus dire qu'on n'a pas les moyens de s'acheter une voiture hybride.

Ses plus proches concurrentes à essence consomment au bas mot 40 % plus d'essence qu'elle, et pourtant la Prius C coûte à peine plus cher (voire le même prix) que ces voitures. Et qui dit 40 % plus d'essence dit 40 % plus d'émissions de CO_2.

Lors d'un essai sur l'autoroute à 100 km/h, j'ai facilement obtenu une moyenne de 4,3 L/100 km, alors que la température avoisinait les 0 °C. En ville, j'ai mesuré environ la même consommation. Il est donc logique de penser que vous pourrez obtenir une consommation moyenne de moins de 4,5 L/100 km, voire moins, au fil du temps, ce qui n'aurait été supplanté que par la défunte Honda Insight de première génération.

La Prius C n'a rien d'un bolide, mais elle est la plus agréable à conduire de toute la famille Prius grâce à son format réduit qui lui permet de faire preuve d'agilité. De plus, sa tenue de route est étonnamment stable, ce qui la rend tout aussi confortable sur l'autoroute qu'à la ville.

Bref, cette petite voiture est une gagnante qui mérite d'être mieux connue. Pour ceux et celles qui cherchent une voiture moins polluante, mais ne peuvent s'acheter une voiture électrique (impossibilité de brancher la voiture, trop longues distances à parcourir, etc.), elle est le meilleur choix parmi les sous-compactes qui consomment encore de l'essence.

- Voiture particulièrement fiable
- Consommation inégalée
- Prix compétitif

- Finition intérieure trop plastifiée
- Sensible aux vents latéraux
- Puissance modeste

Prius V

PRIX : 29 090 $
CONSOMMATION :
5,6 L/100 km
GES : 132 g/km
COTE D'ÉMISSIONS DE GES : 9/10
COTE DE SMOG CALIFORNIENNE : 8/10

V comme vert… et polyvalent

DANIEL BRETON

Personne ne se retourne au passage d'une Prius V au look plutôt anonyme. Personne ne s'emballe en conduisant une Prius V. Son accélération est tout à fait quelconque, sa tenue de route est plutôt molle, quoique sécuritaire.

Personne ne s'enthousiasme en parlant de la Prius V. Elle ne suscite aucune passion chez les mordus d'automobile.

Mais, s'il y a un véhicule efficace sur le plan énergétique et quant à l'espace et à la fiabilité, c'est bien celui-là. Pour vous en assurer, jetez un coup d'œil sur les flottes de taxis. Plus le temps passe et plus les chauffeurs de taxis adoptent la Prius V. Et c'est tout à fait logique. Presque un minivan, mais pas tout à fait, presque une voiture, mais pas tout à fait, ce multisegment est assez spacieux pour accueillir confortablement cinq passagers et leurs bagages.

Consommation inégalée

Tous ne peuvent pas se procurer un véhicule 100 % électrique. Certains ne peuvent tout simplement pas brancher leur véhicule à la maison, d'autres ont besoin d'une plus grande autonomie.

C'est pourquoi, à moins de passer à un véhicule enfichable, aucun multisegment, et même aucune voiture sous-compacte, ne consomme aussi peu que la Toyota Prius V. Seule la Ford C-MAX hybride s'en approche, mais elle est plus petite et donc moins logeable que la V.

Avec une consommation combinée de 5,6 L/100 km, elle fait donc le bonheur des gens qui ont besoin de plus d'espace tout en s'assurant d'avoir un véhicule frugal qui émet peu de CO_2.

Fiche technique

PLACES : 5
ESPACE CARGO (MIN – MAX) : 971 L –1906 L
POIDS : 1505 kg
MOTEURS (ESSENCE/ÉLECTRIQUE) :
Puissance : 136 ch
Couple : essence: 105 lb-pi
électrique : 153 lb-pi
BATTERIE :
Type : nickel-hydrure métallique (NiMH)
Capacité : 1,3 kWh
Garantie : 8 ans/160 000 km

Cela dit, elle n'est pas parfaite. Son moteur est peu puissant et donc vous ne pouvez vous attendre à des accélérations tonitruantes. Elle est bruyante et son intérieur semble aussi « plastifié » que l'ensemble de salon de ma défunte tante. Son tableau de bord n'est pas intuitif et l'écran qui indique la consommation instantanée est moins efficace qu'auparavant.

300 000 km et plus

L'autre point fort, très fort même, de ce véhicule est la fiabilité sans faille du système hybride de Toyota. En effet, de nombreuses analyses, études et sondages ont révélé que le véhicule le plus fiable sur le marché, après 300 000 km, porte le nom de... Prius. Or, la Prius V a hérité de la mécanique de la Prius.

Évidemment, ce véhicule n'est pas sans défaut. Si vous aimez conduire sur des routes sinueuses, si vous appréciez le luxe et les petites attentions, si vous vous ravissez du confort de sièges bien moulants, passez votre chemin tout de suite, car vous serez déçu.

Par contre, si vous êtes du type rationnel, pragmatique, pratique, et que son format convient à vos besoins, je suis convaincu que vous serez fort satisfait des « performances » de ce véhicule polyvalent, fiable et économe de carburant. Et personne ne pourra dire que vous ne faites pas votre part pour diminuer vos émissions de GES !

Si vous envisagiez une alternative enfichable, jetez un coup d'œil à la Ford C-MAX Energi, un multisegment dont l'autonomie 100 % électrique est d'environ 30 km.

Cela dit, ne vous demandez pas si la batterie de la Prius V durera longtemps. Elle durera très longtemps. V comme vert... et polyvalent.

- Voiture pratique
- Économie de carburant impressionnante
- Très fiable

- Intérieur très plastique
- Moteur poussif
- Niveau sonore élevé

RAV4

PRIX : 34 465 $
CONSOMMATION : 7,2 L/100 km
GES : 169 g/km
COTE D'ÉMISSIONS DE GES : 8/10
COTE DE SMOG CALIFORNIENNE : 8/10

Déjà un vingtième anniversaire

JACQUES DUVAL

Parmi les 13 véhicules hybrides (un record) proposés par le tandem Toyota/Lexus, le RAV4 est le champion des ventes dans cette catégorie du marché. En 1996, il fut l'initiateur d'un nouveau type de véhicule : le VUS compact. Si la clientèle l'a adopté d'emblée, c'est qu'il possédait à peu près les mêmes qualités que ses grands frères plus costauds tout en espaçant ses arrêts à la pompe. Et Toyota a voulu le proposer en version hybride. Un essai comparatif des deux modèles (hybride et non hybride) a fait ressortir la supériorité de la version assistée d'un moteur électrique.

Ainsi, avec son moteur quatre cylindres à cycle Atkinson de 2,5 litres et un moteur électrique, le véhicule affiche une puissance combinée de 194 chevaux, contre seulement 176 pour la version strictement à essence. Précisons qu'un second moteur électrique est placé sur l'essieu arrière où il ne fait qu'actionner les roues arrière en cas de besoin, comme lors d'une forte accélération ou sur des revêtements à faible adhérence. Il n'y a aucune liaison mécanique entre le moteur principal ou la transmission et les roues arrière : bref, pas d'arbre de transmission.

La transmission elle-même est à variation continue, qui, à l'essai, avait le don de se faire oublier tout en faisant son travail.

Le RAV4 épouse les lignes typiques des véhicules de cette famille, sauf que le nez protubérant, qui semble être la nouvelle signature de Toyota, a un effet assez horrible de profil. Mais attardons-nous à la conduite. Sans être stimulante, elle m'est apparue plus vivante dans la version hybride, comme si le

Fiche technique

PLACES: 5
ESPACE CARGO (MIN – MAX): 991 L – 1982 L
POIDS: 1780 kg
MOTEURS (ESSENCE/ÉLECTRIQUE):
Puissance: 194 ch
Couple: essence: 206 lb-pi
électrique: 199 lb-pi
BATTERIE:
Type: nickel-hydrure métallique (NiMH)
Capacité: 1,6 kWh
Garantie: 8 ans/160 000 km

RAV4 avait été conçu en deux étapes, mais avec une plus grande préoccupation pour le modèle écoénergétique. La motorisation, par exemple, est plus discrète, bien que, sous la pluie, il y ait une augmentation notable du niveau sonore. Les performances sont légèrement supérieures à celles de la version essence avec un 0-100 km/h de 8,7 secondes et une consommation variant de 6,2 à 7,8 L/100 km. C'est là un résultat impressionnant pour un véhicule à quatre roues motrices au volume habitable supérieur à celui d'une voiture de même format. On parle ici d'une économie d'environ 20 %, qui est loin d'être dédaignable.

L'intérieur a bénéficié de retouches appréciables et possède un très beau tableau de bord. J'aurais toutefois apprécié des sièges plus confortables après une heure au volant. J'ai aussi dû fouiner pour trouver le réglage des rétroviseurs, très bas à gauche du volant.

Dans le modèle haut de gamme, l'équipement est celui d'une auto de luxe: roues de 18 pouces (comparativement à 17 pouces pour le modèle de base), caméra de marche arrière à champ étendu, hayon assisté, trois modes de conduite, détecteur de piétons, volant chauffant et aide au stationnement. J'ajouterais que les caméras, tant à l'avant qu'à l'arrière, auraient intérêt à être munies d'un gicleur qui assurerait leur nettoyage par mauvais temps, car les lentilles se salissent rapidement et les rendent inutilisables. Le RAV4, malgré ses faibles dimensions, possède un coffre d'une capacité de 200 litres et un habitacle plus grand que celui du Ford Escape.

Même si l'on peut regretter que Toyota n'ait pas poussé plus loin l'électrification du RAV4 en le proposant en version rechargeable, on soulignera ses nombreux atouts. Sa conduite n'est pas particulièrement distrayante, mais il a la meilleure cote de sécurité de sa catégorie.

De plus, on peut remorquer des charges jusqu'à 795 kg, soit 113 kg de plus que la version à essence.

- Fiabilité garantie
- Économie notable
- Sécurité poussée
- Équipement substantiel
- Capacité de remorquage

- Sièges peu confortables
- Pas de version rechargeable
- Comportement routier peu stimulant

e-Golf

PRIX: nd
AUTONOMIE ÉLECTRIQUE: 134 km
TEMPS DE CHARGE: 120 V: 20 h – 240 V: 4 h
Rapide: ½ h à 80 %
GES: 0 kg
COTE D'ÉMISSIONS DE GES: 10/10
COTE DE SMOG CALIFORNIENNE: nd

L'amende honorable de VW

JACQUES DUVAL

S'il est un véhicule qui peut constituer une sorte d'amende honorable de Volkswagen pour amenuiser le fameux scandale des moteurs diesels trafiqués, c'est bien la e-Golf, une des voitures électriques les plus réussies sur le marché. Là où l'attitude du constructeur allemand est encore fautive, cependant, c'est dans la mise en marché de la voiture qui est exclue du Canada et des États américains où une loi « 0 émission » n'est toujours pas en vigueur. Il n'y a donc qu'une dizaine d'États où l'on peut opter pour une e-Golf.

Pour le Québec, le geste est d'autant plus reprochable que cette province a toujours été un terrain fertile à la vente des produits VW. En effet, les Québécois achètent le tiers des véhicules de la marque vendus au Canada. Sans oublier que c'est dans ce coin d'Amérique que l'engouement pour la voiture électrique est le plus fort. Encore une fois, il appartient aux consommateurs, principalement aux futurs acheteurs de voitures électriques, de faire pression auprès de la compagnie afin d'infirmer cette décision.

Au volant

D'autant plus que la e-Golf, que j'ai eu l'occasion de conduire à deux occasions, est un bijou de voiture, avec son autonomie variant de 110 à 145 km et un temps de recharge de moins de quatre heures. À ce propos, j'ai été agréablement surpris par la consommation électrique de la voiture. Le *range* indiquait 74 mi (119 km) au départ de l'un de mes nombreux parcours. Or, après 4,6 mi (7,4 km)

Fiche technique

PLACES : 5
ESPACE CARGO (MIN - MAX) : 272 – 1162 L
POIDS : 1550 kg
MOTEURS (ESSENCE/ÉLECTRIQUE) :
Puissance : 115 ch
Couple : 199 lb-pi
BATTERIE :
Type : lithium-ion
Capacité : 24,2 kWh
Garantie : 8 ans/160 000 km

menés rondement, la e-Golf affichait une baisse d'autonomie de seulement 2 mi (3,2 km) par rapport à la lecture originale. Et cela en conduite sans égard à l'économie. Voilà une batterie de 24,2 kWh qui a des réserves. On peut même faire mieux en sélectionnant le mode Eco ou Eco+, mais c'est préférable ne pas être pressé, puisque la vitesse maximale de 150 km/h chute autour de 95 km/h, ce qui peut être contraignant sur la route.

Un relent de BMW i3

Sans avoir recours à cette recette ultime, les 115 chevaux. du moteur sont suffisants pour pousser la e-Golf à 100 km/h en 10 secondes, une valeur comparable à ses rivales. À ce propos, cette Golf m'a fait penser à la i3 de BMW.

Par ailleurs, la transmission n'est ni automatique ni manuelle, puisqu'il s'agit d'une prise directe, ou, si vous aimez mieux, à un seul rapport.

Ce que j'ai surtout retenu de cette Volks électrique, c'est qu'elle préserve ses vertus initiales d'agrément de conduite grâce à une tenue de route solide et à une maniabilité qui fait plaisir. Elle ajoute enfin à son look avec un aileron qui lui est exclusif, des jantes de 16 po et des phares à DEL qui assurent une conduite sûre quand le rideau tombe.

Le dernier mot appartient à Volkswagen qui tient ici une voiture gagnante. Elle possède un agréable mélange de confort, de luxe, d'économie et de sportivité. Il ne reste plus qu'à la proposer partout où l'on a un certain souci pour l'environnement.

- Économiser sans s'ennuyer
- Bonne tenue de route
- Vertus de la Golf intactes
- On roule en silence

- Prix assez élevé
- Puissance à petite dose
- Disponibilité limitée

Jetta Turbo Hybrid

PRIX: 36 895 $
CONSOMMATION: 5,3 L/100 km
GES: 125 g/km
COTE D'ÉMISSIONS DE GES: 9/10
COTE DE SMOG CALIFORNIENNE: 9/10

Oui ou non?

DANIEL BRETON

Alors que les remous du scandale des Volkswagen diesels font toujours des dégâts, on peut presque en oublier que ce constructeur fabrique aussi des voitures hybrides et électriques. Il faut dire qu'il en parle peu. Étonnant, tout de même, chez un constructeur qui ne peut plus vendre de voitures diesels.

Une vraie routière allemande

Lorsqu'il est question de la technologie «hybride», on y accole souvent l'adjectif «ennuyante»: parce qu'une voiture hybride, dépassée, endormante à conduire, ne suscite pas les passions.

Oui, on dit souvent cela, mais pas dans ce cas-ci, puisque la Volkswagen Jetta Turbo Hybrid est capable d'une accélération très impressionnante pour une voiture intermédiaire, aussi impressionnante que n'importe quel autre modèle pourvu d'un moteur à six cylindres. Cela est dû à son turbocompresseur et à son moteur électrique qui assistent le moteur à quatre cylindres de 1,4 litre.

De plus, on y retrouve la tenue de route convaincante des Volkswagen. On prend plaisir à avaler les kilomètres, à aborder les courbes sans vraiment ralentir, à manier le volant avec précision, tant cette voiture est une véritable allemande, c'est-à-dire une championne de l'*autobahn*. C'est la voiture hybride la plus agréable à conduire sur le marché.

Consommation correcte

Du côté de sa consommation de carburant, cette Jetta se compare avantageusement à ses rivales Camry, Sonata et Fusion en versions hybrides. Seule la Prius fait beaucoup mieux, surtout dans sa nouvelle mouture. Il est à noter que la version hybride de la Jetta consomme

Fiche technique

PLACES: 5
ESPACE CARGO: 320 L
POIDS: 1547 kg
MOTEURS (ESSENCE/ÉLECTRIQUE):
Puissance: 170 ch
Couple: 184 lb-pi
BATTERIE:
Type: lithium-ion
Capacité: 1,1 kWh
Garantie: 8 ans/160 000 km

moins que sa jumelle à moteur diesel... tout en émettant beaucoup moins de polluants atmosphériques et de GES.

Pourquoi Volkswagen a-t-il mis au point une version hybride de la Jetta, qui consomme et pollue moins que la version diesel, s'il insistait tant pour vendre des diesels? Je crois que la réponse se trouve dans ce qui suit: malgré toutes ses qualités, cette Jetta souffre de deux handicaps.

1- Son prix. Proposée à un prix de départ beaucoup plus élevé que la concurrence, soit 7000 $ de plus qu'une Hyundai Sonata Hybrid ou une Ford Fusion Hybrid et 10 000 $ (!) de plus qu'une Toyota Prius, la Jetta Hybrid est carrément déclassée. Pour moins cher, on peut se procurer, par exemple, une Chevrolet Volt, tout aussi performante, mais qui consomme beaucoup moins et qui est plus pratique côté cargo.

2- Son coffre. La batterie ayant été placée dans son coffre, la Jetta Hybrid souffre du même mal que la Ford Fusion Hybrid: un coffre amputé d'une grande partie de son volume et l'impossibilité d'abaisser les sièges arrière. Voilà qui enlève à cette Jetta un des principaux avantages de sa version régulière et qui la handicape davantage face aux Toyota Prius et Chevrolet Volt, qui sont toutes deux des voitures à hayon.

Côté look, tous les produits Volkswagen sont un peu trop « conservateurs » à mon goût et cette Jetta ne fait pas exception, mais, compte tenu des chiffres de vente de la marque, je suis conscient que bien des gens ne sont pas de mon avis.

En conclusion, si vous êtes un fan de Volkswagen, comme certains de mes amis, cette Jetta peut être pour vous. Si ce n'est pas le cas, il y a tout aussi bien ailleurs, sinon mieux.

- Consommation raisonnable
- Agrément de conduite

- Prix élevé
- Fiabilité inconnue

PRIMEURS ET PERLES RARES

Cette section est consacrée à ces modèles qui arrivent à peine sur le marché, arriveront bientôt ou sont tout simplement si rares que très peu d'entre nous auront l'occasion d'en voir un seul un jour. De plus, le développement de nouveaux modèles de véhicules électriques se fait maintenant à un tel rythme que cette liste ne cesse de s'allonger de jour en jour.

Et c'est très bon signe.

Bonne découverte !

Tesla Model 3 : le *buzz* de l'année

Même la mythique Ford Mustang n'a pas provoqué une telle frénésie lors de son dévoilement ! Selon certaines sources, plus de 300 000 personnes auraient versé chacune 1000 $ pour réserver la petite héritière du Model S de Tesla, le Model 3, et cela même si elle ne sera livrée aux acheteurs qu'à partir de l'année-modèle 2018.

Mais pourquoi un tel délire pour une voiture dont on ne connaît rien, si ce n'est qu'elle sera à 100 % électrique ? La réponse est simple et tient à la réputation que le petit constructeur californien a acquise avec son Model S désigné meilleure voiture au monde par la très sérieuse organisation Consumer Reports.

Depuis toujours, Tesla Motors est reconnu pour être un constructeur de voitures chères, très chères, que l'on admire sans espoir de posséder un jour une de ses créations. Le Model 3 a justement pour mission de conquérir un vaste public désireux de « rouler électrique » sans y laisser sa chemise. En cela, l'entreprise répond aux résultats de divers sondages révélant que les consommateurs seraient prêts à faire le saut vers la voiture électrique, à condition qu'elle soit d'un prix raisonnable et qu'elle ait une autonomie de 300 km. À 35 000 $ US, le Model 3 satisfait à ces exigences, et même plus, avec 335 km entre les recharges et une accélération de moins de 6 secondes jusqu'à 100 km/h. Et c'est sans compter sur les versions encore plus affûtées qui officialiseront le Model 3 parmi les berlines sport.

Pour contourner la faible habitabilité arrière, qui est le propre des voitures de ce format, on a profité de l'espace dégagé par l'absence de moteur à l'avant pour aménager une cabine avancée. Certains regretteront par ailleurs que l'on n'ait pas retenu l'architecture *hatchback,* plus pratique.

Que dire de plus, sinon que cette voiture de grande série marque pour Tesla ses débuts en tant que quatrième grand constructeur automobile nord-américain, un rôle que plusieurs auraient aimé jouer, sans pourtant avoir les moyens de leurs ambitions. Tesla pourra-t-il changer la donne ? Beaucoup le croient pour les mêmes raisons que le public a accepté de faire confiance à Elon Musk qui, à la manière de Steve Jobs, est en train de changer le monde.

JACQUES DUVAL

HYBR

BMW X5 X Drive 40 e

Dans le segment des VUS de luxe, peu de constructeurs proposent des versions hybrides rechargeables de leurs modèles. Outre Porsche, avec sa Cayenne E-Hybrid, et Volvo, avec sa XC90 PHEV, Mitsubishi proposera la Outlander en version PHEV, mais elle sera à l'évidence moins luxueuse qu'une BMW ou une Porsche. Ainsi, ce VUS de BMW, le X5 X Drive 40 e, est doté de deux moteurs dont la puissance combinée est de 308 chevaux : un moteur quatre cylindres biturbo et un moteur électrique de 111 chevaux.

L'autonomie électrique est très modeste : moins de 25 km selon l'EPA. Même si sa batterie lui gruge de l'espace cargo, ce VUS demeure spacieux.

Accélérant de 0 à 100 km/h en moins de 7 secondes, les fans de BMW ne se sentiront pas dépaysés en ce qui a trait à la performance, à la tenue de route et au confort.

DANIEL BRETON

HYBR

Chrysler Pacifica PHEV 2017

Alors qu'il y a sur le marché de plus en plus de voitures hybrides, hybrides rechargeables et électriques, les VUS à technologie partiellement ou entièrement électrique sont rares. Qui plus est, aucune fourgonnette n'utilise ces technologies.

Pourtant, les VUS et les « minivans » sont deux segments très populaires. Trouvez l'erreur. Mais cela était vrai jusqu'à aujourd'hui.

En effet, c'est cette année que Chrysler proposera sa toute nouvelle Pacifica 2017 en version hybride rechargeable. Issue d'une plateforme totalement nouvelle, cette descendante de la vénérable Dodge Caravan n'a plus grand-chose à voir avec la « boîte à pain » d'il y a 30 ans. Très moderne, cette Pacifica PHEV risque d'avoir énormément de succès auprès des familles qui ont besoin d'un véhicule réellement pratique (beaucoup plus pratique que la très grande majorité des VUS, en fait) et capable d'assurer les déplacements quotidiens en mode 100 % électrique.

En effet, grâce à une batterie de 16 kWh, Chrysler annonce une autonomie électrique de 50 km, ce qui semble tout à fait envisageable. Quant au moteur V6 Pentastar, couplé au moteur électrique, il a été revu afin d'améliorer son efficacité. Ce n'est pas plus mal, car il ne bat aucun record de frugalité.

Si cette Pacifica PHEV est vendue à un prix raisonnable, je lui prédis un grand succès.

DANIEL BRETON

HYB

Ferrari LaFerrari

Quel drôle de nom pour l'ultime Ferrari et le porte-étendard de la marque la plus prestigieuse du monde ! Ce modèle figure en raison de son appartenance à la technologie hybride qui assume 163 des 963 chevaux qui lui donnent des ailes.

Beaucoup plus belle que sa devancière, la Enzo, la Ferrari LaFerrari renferme bien des secrets des mécaniques de Formule 1 et elle est fabriquée sur la même chaîne de montage. L'équipe qui en fait l'assemblage est dirigée par un pro de la F1 : Rory Byrne.

Ce modèle repousse les frontières de la haute technologie avec un châssis à la fois plus léger et plus rigide. Pour économiser du poids, on a incorporé les sièges par moulage au châssis. Avec seulement 499 exemplaires fabriqués, ce modèle est très en demande sur le marché des autos de collection.

Le moteur à essence est un V12 dans la plus pure tradition de la marque et développe ses 800 chevaux à un régime de 9250 tr/min.

Sa seule anicroche est sa rareté et son prix qui en font un joujou pour les très riches. Ah oui, j'oubliais sa consommation. Que diriez-vous de 14,2 L/100 km ? Décevant. Moi, je m'achète une Toyota Yaris à la place.

JACQUES DUVAL

H

Honda FCV

Seconde génération d'une voiture à hydrogène, descendante de la FCX Clarity, la Honda FCV arrive cette année sur le marché californien avec un look plus classique que sa devancière.

Dotée d'un hayon, la FCV possède un intérieur plus spacieux (et plus pratique) que la Honda Accord. Avec ses 134 chevaux, la FCV n'a rien d'un bolide, mais elle accélère correctement et... silencieusement.

Honda a réussi à abaisser le coût de son réservoir d'hydrogène de 90 % par rapport à celui de la FCX Clarity, ce qui diminue considérablement le prix de la voiture. De plus, alors que le réservoir de la FCX pouvait soutenir une pression de 350 bars (5000 psi), le nouveau réservoir peut résister à 700 bars (10 000 psi). Ainsi, grâce à ce nouveau réservoir, l'autonomie sera de plus de 500 km. Ce modèle sera d'abord vendu en Californie et dans quelques autres États plus tard. L'Ontario sera-t-elle sur la liste des lieux où l'on pourra se procurer cette voiture ? Trop tôt pour le dire.

DANIEL BRETON

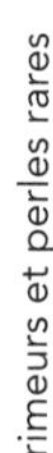

ACURA NSX

Le groupe Honda/Acura n'avait pas froid aux yeux quand il a lancé en 1990 ce qui devait être une sérieuse rivale de Ferrari, la NSX. Son panache aurait dû lui permettre de s'attaquer à la célébrissime italienne; mais cette dernière est une intouchable.

Cette année, Acura récidive avec une NSX revue et corrigée pour répondre aux exigences actuelles. Je pense surtout ici à l'environnement, un sujet qui préoccupe énormément les responsables de cet ouvrage, bien au-delà des accélérations d'une Ferrari par rapport à une NSX.

Quand même, l'approche japonaise est un heureux compromis entre une sportive pure et dure et une voiture d'utilisation quotidienne sur le même ton qu'une Audi R8. Construite aux États-Unis, la NSX fait sans doute un peu d'embonpoint, mais elle aligne des caractéristiques inédites par sa vocation hybride qui se décline par un moteur à essence V6 double turbo de 3,5 litres et 573 chevaux, secondé par trois moteurs électriques (deux officient sur l'essieu avant et l'autre est placé entre le moteur central et la transmission à neuf rapport et à double embrayage qui assure un rouage intégral). Cette imposante cavalerie entraîne la NSX à 100 km/h en moins de 4 secondes ou jusqu'à 70 km/h en parfait silence si l'on conduit « économiquement » en mode électrique.

Le moteur à carter sec s'inspire de ceux utilisés par Honda en course automobile, tout comme la carrosserie dont le plancher est en fibre de carbone et le châssis, en un mélange d'acier et d'aluminium. En voilà assez pour plaire aux environnementalistes qui ne peuvent se passer d'une petite dose d'hydrocarbures à l'occasion.

JACQUES DUVAL

Hyundai Ioniq

Hyundai vendra d'ici la fin de l'année une toute nouvelle voiture dotée de trois types de motorisations électriques, la Ioniq. Ainsi, un peu comme Ford avec ses Fusion et C-MAX qui proposent différents niveaux d'électrification, la nouvelle venue coréenne se déclinera en plusieurs versions électriques (hybride rechargeable et hybride), mais ira un cran plus loin en offrant une version 100 % électrique.

La Ioniq sera une berline au look relativement conventionnel, proposée en version hybride de 141 chevaux en puissance combinée. Il s'agira de la première motorisation à être mise sur le marché, dès l'automne prochain. Elle sera suivie de la version 100 % électrique dont l'autonomie serait, selon les rumeurs, proche de celle de la Leaf de 30 kWh.

Finalement, la version hybride rechargeable sera disponible en 2017. À bord, la Ioniq comportera un espace correct pour quatre passagers et un hayon qui s'avérera pratique.

JACQUES DUVAL

Hyundai Tucson à hydrogène

L'utilitaire compact du constructeur coréen est maintenant proposé en version à hydrogène. Semblable au modèle à essence, le Tucson à hydrogène est propulsé par un moteur de 134 chevaux et 221 lb-pi de couple. Son autonomie avoisine les 400 km.

Sa vitesse maximale est de 160 km/h et son accélération est plutôt tranquille : elle fait le 0-100 km/h en 12,5 secondes, selon les chiffres de Hyundai.

Vendu lui aussi en Californie (et depuis peu en Ontario), ce véhicule n'est disponible qu'en location. On ne peut donc pas l'acheter.

P.-S. J'ai été étonné de découvrir, sur le site Web de ce modèle, que Hyundai compare le temps de remplissage de ce véhicule avec celui d'une voiture électrique… en prenant soin d'omettre le temps de recharge d'une voiture électrique sur une borne de niveau 3. Seuls les temps de recharge sur les bornes de niveau 1 et 2 sont mentionnés (voir : hyundaiusa.com/tucsonfuelcell/).

Un peu de rigueur, messieurs-dames de Hyundai.

DANIEL BRETON

Kia Niro 2017

Après les Soul EV et Optima hybride, Kia proposera d'ici quelques mois la Niro 2017. Celle-ci sera offerte en trois différentes versions électriques : hybride, hybride rechargeable et électrique. La version hybride sera dotée d'un moteur quatre cylindres de 1,6 litre à cycle Atkinson, couplé à un moteur électrique alimenté par une batterie de 1,56 kWh, générant une puissance totale de 146 chevaux.

Ici, pas de transmission CVT. On aura droit à une boîte automatique à double embrayage à six rapports. Selon Kia, la consommation de la Niro hybride serait aussi frugale que celle des meilleures Toyota hybrides. Et, alors que sa cousine, la Hyundai Ioniq, sera une compacte à hayon, la Niro sera plutôt un VUS compact.

Si ce petit VUS partiellement ou entièrement électrique est proposé à un prix aussi raisonnable qu'on le croit, il pourrait connaître un bon succès.

DANIEL BRETON

Kia Optima hybride et PHEV 2017

J'ai été plutôt impressionné par la Kia Optima de la génération précédente, en revanche la version hybride n'était pas particulièrement efficace par rapport à la concurrence – les Camry, Fusion, Jetta et autres intermédiaires proposées en version hybride.

C'est pourquoi Kia produira, dans sa cuvée 2017, deux versions partiellement électrifiées de l'Optima : une hybride renouvelée et une hybride rechargeable.

Jolie cousine de la Hyundai Sonata hybride, cette Kia Optima hybride verra son moteur de 2,4 litres remplacé par un moteur de 2,0 litres à injection directe qui, combiné à son moteur électrique, aura une puissance totale de 193 chevaux. Selon Kia, son efficacité sera augmentée de 20 %.

Tout comme la Sonata PHEV, la Kia Optima PHEV aura droit à une batterie lithium-ion polymère de 9,8 kWh qui lui donnera une autonomie 100 % électrique d'environ 40 km. D'après notre essai avec la Sonata PHEV, c'est tout à fait faisable.

DANIEL BRETON

BMW i8

Avec une technologie embarquée de haut niveau et une carrosserie en fibre de carbone très tape-à-l'œil, BMW s'est doté d'un véritable laboratoire roulant avec sa i8 hybride. Son entrée en scène remonte à deux ans et la firme allemande a voulu en faire un modèle exclusif, statut qui lui est assuré par une production limitée.

Plusieurs, comme ce concessionnaire de West Palm Beach, croient que la i8 deviendra une auto de collection, ce qui explique qu'il en demande plusieurs dizaines de milliers de dollars au-dessus du prix suggéré par le constructeur.

La principale attraction de cet oiseau rare est un petit moteur trois cylindres double turbo de 1,5 litre qui n'en délivre pas moins de 231 chevaux. Accouplée à un moteur électrique produisant 131 chevaux additionnels et à une transmission automatique à six rapports, la i8 n'est pas avare de performances, mais ne rejoint pas cependant la plus poussée des Tesla Model S : la 90 « Ludicrous ». Comptez 4 secondes pour le sprint 0-100 km/h. En mode électrique seulement, on ajoute 6 secondes à ce chrono.

L'accès est assez facile malgré ces portes en ailes de mouette qui peuvent sembler gênantes. Il faut s'assurer de ne pas être trop près d'une autre voiture dans les stationnements. À l'intérieur, on est confortablement assis, mais j'ai trouvé que le tableau de bord gagnerait à se distinguer davantage de ceux des modèles BMW sans aspiration écologique. Détail amusant, BMW a mis au point une sonorité motrice synthétique pour que le bruit soit à la hauteur du bolide que l'esthétique laisse supposer. Bonne idée.

Un bref essai m'a permis de constater que la direction est un peu étrangère aux conditions d'adhérence du train avant et que le freinage met du temps à se manifester quand on attaque la pédale.

Il y aurait beaucoup à dire sur le fonctionnement de cet hybride très spécial, mais il s'agit davantage d'un coup d'épée dans l'eau ou d'une sorte de panneau-réclame pour la i3 du même constructeur.

JACQUES DUVAL

Chevrolet Malibu hybride

General Motors a produit de bien piètres hybrides au fil des ans ; la Chevrolet Malibu hybride de 2008-2009 par exemple. Je n'étais pas enthousiaste à l'idée de faire la connaissance de ce nouveau modèle. J'ai été bluffé !

Au départ, la Malibu 2016 est une toute nouvelle voiture : nouveau châssis, nouveaux moteurs plus petits (1,5 et 2,0 litres turbo) dans les versions régulières, et nouveau moteur (1,8 litre) dans la version hybride. Elle est plus spacieuse que sa devancière… tout en étant plus légère de 136 kg. C'est la berline intermédiaire la plus légère de sa catégorie.

Avec ses 182 chevaux et ses 277 lb-pi de couple, la Malibu hybride ne battra pas le record d'accélération, mais elle est frugale. Ses cotes de consommation de 5 L/100 km en ville et de 5,1 L/100 km sur l'autoroute en font la berline hybride intermédiaire la plus écoénergétique, devançant les Camry, Sonata, Optima, Fusion et Jetta. Sachez que la Malibu hybride 2008 consommait 70 % plus de carburant que la 2016 !

Autre donnée intéressante, cette voiture n'a pas de transmission. L'architecture de sa motorisation étant inspirée de la Volt, c'est le moteur électrique qui propulse la voiture. On retrouve le même type de batterie lithium-ion que dans la Volt… en version réduite à 1,5 kWh, ce qui fait que le coffre demeure pratique, malgré l'espace qu'occupe la batterie, puisque les sièges arrière se rabattent.

En pratiquant l'écoconduite en région montagneuse (Victoria, C.-B.), j'ai réussi à obtenir une moyenne de 4,2 L/100 km. C'est excellent. Le freinage régénératif est doux, mais peut être plus agressif si l'on met le levier en position « L ».

Hyperconnectée sur le réseau 4G LTE (rendant possibles les messages textes vocaux), dotée de tous les artifices de sécurité en vogue, ayant une tenue de route supérieure à la majorité de ses concurrentes, vendue à prix compétitif dans toutes ses déclinaisons (28 850 $ + 1650 $ pour le transport et la préparation au Canada), et devenue véritablement écoénergétique, la Chevrolet Malibu hybride 2016 a tout pour plaire à ceux et celles qui, ne pouvant brancher leur voiture, cherchent un modèle confortable, agréable à conduire et… très frugal.

HYB

Lexus LC 500h 2018

Une fois encore, Lexus « hybridise » un de ses modèles. Sauf que, cette fois-ci, on parle d'une tout autre approche, celle de l'« hybride-bolide ».

En effet, nul ne saurait qualifier la LC 500h d'hybride « somnifère » avec ses deux moteurs développant une puissance combinée de 354 chevaux ! De plus, Lexus a intégré un système de transmission à quatre rapports dans le système CVT afin de donner au conducteur un sentiment de contrôle accru. Plusieurs modes de conduite seront offerts, allant de Eco à Sport. Il sera ainsi possible de conduire cette voiture en mode 100 % électrique jusqu'à une vitesse de 140 km/h.

Grâce au système hérité de la RX 450h, la consommation d'essence de cette voiture sport sera apparemment frugale, ce qui veut dire qu'elle pourrait descendre sous les 7,5 L/100 km.

Look très affirmé. Conduite très sportive… et frugale.

Cette Lexus saura-t-elle séduire les amateurs de conduite sportive ?

C'est ce que nous découvrirons bientôt.

DANIEL BRETON

Lincoln MKZ hybrid 2017

Une fois de plus, Lincoln tente un nouveau départ avec sa MKZ. Cette voiture, pourtant bien née, ne semble pas réussir à séduire le public, si l'on tient compte du nombre de fois où ce constructeur a changé son faciès dernièrement.

Fini le museau « ailé », on passe maintenant à la calandre féline. En effet, après avoir arboré un look très affiné, on fait un virage musclé, du moins en apparence, avec cette calandre qui n'est pas sans rappeler celle de la Jaguar XF.

Côté motorisation hybride, il semble que nous aurons droit au même système que dans la génération précédente : moteur quatre cylindres de 2,0 litres combiné à un moteur électrique et à une transmission CVT pour une puissance totale de 188 chevaux et une consommation combinée de 5,9 L/100 km, ce qui est excellent pour une intermédiaire de luxe hybride.

Il ne manque maintenant à cette MKZ qu'une version hybride rechargeable.

DANIEL BRETON

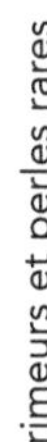

ELEC

Mercedes B 250 e

Doté d'une batterie de 28 kWh et d'un moteur électrique de 132 kW, ce multisegment est en concurrence directe avec la BMW i3, laquelle est cependant un peu plus petite. Tout comme la i3, cette Mercedes 100 % électrique accélère avec vigueur et colle à la route comme peu de multisegments le font.

Luxueux, d'une finition à la hauteur du badge, ce véhicule est pratique : son espace intérieur et son espace cargo sont très bien aménagés. Cela dit, son système de recharge n'est pas encore au point. Le fil du kit de recharge est à la fois trop court et mal conçu, et, comme Mercedes ne recommande pas d'ajouter une rallonge, le problème est réel si vous devez vous brancher sur une prise de 120 volts.

L'autonomie annoncée est, selon les chiffres de l'EPA, légèrement supérieure à celle de la BMW i3, soit 140 km plutôt que 130. Cela dit, la BMW a l'avantage indéniable d'être proposée en version à prolongateur d'autonomie.

DANIEL BRETON

HYBR

Mitsubishi Outlander PHEV

Ce VUS à quatre roues motrices aura une conduite principalement électrique et sera tout aussi spacieux que la version à essence. Sa batterie sera apparemment de 12 kWh, ce qui pourrait lui conférer une autonomie électrique de 35 à 45 km, selon les conditions. Il est à noter que ce sera le seul véhicule hybride rechargeable qui proposera la recharge rapide, un avantage indéniable. D'ailleurs, ce véhicule a déjà beaucoup de succès en Europe.

Cela dit, ce VUS hybride rechargeable n'en finit plus d'arriver. Présenté en 2014, annoncé pour la distribution en Amérique du Nord l'an dernier, voilà qu'on ne sait même plus quand il sera disponible sur notre continent en 2016. On parle de cet été. Bref, on verra.

Mais, au rythme où vont les choses, cet Outlander risque d'être technologiquement dépassé dès son arrivée, puisque se pointent la Chevrolet Bolt et d'autres modèles concurrents.

DANIEL BRETON

H

Toyota Mirai

Je l'ai conduite, cette supposée merveille. Pas longtemps, mais assez pour vous dire que c'est une voiture de luxe (à l'exception du drap gris qui recouvre le pavillon) qui prône la douceur et le silence. Son moteur à hydrogène laisse entendre un bruit plus près d'un bourdonnement que d'une turbine comme la Tesla. Les accélérations initiales ont du mordant, mais, là encore, pas comme le Model S.

En plus, comme beaucoup de voitures à essence, il y a un temps mort déplaisant lorsqu'on enfonce l'accélérateur.

Ma brève initiation m'a permis d'apprécier ses sièges confortables et son comportement neutre en virage. Toutefois, la direction est si douce que l'on a l'impression qu'elle tourne à vide.

On ne nous a pas fourni de cotes de consommation, quoiqu'une moyenne de 3,5 L/100 km m'apparaisse dans la norme. Plusieurs spécialistes, dont notre collègue Pierre Langlois, s'étonnent que Toyota ait choisi l'hydrogène comme carburant, étant donné l'absence d'infrastructures et une production qui n'est pas sans générer sa part de nocivité.

De toute manière, la Mirai risque de passer inaperçue, car elle ne sera offerte qu'en toute petite quantité et uniquement sur le marché californien. Quant au prix, on chuchote qu'il se situera aux environs de 60 000 $US.

JACQUES DUVAL

HYBR

Volvo XC90 PHEV

Véhicule utilitaire sport de luxe, la Volvo XC90 PHEV possède en principe tout ce que peut désirer une grande famille aisée et dotée d'une certaine conscience de l'impact de son mode de vie sur l'environnement :

- un véhicule dans lequel peuvent prendre place sept passagers en tout confort et en toute sécurité ;
- un véhicule dont la sécurité active et passive est parmi les meilleures de l'industrie ;
- un véhicule pouvant se déplacer en mode 100 % électrique ;
- un véhicule dont la consommation en mode thermique demeure raisonnable compte tenu de la grosseur du véhicule.

Cela dit, une autonomie 100 % électrique de moins de 25 km (14 mi selon l'EPA) n'a rien de transcendant. Il en faudra plus pour impressionner ceux et celles qui veulent résolument passer à l'électrification. Qui plus est, Volvo a annoncé que ce type de motorisation hybride rechargeable sera proposé sur tous leurs modèles à venir. À suivre.

DANIEL BRETON

LES MÉDAILLÉES *DU GUIDE*

par type de technologie

Argent : Tesla Model S 70
• 377 km d'autonomie

La Tesla Model S 70 est un excellent véhicule pour quiconque désire se promener en Model S, avec quelques extravagances en moins.

ELEC

Bronze : Nissan Leaf 30 kWh
• 172 km d'autonomie

La mise à jour de la Leaf est réussie. Son autonomie et son côté pratique ont été sensiblement améliorés, ce qui élargit un peu plus encore son potentiel d'attraction auprès du grand public.

100 % électrique

Définition du *Guide* : Tout véhicule propulsé par un ou des moteurs électriques alimentés par une batterie (ou une pile à combustible).

GAGNANTE TOUTES CATÉGORIES

Or : Chevrolet Bolt EV
• 320 km d'autonomie

LE véhicule de l'année. Son approche moderne et pratique, son autonomie de plus de 320 km, plaisante à conduire, la Bolt EV marque, avec la Tesla Model 3, un nouveau chapitre dans l'histoire de l'automobile. Elle mérite amplement son titre.

Liste des véhicules de cette catégorie traités dans ce livre : BMW i3 • Chevrolet Spark • Fiat 500e • Ford Focus EV, Hyundai Ioniq EV • Kia Soul EV, Kia Niro EV • Mercedes B250 e • Mitsubishi i-MiEV • Smart Fortwo Electric Drive • Porsche Mission E • Tesla Model S 70D • Tesla Model S 85 • Tesla Model S P85D • Tesla Model S P90D • Tesla Model X P90D • Toyota Mirai • Volkswagen e-Golf •

HYBR

Hybride rechargeable ou électrique à prolongateur d'autonomie

Définition du *Guide*: Tout véhicule propulsé par de l'électricité et du pétrole, qui peut être branché à une prise de courant.

Or : Chevrolet Volt
- 85 km d'autonomie électrique
- 2,2 L/100 km combiné (essence-électricité)
- 5,6 L/100 km combiné (essence)

Une réussite à presque tous les égards : autonomie, consommation, agrément de conduite, prix. Cette voiture est en train de se constituer un fan club, car elle a été particulièrement bien pensée et conçue dès le départ. La seconde génération est encore mieux. Il ne reste qu'à en faire une vraie cinq places.

Liste des véhicules de cette catégorie traités dans ce livre : Acura NSX • Audi A3 e-tron • BMW i8 • BMW X5 X Drive 40 e • Cadillac ELR • Ferrari LaFerrari • Ford C-MAX Energi • Ford Fusion Energi • Hyundai Ioniq • Kia Optima PHEV • Kia Niro • Mitsubishi Outlander PHEV • Porsche Cayenne S E-Hybrid et Panamera S E-Hybrid • Volvo XC90 PHEV •

Argent : BMW i3 avec prolongateur d'autonomie
- 115 km d'autonomie électrique
- 2 L/100 km combiné (essence-électricité)
- 6 L/100 km combiné (essence)

L'introduction de la fibre de carbone dans la production « de masse » de ce petit multisegment est en soi suffisant pour participer à la révolution de la fabrication des futurs véhicules électriques. De plus, son modeste prolongateur d'autonomie contribue à l'acceptation des véhicules électriques par ceux et celles qui craignent de « manquer de jus ».

Bronze : Hyundai Sonata PHEV
- 43 km d'autonomie électrique
- 2,4 L/100 km combiné (essence-électricité)
- 5,9 L/100 km combiné (essence)

La surprise de l'année. Une voiture bien née, combinant espace intérieur, autonomie raisonnable et consommation frugale à un look classique. Reste son prix quelque peu élevé, qui est à revoir.

Hybride

Définition du *Guide* : Tout véhicule principalement propulsé par un moteur à combustion interne (pétrole), aussi doté d'un moteur électrique en appui, mais qu'on ne peut brancher à une prise de courant.

Or : Toyota Prius

• 4,5 L/100 km combiné

La vénérable Prius a pris un coup de jeune, ce qui la rend une fois de plus totalement pertinente dans un monde en transition vers des véhicules de plus en plus écoénergétiques, destinés à ceux et celles qui n'ont pas accès à un branchement à proximité de leur résidence.

Liste des véhicules de cette catégorie traités dans ce livre : Acura RLX hybride • Ford C-MAX hybride • Ford Fusion hybride • Hyundai Ioniq hybride • Kia Niro hybride • Kia Optima hybride • Lexus CT 200h • Lexus ES 300h • Lexus GS 450h • Lexus LS 600h • Lexus NX 300h • Lexus RX 450h • Lincoln MKZ hybride • Subaru Crosstrek hybride • Toyota Avalon hybride • Toyota Camry hybride • Toyota Highlander hybride • Toyota Prius C • Toyota Prius V • Toyota RAV4 hybride • Volkswagen Jetta Turbo hybride •

Argent : Chevrolet Malibu Hybrid

• 5,1 L/100 km combiné

Du fond du palmarès, la toute nouvelle mouture de la Malibu Hybrid la hisse à l'avant-scène. Battant toutes ses rivales sauf la Prius en matière énergétique, étant bien équipée et tout cela avec un prix revu à la baisse, elle mérite les éloges.

Bronze : Hyundai Sonata Hybrid

• 5,7 L/100 km combiné

Une autre voiture hybride améliorée que cette Hyundai Sonata Hybrid. Beaucoup plus conviviale qu'auparavant, confortable, spacieuse, elle mérite sa place sur le podium.

Écoénergétique

Définition du *Guide* : Tout véhicule propulsé uniquement par un moteur à combustion interne, dont la consommation est parmi les plus faibles au sein des véhicules fonctionnant seulement au pétrole.

Or : Honda Civic

- 6,7 L/100 km combiné

Parmi les voitures à technologie traditionnelle, la Civic a été renouvelée de manière à la rendre de nouveau assez pratique, économique et agréable à conduire pour qu'elle mérite la première place du *Guide* chez les véhicules écoénergétiques. Sans oublier une qualité de finition en nette amélioration.

Argent : Subaru Impreza PZEV

- 7,6 L/100 km combiné

Pour ceux et celles qui ont besoin d'une voiture à traction intégrale, la petite Impreza PZEV s'avère à la fois pratique (surtout en version à hayon) et solide sur la route, tout en demeurant assez économique à la pompe, pour un coût d'acquisition très raisonnable.

Bronze : RAM 1500 EcoDiesel

- 10,2 L/100 km combiné 2WD
- 10,7 L/100 km combiné 4WD

Bien des gens ont besoin d'une camionnette pour leur travail, et ce n'est pas en se déplaçant en HEMI qu'ils feront mieux ce travail. C'est pourquoi ce RAM 1500 EcoDiesel se démarque. Il offre la puissance et le couple nécessaires tout en consommant moins que tout ce que les autres constructeurs proposent. Son concurrent chez Ford, le F-150 EcoBoost, consomme trop, en conditions réelles, pour lui être comparable.

Liste des véhicules de cette catégorie traités dans ce livre : Chevrolet Silverado • Chevrolet Trax • Fiat 500X • Ford F-150 EcoBoost • Ford Fiesta et Focus 1 litre • Ford Mustang EcoBoost • Honda Fit • Honda HR-V • Mazda 3 • Mazda CX-3 • Mazda MX-5 • Nissan Juke • Nissan Micra • Smart Fortwo • Toyota iM •

VOITURES ÉLECTRIQUES *VS* ÉNERGIES FOSSILES : Rabais, crédits d'impôt, avantages et désavantages gouvernementaux

DANIEL BRETON

Ce texte s'adresse à ceux et à celles qui s'opposent aux rabais, crédits d'impôt et autres mesures incitatives favorisant le déploiement du transport électrique individuel et collectif, sous prétexte qu'on ne doit pas favoriser indûment une industrie au détriment des payeurs de taxes.

Cent ans de subventions… aux compagnies pétrolières

En mars 2012, le gouvernement Obama émettait un communiqué intitulé : *It's Time to End the Taxpayer Subsidies for Big Oil.*

Dans ce texte, la Maison-Blanche écrivait que « les États-Unis ont subventionné l'industrie pétrolière depuis un siècle. En fait, certains des plus anciens crédits de taxes datent de 1913 – une époque où il n'y avait que 48 États dans l'Union et où Ford produisait encore le Modèle T ».

Pourtant, le 29 mars 2012, le vote pour annuler les subventions aux compagnies pétrolières a été bloqué. De fait, depuis des années le président Obama propose de mettre fin à ces subventions dans son budget. Chaque fois, cette proposition est battue en brèche.

Ainsi, en 2016 l'industrie pétrolière demeure largement subventionnée, et ce, partout dans le monde. D'ailleurs, l'Agence internationale de l'énergie (IEA) estimait que la somme de ces subventions à la consommation d'énergies fossiles (pétrole, gaz, charbon) était de **543 milliards de dollars** en 2013, soit quatre fois plus que les subventions accordées aux énergies renouvelables.

En novembre 2015, l'Overseas Development Institute (ODI) dévoilait une étude qui chiffrait à environ **450 milliards de dollars** la somme des subventions que les pays du G20 octroyaient toujours à la production d'énergies fossiles.

Taxes « spéciales » pour les véhicules électriques

Par ailleurs, il faut savoir que certains États américains, préoccupés par l'impact que le nombre croissant de véhicules électriques peut avoir sur le financement des infrastructures de transport (très fortement financées par les taxes sur le carburant), ont adopté des lois et règlements afin d'exiger des frais additionnels aux utilisateurs de voitures hybrides et électriques. Ces frais servent à payer les infrastructures.

États américains percevant des taxes sur les véhicules hybrides et électriques (2015)

- Géorgie
- Idaho
- Michigan
- Wyoming
- Colorado
- Nebraska
- Caroline du Nord
- Washington

Appui à l'électrification des transports

À l'autre bout du spectre, de plus en plus d'États de la planète adoptent des lois et règlements destinés à favoriser la recherche et le développement ainsi que l'achat et la location de voitures partiellement ou entièrement électriques. Évidemment, sous la pression des divers lobbies, ces mesures incitatives varient énormément d'une région de la planète à l'autre. Cela peut aller d'une simple exemption d'inspection des émissions polluantes (inspection obligatoire dans la majorité des États américains et dans plusieurs provinces canadiennes) jusqu'à d'importants bonus sur l'achat d'un véhicule neuf.

Mesures coercitives pour le déploiement des véhicules électriques

Loi Zéro Émission, bonus-malus

Alors que certains gouvernements offrent des rabais ou des crédits d'impôt ou de taxe à l'achat d'une voiture partiellement ou entièrement électrique, d'autres préfèrent des mesures coercitives visant à accélérer encore plus le déploiement de tels véhicules sur leur territoire.

La loi Zéro Émission : Adoptée pour la première fois en Californie en 1990, cette mesure vise à imposer aux constructeurs automobiles des quotas croissants de vente de véhicules sans émissions polluantes et de GES à la sortie du pot d'échappement.

Objectif californien de quotas pour les grands constructeurs automobiles

- 4,5 % des ventes en 2018
- 7 % des ventes en 2019
- 9,5 % des ventes en 2020
- 12 % des ventes en 2021
- 14,5 % des ventes en 2022
- 17 % des ventes en 2023
- 19 % des ventes en 2024
- 22 % des ventes en 2025 et au cours des années suivantes

Le California Air Resources Board (CARB), l'agence gouvernementale de la Californie, véritable référence mondiale en matière de lutte contre la pollution atmosphérique depuis 40 ans, évoque même la possibilité d'imposer un quota de 100 % de véhicules dits « branchables » pour 2030. Parions que la bataille entre cet État et les constructeurs automobiles sera rude !

États américains ayant adopté une loi Zéro Émission inspirée de la loi californienne

- Connecticut
- Maine
- Maryland
- Massachusetts
- New Jersey
- New York
- Oregon
- Rhode Island
- Nouveau-Mexique
- Vermont

Il est à noter qu'aucun gouvernement canadien n'avait promulgué une telle loi au moment de la rédaction de ce livre.

Le bonus-malus : Appliqué surtout en Europe, le bonus-malus a pour but de décourager l'achat de véhicules énergivores et polluants et d'encourager l'acquisition de véhicules écoénergétiques et peu polluants. Ainsi, l'acheteur d'un gros VUS pourrait payer une surtaxe allant jusqu'à 200 % du prix d'achat (comme en Norvège), alors que l'acheteur d'une voiture électrique recevra un « bonus écologique » allant jusqu'à 6300 euros (en France) ou une exemption de taxe à l'achat d'un véhicule électrique.

Le Canada *vs* le monde

Alors que le gouvernement fédéral américain offre un crédit de taxe allant jusqu'à 7 500 $ à l'achat d'une voiture électrique, le gouvernement du Canada n'offre **absolument rien.**

Ainsi, alors que des pays tels que la Chine, l'Inde, le Japon, l'Autriche, la République tchèque, le Danemark, l'Estonie, la Finlande, la France, l'Allemagne, l'Islande, l'Irlande, l'Italie, le Luxembourg, Monaco, les Pays-Bas, la Norvège, le Portugal, la Roumanie, l'Espagne, la Suède, la Suisse et la Grande-Bretagne proposent divers incitatifs pour favoriser les véhicules électriques, le Canada fait bande à part. **Il appuie plutôt l'expansion de l'exploitation et des infrastructures pétrolières et gazières.** Au Canada, le développement de l'électrification des transports et l'accroissement du parc de véhicules électriques reposent entièrement sur la volonté des provinces.

- **Au Québec :** on offre des rabais maximaux de **8000 $** à l'achat ou à la location d'un véhicule partiellement ou entièrement électrique. D'autres rabais sont proposés pour l'achat et l'installation de bornes de recharge privées ainsi que pour les entreprises et les commerçants.
  Voir : vehiculeselectriques.gouv.qc.ca/particuliers/vehicules-electriques.asp

- **En Ontario :** Des incitatifs peuvent atteindre **13 500 $** à l'achat d'un véhicule partiellement ou entièrement électrique. De plus, des rabais sont offerts pour l'achat et l'installation de bornes de recharge privées.
  Voir : mto.gov.on.ca/french/vehicles/electric/index.shtml

- **En Colombie-Britannique :** Des rabais sur l'achat d'un véhicule partiellement ou entièrement électrique peuvent atteindre **5000 $.** De plus, un rabais maximum de **6000 $** est offert pour l'acquisition d'un véhicule à pile à combustible. Combinés au programme de mise au rancart des vieux véhicules (Scrap-it), les rabais peuvent aller jusqu'à **8250 $.** On propose d'autres incitatifs pour l'achat et l'installation de bornes de recharge privées.
  Voir : livesmartbc.ca/incentives/transportation/

États-Unis : Des mesures très différentes d'un État à l'autre

Outre le crédit de taxe fédéral, on trouve dans ce pays toutes sortes de mesures incitatives qui varient beaucoup d'un État à l'autre. Cependant, elles visent toutes à favoriser le déploiement des véhicules électriques et à hydrogène.

Voici un inventaire exhaustif de ces mesures spécifiques, tiré du site Web du National Conference of State Legislatures (NCSL) : ncsl.org/research/energy/state-electric-vehicle-incentives-state-chart.aspx

Arizona

Exemption pour les voies réservées aux véhicules multioccupants : Les véhicules à carburant de remplacement qualifiés peuvent utiliser les voies réservées aux véhicules transportant au moins deux personnes, sans égard au nombre réel d'occupants dans le véhicule.

Crédit d'impôt pour l'équipement associé aux véhicules électriques : Un maximum de 75 $peut être remis aux personnes qui installent des bornes de recharge pour véhicules électriques.

Réduction de la taxe d'immatriculation pour les véhicules à carburant de remplacement : Réduction des frais annuels d'immatriculation pour les véhicules électriques, avec un seuil minimum de 5 $ par année.

Exemption fiscale pour les véhicules à carburant de remplacement : La loi S.B. 1413, promulguée en 2014, exempte certains carburants de remplacement (comme le gaz naturel, l'électricité et l'hydrogène) de la taxe de service de l'État.

Exemption du contrôle des émissions du véhicule : Les lois H.B. 2226 et H.B. 2580, promulguées en 2014, exemptent les véhicules électriques rechargeables du contrôle annuel des émissions pendant les cinq premières années d'enregistrement.

Exemption des frais de chargement pour les véhicules électriques rechargeables : Jusqu'au 31 décembre 2015, l'Arizona Public Service Company proposait une tarification au compteur horaire réduite à ses clients qui possédaient un véhicule électrique personnel qualifié. Le Salt River Project proposait également, à titre expérimental, une tarification au compteur horaire réduite aux propriétaires de certains véhicules hybrides rechargeables et de véhicules électriques.

Californie

Exemption pour les voies réservées aux véhicules multioccupants : Les véhicules à carburant de remplacement qualifiés (y compris les véhicules à hydrogène, hybrides et électriques) peuvent utiliser les voies réservées aux véhicules transportant au moins deux personnes, sans égard au nombre réel d'occupants. Ces véhicules sont également exemptés des péages dans les voies réservées aux véhicules multioccupants à accès spécial tarifé.

Remises pour les carburants de remplacement : Le Clean Vehicle Rebate Project (CVRP) offre des remises pour l'achat ou la location de certains véhicules qualifiés. Cette remise peut s'élever jusqu'à 2500 $ pour les véhicules légers non polluants et pour les véhicules hybrides rechargeables qui ont été approuvés et certifiés par le California Air Resources Board (CARB).

Exemption de la taxe de vente pour les manufacturiers : L'Autorité californienne du financement du transport amélioré et des énergies de remplacement (CAEATFA) offre une exemption de la taxe de vente aux fabricants de pointe et aux manufacturiers de produits, de composantes ou de systèmes de transport amélioré ou d'énergie de remplacement. Ces mesures incitatives arriveront à terme le 30 juin 2016.

Remises pour les carburants de remplacement : Le Centre de contrôle de la pollution atmosphérique de la vallée de San Joaquin administre le programme « Drive Clean ! » qui accorde des remises pouvant aller jusqu'à 3000 $ pour l'achat ou la location de nouveaux véhicules admissibles, y compris certains véhicules au gaz naturel et les véhicules électriques rechargeables.

Mesures incitatives pour les véhicules et les carburants de remplacement : L'« Alternative and Renewable Fuel Vehicle Technology Program » de la Commission de l'énergie de la Californie offre des incitatifs financiers aux entreprises, aux manufacturiers automobiles et technologiques, aux partenaires en formation des actifs, aux propriétaires de parcs automobiles, aux consommateurs et aux institutions scolaires, dans le but de développer et de déployer des technologies de transport améliorées et de promouvoir l'utilisation de carburants de remplacement.

Réduction de la prime d'assurance : La société Farmers Insurance propose un rabais pouvant aller jusqu'à 10 % sur certaines polices d'assurance pour les propriétaires de véhicules hybrides et de véhicules à carburant de remplacement.

Abaissement des tarifs pour les véhicules électriques personnels : Plusieurs fournisseurs de services électriques, dont le Sacramento Municipal Utility District, Southern California Edison, Pacific Gas & Electric, le Los Angeles Department of Water and Power et la San Diego Gas & Electric proposent des plans tarifaires avantageux à leurs clients résidentiels qui utilisent l'électricité pour recharger leurs véhicules électriques qualifiés.

Remises sur l'équipement associé aux véhicules électriques : Le Los Angeles Department of Water and Power, par l'intermédiaire de son programme « Charge Up L.A. ! », offre des remises à ses clients résidentiels et commerciaux qui installent des bornes de chargement de niveau 2 (240 V). Les remises sont offertes aux 2000 premiers clients qui en font la demande. La Glendale Water and Power offre quant à elle une remise de 200 $ à ses clients résidentiels qui possèdent un véhicule électrique et qui installent des bornes de chargement de niveau 2. Certaines restrictions s'appliquent.

Stationnement gratuit : Dans certains parkings et garages du centre-ville, la ville de Sacramento permet le stationnement gratuit aux personnes ou aux petites entreprises (inscrites auprès du Bureau de développement des petites entreprises) qui possèdent ou louent des véhicules électriques munis d'un permis de stationnement. Les véhicules doivent être complètement électriques pour bénéficier de cette mesure.

Stationnement gratuit : Parcomètres gratuits à San Jose, à Hermosa Beach et à Santa Monica pour les véhicules électriques affichant une vignette « Clean Air ».

Stationnement pour les véhicules à carburant de remplacement : Le Department of General Services et le Département des transports de la Californie doivent réserver au moins 50 places de stationnement et des parkings incitatifs publics pour encourager l'utilisation de véhicules à carburant de remplacement.

Caroline du Nord

Exemption pour les voies réservées aux véhicules multioccupants : Les véhicules à carburant de remplacement qualifiés peuvent utiliser les voies réservées aux véhicules transportant au moins deux personnes, sans égard au nombre réel d'occupants dans le véhicule.

Exemption du contrôle des émissions pour les véhicules électriques : Les véhicules électriques personnels qualifiés sont exemptés de l'inspection annuelle des émissions exigée par l'État.

Exemption de taxes sur les carburants de remplacement : La vente au détail, l'utilisation, le stockage et la consommation de carburants de remplacement sont exemptés des taxes de vente et de service de l'État.

Frais associés aux véhicules électriques rechargeables : La loi S.B. 402, promulguée en 2013, oblige les propriétaires de véhicules électriques rechargeables à payer des frais annuels d'immatriculation de 100 $.

Caroline du Sud

Crédit d'impôt sur les véhicules électriques à pile à combustible : Les résidents qui demandent le crédit d'impôt sur les véhicules électriques à pile à combustible sont admissibles à une remise fiscale équivalente à 20 % du crédit fédéral.

Colorado

Crédit d'impôt pour les véhicules à carburant de remplacement et pour les véhicules à technologie de pointe : Un crédit d'impôt pouvant aller jusqu'à 6000 $ est disponible pour les propriétaires de véhicules motorisés à carburant de remplacement (neufs ou convertis), de véhicules électriques hybrides ou de véhicules dont la source d'alimentation a été remplacée par des carburants de remplacement.

Subvention pour les véhicules électriques rechargeables et l'équipement associé aux véhicules électriques : L'Office de l'énergie du Colorado (CEO) et le Regional Air Quality Council (RAQC) accordent des subventions pour stimuler l'adoption de véhicules électriques personnels (VEP) dans les flottes automobiles. La subvention du RAQC couvre 80 % du coût supplémentaire d'un VEP, jusqu'à un maximum de 8260 $. Les subventions du CEO et du RAQC couvrent également 80 % des coûts d'achat des équipements associés aux véhicules électriques, jusqu'à un maximum de 6260 $.

Frais associés aux véhicules électriques rechargeables : La loi H.B. 1110, promulguée en 2013, demande aux propriétaires de véhicules électriques rechargeables de payer des frais annuels de 50 $.

Connecticut

Remises pour les véhicules électriques et à hydrogène : Le programme de remises sur l'achat de véhicules électriques ou à hydrogène (CHEAPR) offre jusqu'à 3000 $ à l'achat ou à la location d'un véhicule à hydrogène, d'un véhicule électrique à pile à combustible, d'un véhicule complètement électrique ou d'un véhicule hybride rechargeable. Les remises sont accordées selon le principe du « premier arrivé, premier servi ».

Financement des véhicules à carburant de remplacement : Le programme de carburant propre du Connecticut accorde un financement aux municipalités et aux agences publiques qui achètent, exploitent et assurent l'entretien de véhicules à carburant de remplacement et de véhicules à technologie de pointe, y compris ceux qui fonctionnent au gaz naturel comprimé, au propane, à l'hydrogène et à l'électricité. Le Département de l'énergie et de la protection de l'environnement du Connecticut finance également les municipalités et les organismes publics pour l'installation d'équipements associés à la recharge des véhicules électriques.

Exemption du contrôle des émissions pour les véhicules électriques : Les véhicules complètement électriques sont exemptés de l'inspection annuelle des émissions exigée par l'État.

Réduction des frais d'immatriculation : Les véhicules électriques sont admissibles à une réduction des frais d'immatriculation de 38 $.

Stationnement pour les véhicules à carburant de remplacement et pour les véhicules électriques hybrides : Stationnement gratuit dans toutes les rues de New Haven pour les véhicules à carburant de remplacement et les véhicules électriques hybrides immatriculés dans la ville.

Delaware

Crédit énergétique pour le branchement d'un véhicule au réseau électrique : Les clients possédant au moins un véhicule électrique branché au réseau électrique peuvent être admissibles à un crédit au kilowattheure pour l'énergie puisée à même la batterie de leur véhicule électrique, au même taux que celui payé par le client pour recharger sa batterie.

Washington D.C.

Exemption fiscale pour les véhicules à carburant de remplacement ou pour les véhicules écoénergétiques : Les véhicules à carburant de remplacement et les véhicules écoénergétiques qualifiés sont exemptés de la taxe d'accise imposée sur le certificat d'enregistrement original du véhicule.

Réduction des frais d'immatriculation : Les nouveaux véhicules motorisés, dont la consommation d'énergie en ville a été estimée à au moins 5,8 L/100 km par l'Agence américaine pour la protection de l'environnement, sont admissibles à une réduction des frais d'immatriculation de 36 $. Ce tarif ne s'applique qu'à une première immatriculation.

Crédit d'impôt pour les véhicules à carburant de remplacement : Un crédit d'impôt de 50 % (jusqu'à

19 000 $ par véhicule) est offert sur le coût supplémentaire ou les frais de conversion des véhicules qualifiés. Un crédit d'impôt est également disponible pour couvrir 50 % des coûts d'achat et d'installation d'équipements et d'infrastructures associés aux véhicules à carburant de remplacement. Le crédit maximal est de 1000 $ par borne de recharge résidentielle pour véhicules électriques et de 10 000 $ pour chaque borne de recharge ou station de carburant de remplacement publiques.

Floride

Exemption pour les voies réservées aux véhicules multioccupants : Les véhicules à carburant de remplacement qualifiés peuvent utiliser les voies réservées aux véhicules transportant au moins deux personnes, sans égard au nombre réel d'occupants dans le véhicule. Le véhicule doit afficher une vignette émise par le Department of Motor Vehicles de la Floride. Cette vignette doit être renouvelée annuellement. Les véhicules arborant ces vignettes sont également exemptés des péages dans les voies réservées aux véhicules multioccupants à accès spécial tarifé.

Financement pour l'équipement associé aux véhicules électriques : Les propriétaires fonciers peuvent demander un financement à leur gouvernement local pour l'installation d'équipements sur leur propriété, ou ils peuvent conclure une entente de financement à ce même effet.

Rabais pour l'équipement associé aux véhicules électriques : La Commission des services publics d'Orlando offre un rabais pouvant aller jusqu'à 1000 $ pour l'achat et l'installation d'équipements de recharge commerciaux pour les véhicules électriques. Le montant du rabais varie d'une année à l'autre et la mesure se terminera le 30 septembre 2016.

Rabais sur les véhicules électriques : La Jacksonville Electric Authority offre un rabais pouvant aller jusqu'à 1000 $ sur l'achat ou la location de véhicules électriques personnels.

Géorgie

Exemption pour les voies réservées aux véhicules multioccupants : Les véhicules électriques et les véhicules hybrides rechargeables qualifiés peuvent utiliser les voies réservées aux véhicules transportant au moins deux personnes, sans égard au nombre réel d'occupants dans le véhicule.

Crédit d'impôt pour les véhicules à carburant de remplacement : Un crédit d'impôt est disponible pour les personnes qui achètent ou louent un véhicule à carburant de remplacement neuf ou qui convertissent un véhicule pour qu'il n'utilise que du carburant de remplacement. Le montant du crédit correspond à 10 % du coût du véhicule, jusqu'à un maximum de 2500 $.

Crédit d'impôt pour les véhicules à émission zéro : Les personnes qui ont acheté ou loué avant le 1er juillet 2015 un véhicule à émission zéro neuf bénéficient d'un crédit d'impôt correspondant à 20 % du coût du véhicule, jusqu'à un maximum de 5000 $.

Crédit d'impôt pour les équipements associés aux véhicules électriques : Un crédit d'impôt est offert pour couvrir 10 % du coût de l'équipement requis pour le chargement des véhicules électriques, jusqu'à un maximum de 2500 $.

Taux préférentiel pour le chargement des véhicules électriques personnels : Georgia Power propose un tarif différencié à ses clients résidentiels qui possèdent un véhicule hybride ou électrique.

Frais d'immatriculation pour les véhicules électriques : La loi H.B. 170, promulguée en 2015, impose des frais d'immatriculation annuels de 200 $ sur les véhicules électriques non commerciaux et de 300 $ sur les véhicules électriques commerciaux.

Hawaii

Exemption pour les voies réservées aux véhicules multioccupants : Les véhicules électriques et les véhicules hybrides rechargeables qualifiés peuvent utiliser les voies réservées aux véhicules transportant au moins deux personnes, sans égard au nombre réel d'occupants dans le véhicule.

Exemption pour les frais de stationnement : Les véhicules qualifiés ayant des plaques d'immatriculation pour véhicules électriques sont exemptés de certains frais de stationnement imposés par les organismes ne relevant pas du gouvernement fédéral.

Espaces de stationnement : Les parkings publics comptant plus de 100 places doivent réserver au moins une case aux véhicules électriques et fournir un système de chargement pour les véhicules électriques.

Taux préférentiel pour le chargement des véhicules électriques personnels : La Hawaiian Electric Company propose un tarif différencié à ses clients résidentiels ou commerciaux qui possèdent un véhicule électrique. Ce projet-pilote est offert aux clients d'Oahu, du comté de Maui et de l'île d'Hawaii.

Idaho

Exemption du contrôle des émissions du véhicule: Les véhicules électriques et hybrides sont exemptés du contrôle annuel des émissions et des programmes d'entretien de l'État.

Frais annuels pour les véhicules électriques et à carburant de remplacement: La loi H.B. 312, promulguée en 2015, impose des frais annuels de 140 $ pour les véhicules complètement électriques et des frais de 75 $ pour certains véhicules hybrides.

Illinois

Remises pour les véhicules à carburant de remplacement: L'« Illinois Alternate Fuels Rebate Program » offre une remise de 80 %, jusqu'à un maximum de 4000 $, sur l'achat d'un véhicule à carburant de remplacement ou sur la conversion d'un véhicule conventionnel. **Ce programme est actuellement suspendu.**

Remises sur l'achat d'équipements associés aux véhicules électriques: Le Département du commerce et des occasions économiques de l'Illinois propose des mesures pour compenser le coût d'installation de bornes de chargement de niveau 2. La remise maximale est de 49 000 $ ou 50 % du coût total d'un projet d'installation de 15 bornes de chargement, selon le montant le moins élevé. **Ce programme est actuellement suspendu.**

Réduction des frais d'immatriculation pour les véhicules électriques: Le propriétaire d'un véhicule électrique peut réduire ses frais d'immatriculation d'un maximum de 35 $ pour un enregistrement de deux ans, et de 18 $ pour un enregistrement d'un an.

Exemption du contrôle des émissions pour les véhicules électriques: Les véhicules complètement électriques sont exemptés de l'inspection annuelle des émissions exigée par l'État.

Indiana

Taux préférentiel pour le chargement des véhicules électriques: L'Indianapolis Power & Light Company offre des taux préférentiels à ses clients résidentiels et à ses clients exploitant des flottes qui possèdent un véhicule électrique ou électrique rechargeable.

Crédit pour l'achat d'équipements associés aux véhicules électriques et incitatif pour le chargement: Le programme « IN-Charge » de la Northern Indiana Public Service Company (NIPSCO) offre un crédit pouvant aller jusqu'à 1650 $ pour l'achat et l'installation d'équipements de recharge résidentiels pour véhicules électriques, de même que des heures de recharge gratuites pour les véhicules électriques, en dehors des heures de pointe. Ce programme est en vigueur jusqu'au 31 janvier 2017.

Louisiane

Crédit d'impôt pour les véhicules à carburant de remplacement et pour les installations d'alimentation en carburant: Un crédit d'impôt peut couvrir 50 % des coûts de la conversion ou de l'achat d'un véhicule à carburant de remplacement ou pour la construction d'une station de ravitaillement. Un autre crédit d'impôt de 10 % peut couvrir le coût d'un véhicule motorisé, jusqu'à un maximum de 3000 $, pour les véhicules à carburant de remplacement immatriculés dans l'État.

Autorisation de location pour les véhicules à carburant de remplacement: Le Département des ressources naturelles de la Louisiane administre un fonds de crédit renouvelable pour accorder des prêts aux pouvoirs publics locaux, y compris les villes, les paroisses, les commissions scolaires et les subdivisions municipales, pour couvrir le coût de conversion des véhicules conventionnels afin qu'ils puissent fonctionner avec du carburant de remplacement, ou pour couvrir la différence de coût associée à l'achat de nouveaux véhicules à carburant de remplacement.

Maryland

Exemption pour les voies réservées aux véhicules multioccupants: La loi S.B. 33 (2014) permet aux véhicules à carburant de remplacement qualifiés d'utiliser les voies réservées aux véhicules transportant au moins deux personnes, sans égard au nombre réel d'occupants dans le véhicule.

Crédit d'impôt pour les véhicules électriques rechargeables: Du 1er juillet 2013 au 30 juin 2014, un crédit d'impôt de 1000 $ était disponible pour diminuer la taxe d'accise sur l'achat des véhicules électriques rechargeables qualifiés. Du 1er juillet 2014 au 1er juillet 2017, les lois H.B. 1345 et S.B. 908, promulguées en 2014, remplacent ce crédit d'impôt par un crédit équivalent à 125 $, multiplié par le nombre de kilowattheures de capacité de la batterie, jusqu'à concurrence de 3000 $.

Crédit d'impôt et remise pour l'équipement associé aux véhicules électriques : La Maryland Energy Administration (MEA) offre un crédit d'impôt équivalent à 20 % du coût d'achat des équipements d'alimentation de véhicules électriques. Ce crédit ne doit pas dépasser le moins élevé des montants suivants : 400 $ ou l'impôt sur le revenu de l'État pour cette année fiscale. La MEA propose aussi des remises destinées à diminuer les coûts d'acquisition et d'installation de bornes de recharge. Les montants varient, mais ne peuvent dépasser 50 % des coûts d'acquisition et d'installation. Cette disposition est valide du 1er juillet 2014 au 30 juin 2016.

Massachusetts

Remises pour les véhicules électriques rechargeables : Le programme « Massachusetts Offers Rebates for Electric Vehicles », du Département des ressources énergétiques du Massachusetts, propose des remises pouvant aller jusqu'à 2500 $ aux personnes qui achètent des véhicules électriques rechargeables.

Subventions pour les véhicules à carburant de remplacement et pour les infrastructures : Le « Clean Vehicle Project » du Département des ressources énergétiques du Massachusetts accorde des subventions pour l'achat de véhicules à carburant de remplacement par des particuliers ou par des propriétaires de flottes automobiles, de même que pour les infrastructures qui y sont associées et les technologies de réduction de la marche au ralenti.

Exemption du contrôle des émissions pour les véhicules électriques : Les véhicules complètement électriques sont exemptés de l'inspection annuelle des émissions exigée par l'État.

Michigan

Exemption des inspections : Les véhicules à carburant de remplacement sont exemptés des contrôles d'émission.

Remises pour l'équipement associé aux véhicules électriques : L'Indiana Michigan Power offre des remises pouvant aller jusqu'à 2500 $ aux clients résidentiels qui achètent ou louent un véhicule électrique rechargeable neuf et qui installent des bornes d'alimentation de niveau 2 équipées d'un compteur distinct. Les clients peuvent aussi bénéficier d'un taux préférentiel pour les véhicules électriques rechargeables. La remise est accordée aux 250 premiers clients qui soumettent une demande dûment remplie. Consumers Energy offre à ses clients qualifiés une remise pouvant aller jusqu'à 2500 $ pour couvrir l'achat, l'installation et le câblage d'une borne de recharge électrique de niveau 2. Par ailleurs, DTE Energy offre une remise de 2500 $ pour l'achat et l'installation de bornes de recharge à compteur distinct aux 2500 premiers clients qui achètent des véhicules électriques rechargeables et qui s'inscrivent pour le taux préférentiel offert par la DTE pour le chargement de ces véhicules.

Taux préférentiel pour le chargement des véhicules électriques rechargeables : Indiana Michigan Power, Consumers Energy et DTE Energy offrent un taux préférentiel aux clients résidentiels qui possèdent un véhicule électrique rechargeable qualifié.

Minnesota

Tarif préférentiel pour le chargement de véhicules électriques : La loi H.B. 2834, promulguée en 2014, oblige tous les fournisseurs d'électricité à accorder un tarif préférentiel aux clients qui consomment de l'électricité uniquement pour recharger leur véhicule électrique. Ce tarif doit inclure un taux variant en fonction du moment de la journée ou en fonction des heures de pointe.

Tarif réduit pour le chargement de véhicules électriques rechargeables : Dakota Electric offre un tarif réduit pour l'électricité utilisée pour recharger les véhicules électriques en dehors des heures de pointe. Connexus Energy offre également un taux réduit et une remise de 270 $ pour installer un compteur calculant la consommation aux différentes heures du jour.

Mississippi

Fonds de crédit renouvelable : L'Autorité de développement du Mississippi a établi un fonds de crédit renouvelable pour accorder des prêts sans intérêt aux commissions scolaires et aux municipalités afin qu'elles achètent des autobus scolaires et autres véhicules à carburant de remplacement, qu'elles convertissent les autobus scolaires et autres véhicules, qu'elles achètent des équipements associés aux carburants de remplacement ou qu'elles installent des stations de ravitaillement. Les prêts peuvent aller jusqu'à 300 000 $ pour l'achat de véhicules et jusqu'à 500 000 $ pour l'achat et l'installation d'infrastructures de ravitaillement.

Missouri

Crédit d'impôt pour les infrastructures de carburant de remplacement : Du 1er janvier 2015 au 1er janvier 2018, la loi S.B. 729, promulguée en 2014, offre un crédit d'impôt pour atténuer les coûts d'installation d'une station de ravitaillement pour les carburants de remplacement. Ce crédit fiscal peut atteindre 20 % des coûts, jusqu'à un maximum de 15 000 $ pour une installation résidentielle, ou 20 000 $ pour une installation commerciale.

Exemption de l'inspection : Les véhicules à carburant de remplacement sont exemptés du contrôle annuel des émissions imposé par l'État.

Vignette pour les véhicules à carburant de remplacement : La taxe sur le carburant ne s'applique pas aux véhicules à carburant de remplacement munis d'une vignette. Le coût de la vignette est de 75 $ pour un véhicule de passagers pesant moins de 8165 kg.

Montana

Crédit d'impôt pour la conversion d'un véhicule à des carburants de remplacement : Les entreprises et les citoyens peuvent recevoir un crédit d'impôt couvrant jusqu'à 50 % des frais d'équipement et de main-d'œuvre pour la conversion d'un véhicule à des carburants de remplacement.

Nebraska

Prêts pour les véhicules à carburant de remplacement et pour les infrastructures de ravitaillement : L'Office de l'énergie du Nebraska administre le programme « Dollar and Energy Saving » qui accorde des prêts avantageux pour une variété de projets associés aux carburants de remplacement, y compris le remplacement de véhicules conventionnels par des véhicules à carburant de remplacement, l'achat de nouveaux véhicules à carburant de remplacement, la conversion de véhicules conventionnels et la construction ou l'achat de stations de ravitaillement ou d'équipements.

Frais d'immatriculation pour les véhicules à carburant de remplacement : Le Nebraska impose des frais de 75 $ pour l'enregistrement d'un véhicule à carburant de remplacement qui fonctionne à l'électricité ou avec toute autre source d'énergie qui n'est pas soumise aux taxes sur le carburant de l'État.

Nevada

Exemption pour les voies réservées aux véhicules multioccupants : Le Département des transports du Nevada pourrait mettre en œuvre un programme permettant aux véhicules certifiés peu polluants, aux véhicules écoénergétiques et aux véhicules à carburant de remplacement d'utiliser les voies réservées aux véhicules transportant au moins deux personnes, sans égard au nombre réel d'occupants dans le véhicule.

Taux préférentiels pour le chargement de véhicules électriques rechargeables : NV Energy propose des tarifs d'électricité préférentiels à ses clients qui chargent leur véhicule électrique ou leur véhicule hybride en dehors des heures de pointe.

Exemption de l'inspection : Les véhicules à carburant de remplacement sont exemptés du contrôle des émissions. Les véhicules hybrides neufs sont exemptés du contrôle des émissions pendant les cinq premières années, après quoi le véhicule doit être soumis annuellement aux tests.

Exemption des frais de stationnement : Toutes les autorités locales qui ont des parkings publics avec parcomètres doivent établir un programme permettant aux véhicules à carburant de remplacement de s'y garer sans frais.

New Jersey

Taux préférentiel aux péages : Hors des heures de pointe, à tous les péages des autoroutes New Jersey Turnpike et Garden State Parkway, la New Jersey Turnpike Authority accorde un rabais de 10 % aux conducteurs munis d'une EZ-Pass, dont le véhicule consomme au maximum 5,22 L/100 km et qui satisfait aux normes californiennes sur les véhicules à émissions ultra-faibles. Ce rabais prendra fin le 30 novembre 2018.

Exemption fiscale pour les véhicules à zéro émission : Les véhicules à zéro émission, vendus et loués à court ou à long termes au New Jersey, sont exemptés des taxes de vente et de service de l'État.

New York

Rabais jusqu'à 2000 $ à l'achat d'une voiture électrique ou à hydrogène.

Exemption pour les voies réservées aux véhicules multioccupants : Le « Clean Pass Program » permet aux véhicules qualifiés d'utiliser les voies de l'autoroute I-495 réservées aux véhicules transportant au moins deux personnes, sans égard au nombre réel d'occupants dans le véhicule.

Crédit d'impôt pour le ravitaillement des véhicules à carburant de remplacement : Les lois S.B. 2609 et A.B. 3009, promulguées en 2013, autorisent un crédit d'impôt couvrant 50 % des coûts, jusqu'à un maximum de 5000 $, pour l'achat et l'installation de stations de recharge ou de ravitaillement pour les véhicules à carburant de remplacement et les véhicules électriques. Ce crédit est disponible jusqu'au 31 décembre 2017.

Tarif préférentiel pour les véhicules à carburant de remplacement : Grâce au « Clean Pass Program », les véhicules qualifiés bénéficient d'un tarif de 6,25 $, en dehors des heures de pointe, aux péages de la Port Authority.

Exemption du contrôle des émissions : Les véhicules complètement électriques sont exemptés de l'inspection annuelle des émissions exigée par l'État.

Taux préférentiel pour les véhicules électriques rechargeables : Les clients résidentiels de Con Edison bénéficient d'un tarif réduit pour l'électricité qu'ils utilisent durant les périodes désignées, en dehors des heures de pointe.

Ohio

Mesures incitatives pour les carburants de remplacement et les infrastructures de ravitaillement : Le programme « Alternative Fuel Transportation » accorde des subventions et des prêts couvrant jusqu'à 80 % des coûts d'achat et d'installation de stations de ravitaillement en carburants de remplacement.

Exemption du contrôle des émissions pour les véhicules électriques : Après avoir été inspectés une fois, les véhicules complètement électriques et ceux alimentés exclusivement au propane ou au gaz naturel seront exemptés de l'inspection annuelle des émissions exigée par l'État.

Oklahoma

Crédit d'impôt pour les infrastructures de ravitaillement des véhicules à carburant de remplacement : Un crédit d'impôt permet de couvrir jusqu'à 75 % des coûts de l'installation d'infrastructures de ravitaillement des véhicules à carburant de remplacement, y compris les bornes de chargement de véhicules électriques.

Oregon

Crédit d'impôt sur les infrastructures de ravitaillement des véhicules à carburant de remplacement : Grâce au programme « Residential Energy Tax Credits », les résidents qualifiés peuvent bénéficier d'un crédit d'impôt couvrant 25 % des coûts relatifs aux projets d'infrastructures pour le carburant de remplacement, jusqu'à concurrence de 750 $.

Crédit d'impôt aux entreprises pour les infrastructures de ravitaillement de véhicules à carburant de remplacement : Les propriétaires d'entreprises peuvent être admissibles à un crédit d'impôt couvrant 35 % des coûts associés aux projets d'infrastructures pour le carburant de remplacement.

Exemption du contrôle de la pollution : Les manufacturiers de véhicules fonctionnant au gaz naturel ou à l'électricité ne sont pas obligés de se pourvoir d'un système de contrôle de la pollution certifié.

Pennsylvanie

Subventions aux véhicules à carburant de remplacement : Le programme « Alternative Fuels Incentive Grant » (AFIG) offre une assistance financière aux projets qualifiés et des informations sur les carburants de remplacement, y compris les véhicules électriques hybrides rechargeables. L'AFIG propose aussi des remises sur les véhicules à carburant de remplacement afin de contrecarrer le coût supplémentaire associé à l'achat d'un véhicule à carburant de remplacement neuf. Des remises de 3000 $ sont disponibles pour les véhicules électriques hybrides rechargeables et à carburant de remplacement qualifiés.

Remise sur les véhicules électriques rechargeables : PECO rembourse 50 $ à ses clients résidentiels qui achètent un véhicule électrique rechargeable neuf qualifié.

Rhode Island

Exemption fiscale pour les véhicules à carburant de remplacement : La ville de Warren peut accorder des exemptions de taxes allant jusqu'à 100 $ sur les véhicules à carburant de remplacement immatriculés dans la ville.

Exemption du contrôle des émissions : Les véhicules complètement électriques sont exemptés de l'inspection annuelle des émissions exigée par l'État.

Tennessee

Exemption pour les voies réservées aux véhicules multioccupants : Les véhicules à carburant de remplacement qualifiés peuvent emprunter les voies réservées aux véhicules transportant au moins deux personnes, sans égard au nombre réel d'occupants dans le véhicule.

Texas

Subvention pour les infrastructures de ravitaillement pour les carburants de remplacement : La Commission sur la qualité de l'environnement du Texas administre l'« Alternative Fueling Facilities Program » qui accorde des subventions couvrant 50 % des coûts admissibles, jusqu'à un maximum de 600 000 $, pour la construction, la réfection ou l'acquisition d'infrastructures servant à stocker, à comprimer ou à distribuer des carburants de remplacement, y compris de l'électricité, dans les zones du Texas où la qualité de l'air est inférieure à la norme nationale.

Remises pour le remplacement de véhicules : La Commission sur la qualité de l'environnement du Texas administre le programme « AirCheckTexas Drive a Clean Machine » qui accorde des remises de 3500 $ aux personnes qui achètent un véhicule hybride, électrique ou au gaz naturel.

Mesures incitatives pour l'achat d'équipements pour les véhicules électriques : Les clients d'Austin Energy, qui possèdent un véhicule électrique rechargeable, sont admissibles à un rabais de 50 %, pour un maximum de 1500 $, sur le coût d'achat et d'installation de bornes de chargement de niveau 2.

Utah

Exemption pour les voies réservées aux véhicules multioccupants : Les véhicules à carburant de remplacement qualifiés peuvent utiliser les voies réservées aux véhicules transportant au moins deux personnes, sans égard au nombre réel d'occupants dans le véhicule. Ces véhicules doivent afficher une vignette « Carburant propre » émise par le Department of Motor Vehicles de l'Utah.

Exemption de taxes sur les carburants de remplacement : Le propane, le gaz naturel comprimé ou liquéfié, l'électricité et l'hydrogène utilisés comme carburant sont exemptés des taxes sur le carburant de l'État, mais assujettis à une taxe spéciale à un taux de trois dix-neuvièmes de la taxe conventionnelle sur le carburant.

Crédit d'impôt pour les véhicules à carburant de remplacement et les véhicules écoénergétiques : La loi H.B. 15, promulguée en 2015, autorise un crédit correspondant à 35 % du coût d'achat (jusqu'à un maximum de 1500 $) d'un véhicule écoénergétique satisfaisant aux normes de qualité atmosphérique et d'économie de carburant, acheté entre le 1er janvier 2015 et le 31 décembre 2016. Ce crédit s'applique également à certains véhicules hybrides et électriques. Les nouveaux véhicules hybrides rechargeables seront admissibles à un crédit d'impôt de 1000 $. Un autre crédit d'impôt peut couvrir 50 % (jusqu'à un maximum de 2500 $) du coût de conversion d'un véhicule au propane, au gaz naturel ou à l'électricité.

Stationnement gratuit pour les véhicules électriques : À Salt Lake City, les véhicules électriques dotés d'une plaque d'immatriculation attestant leur innocuité environnementale peuvent être garés gratuitement dans les emplacements munis de parcomètres.

Vermont

Crédit d'impôt pour la recherche et le développement sur les carburants de remplacement et les véhicules : Les entreprises du Vermont qui se qualifient comme des entreprises de pointe se consacrant exclusivement à la conception, au développement et à la construction de véhicules à carburant de remplacement, électriques hybrides, complètement électriques ou aux technologies énergétiques impliquant des sources de carburant autres que les combustibles fossiles, sont admissibles à un maximum de trois crédits d'impôt parmi les suivants : 1) crédit d'impôt sur la masse salariale ; 2) crédit d'impôt sur les investissements en recherche et en développement ; 3) crédit d'impôt sur les exportations ; 4) crédit d'impôt pour les investissements des petites entreprises ; 5) crédit d'impôt pour l'expansion de la haute technologie.

Virginie

Exemption pour les voies réservées aux véhicules multioccupants : Dans le corridor I-66, les véhicules portant une plaque « Carburant propre spécial », émise avant le 1er juillet 2011, peuvent emprunter les voies réservées aux véhicules multioccupants. Dans le corridor I-95/I-395, les véhicules portant une plaque « Carburant propre spécial » peuvent utiliser les voies express s'ils possèdent l'E-ZPass Flex.

Tarifs réduits pour les véhicules électriques rechargeables : La Dominion Virginia Power propose des tarifs d'électricité réduits à ses clients résidentiels qui rechargent leur véhicule électrique en dehors des heures de pointe.

Exemption de l'inspection du véhicule : Les véhicules à carburant de remplacement et les véhicules électriques hybrides sont exemptés des contrôles des émissions polluantes.

Frais associés aux véhicules à carburant de remplacement : La loi S.B. 127, promulguée en 2014, impose des frais annuels d'immatriculation de 64 $ aux véhicules à carburant de remplacement, à l'exception des véhicules hybrides. Les propriétaires de véhicules électriques doivent pour leur part payer des frais d'immatriculation de 50 $.

Washington

Exemption de taxes pour les véhicules à carburant de remplacement : Les nouveaux véhicules de passagers, les véhicules utilitaires légers et les véhicules de passagers de poids moyen utilisant des carburants de remplacement sont exemptés de la taxe de service et de la taxe de vente sur les véhicules motorisés de l'État.

Exemptions pour les infrastructures associées aux véhicules électriques : Les terrains publics utilisés pour l'installation, le maintien et l'utilisation d'infrastructures de chargement des véhicules électriques sont exemptés des taxes d'accise sur les tenures à bail jusqu'au 1er janvier 2020. Par ailleurs, les taxes de vente et de service ne s'appliquent pas sur les batteries de véhicules électriques, ni sur la main-d'œuvre et les frais de service associés à l'installation, à la réparation, à la modification ou à l'amélioration des batteries et des infrastructures pour véhicules électriques, ni sur la vente d'une propriété utilisée pour des infrastructures de chargement de véhicules électriques.

Mesures incitatives pour le rendement des investissements associés aux équipements pour les véhicules électriques : La loi H.B. 1853, promulguée en 2015, permet aux services publics de faire une demande à la Commission des services publics et des transports de l'État de Washington pour profiter d'un rendement des investissements supérieur de 2 % au rendement des capitaux propres sur les équipements pour véhicules électriques installés au bénéfice des contribuables. Les dépenses ne peuvent pas faire augmenter les coûts pour le contribuable de plus de 0,25 %.

Exemption de contrôle pour les véhicules : Les véhicules à carburant de remplacement et les véhicules électriques hybrides sont exemptés du contrôle des émissions polluantes.

Remise sur l'équipement associé aux véhicules électriques : Puget Sound Energy (PSE) remet 500 $ aux clients qui font l'achat et l'installation de bornes de recharge de niveau 2 pour véhicules électriques. PSE s'attend à ce que ce programme demeure en vigueur jusqu'au 1er novembre 2016, selon les fonds disponibles.

Frais associés aux véhicules électriques rechargeables : Les propriétaires d'un véhicule électrique rechargeable doivent payer des frais d'immatriculation annuels de 100 $. Ces frais expireront si la législature impose des frais sur la distance parcourue dans l'État ou des taxes supplémentaires.

Wyoming

Frais associés aux véhicules électriques rechargeables : La loi H.B. 9, promulguée en 2015, impose des frais annuels de 50 $ pour l'achat d'une vignette aux propriétaires d'un véhicule électrique rechargeable, à compter du 1er juillet 2015.

J'espère que ce texte aura réussi à rétablir les faits quant aux subventions faramineuses que l'on accorde toujours à l'exploitation des énergies fossiles et quant aux mesures incitatives en faveur des véhicules électriques. Puissiez-vous vous y retrouver, aussi bien sur le plan personnel que planétaire. Références

RÉFÉRENCES

Agence internationale de l'énergie : worldenergyoutlook.org/resources/energysubsidies/

Bonus-malus en France : developpement-durable.gouv.fr/Bonus-Malus-definitions-et-baremes.html

Bonus-malus en Norvège : evnorway.no

Bossel U., « Does A Hydrogen Economy Make Sens ? », *Proceedings of the IEEE*, vol. 94, n° 10, octobre 2006, p. 1826 à 1837 (voir la figure 9 de cet article).

CAFE (normes) : nhtsa.gov/fuel-economy

Comparaisons de coûts entre une voiture électrique et une voiture à essence :
energy.gov/articles/egallon-how-much-cheaper-it-drive-electricity
aveq.ca/guide-dachat-automobile.html

Le Devoir : ledevoir.com/economie/automobile/331608/en-bref-technologies-vertes-volkswagen-investira-plus-de-85-milliards-d-ici-2016

International Council on Clean Transportation : theicct.org/laboratory-road-2015-update

Kelley Blue Book : *kbb.com*

Libération : liberation.fr/societe/2012/06/14/le-diesel-est-cancerogene-c-est-officiel-et-il-se-passe-quoi-maintenant_826081

Maison-Blanche (Washington) : *It's time to end the taxpayer subsidies for Big Oil* : whitehouse.gov/blog/2012/03/28/it-s-time-end-taxpayer-subsidies-big-oil

MELAINA, M. et M. PENEV, *Hydrogen Station Cost Estimates*, rapport technique NREL/TP-5400-56412, National Renewable Energy Laboratory, septembre 2013 (voir le tableau 3, page 5).

National Conference of State Legislatures (NCSL) : ncsl.org/research/energy/state-electric-vehicle-incentives-state-chart.aspx#wa

National Highway Traffic Safety Administration : nhtsa.gov

Nature Climate Change, vol. 5, avril 2015, p. 329 à 332.

NEALER, R., D. REICHMUTH et D. ANAIR, *Cleaner Cars from Cradle to Grave. How Electric Cars Beat Gasoline Cars on Lifetime Global Warming Emissions*, Union of Concerned Scientists, novembre 2015. ucsusa.org/sites/default/files/attach/2015/11/Cleaner-Cars-from-Cradle-to-Grave-full-report.pdf

NYKVIST, B. et M. NILSSON, « Rapidly falling costs of battery packs for electric vehicles », *Nature Climate Change*, vol. 5, avril 2015, pages 329 à 332.

Overseas Development Institute, étude sur les subventions des pays du G20 à la production d'énergies fossiles : odi.org/sites/odi.org.uk/files/odi-assets/publications-opinion-files/9957.pdf

RAMSDEN, T. et al., *Hydrogen Pathways*, rapport technique NREL/TP-6A10-60528, National Renewable Energy Laboratory, mars 2013 (voir la figure ES1, page ix).

Scrap-it (programme de la Colombie-Britannique) : scrapit.ca

ZEV (nouvelles normes californiennes) : arb.ca.gov/msprog/zevprog/zevregs/1962.2_clean.pdf

REMERCIEMENTS

Nous tenons à remercier les personnes suivantes qui ont contribué à la réalisation de ce livre... et à la démocratisation des transports électriques.

Le comparse « électrisant » : Sylvain Juteau, troisième idéateur du projet de livre et collaborateur privilégié

Sylvain Juteau est le fondateur des blogues spécialisés en électrification des transports Roulezelectrique.com et Evandmore.com. Entouré de plusieurs collaborateurs experts, il partage son expertise des véhicules électriques depuis 2011. De plus, il est le président de l'entreprise Roulez Électrique, consacrée à la promotion de l'électrification des transports, à Trois-Rivières, au Québec. C'est d'ailleurs l'endroit où il a mis sur pied la première station-service de recharge au Canada. (roulezelectrique.com)

Les collaborateurs

Jean-François Guay : Avocat et criminologue de formation, il a entrepris sa carrière de chroniqueur automobile en 1983. Reconnu pour sa vaste expertise, il réalise des essais routiers, commente l'actualité automobile et prodigue des conseils dans plusieurs médias. Dans l'exercice de sa profession d'avocat, il est spécialisé dans l'application du Code de la sécurité routière et de la Loi sur la protection du consommateur.

Pierre Langlois : Titulaire d'un doctorat en physique, il a écrit le livre *Rouler sans pétrole* en 2008 (éditions MultiMondes) et de nombreux rapports et analyses. En 2013, il a été conseiller pour le gouvernement du Québec dans l'élaboration de la politique d'électrification des transports. Il intervient régulièrement dans les médias à titre d'expert des véhicules électriques, en particulier pour Roulezelectrique.com.

Daniel Rufiange : Professeur d'histoire de formation et journaliste automobile par passion, il est un grand amateur de tout ce qui roule. Son amour de l'histoire oblige, il voue un intérêt particulier aux voitures anciennes, sans pour autant mettre les nouveaux modèles et les nouvelles technologies de côté, y compris celles reliées à l'électrification des transports et aux motorisations hybrides.

Les pionnières de la route électrique

Jennifer St-Yves-Lambert, Elvire Toffa-Juteau et Ève Mary Thaï Thi Lac, qui toutes trois appuient à leur manière le développement de l'électrification des transports... et roulent électrique !

Les défricheurs

Pierre Couture, Raymond Deshaies et Karim Zaghib qui ont travaillé toute leur vie au développement de l'électrification des transports et à l'avancement de solutions technologiques propres et efficaces :

M. Couture a mis au point une voiture hybride rechargeable à moteur-roue il y a près de 25 ans à l'IREQ et développé un projet de monorail rapide, sans compter toute une série d'autres inventions et avancées technologiques en électricité.

Karim Zaghib travaille depuis plus de 20 ans en développement des batteries de voitures électriques et est un des leaders du domaine.

Raymond Deshaies a présenté dès 1966 un premier autobus hybride diesel-électrique et a consacré une grande partie de sa vie à la fabrication d'autobus propres en améliorant constamment ses nouvelles générations de bus électriques.

Nous remercions aussi :

AddÉnergie, Communauto, le Circuit Électrique, Gad Elmoznino, Émilie Folie-Boivin, Romaric Lartilleux, Charles Rivard, George Saratlic, Steve Spence, Mark Templeton et Melanie Testani.

CRÉDITS PHOTOGRAPHIQUES

Nous avons fait tous les efforts possibles pour indiquer correctement la source ou le détenteur des droits de chaque photo. Les Éditions de l'Homme s'excusent pour toute erreur ou omission à cet égard.

Légende : (h) haut, (b) bas, (g) gauche, (d) droite, (c) centre

Acura : p. 86, 87, 214
AddÉnergie, Québec, 2015 : p. 38
Antoine Antoniol/Bloomberg via Getty Images : p. 55
Archives de la STM : p. 16, 25
Audi : p. 88, 89
BMW : p. 12-13, 77 (hd), 93, 212 (h)
Cadillac : p. 95 (b)
Chevrolet : p. 20, 26, 52, 84-85, 97 (b), 99, 100, 101, 102, 103, 104, 105, 107 (h), 109 (b), 223 (c)
Chrysler : p. 212 (b)
Communauto : p. 80
Daniel Breton : p. 218, 224 (h)
Dodge : p. 79 (b)
Fiat : p. 110, 111 (h), 112, 113
Ford : p. 28, 114, 115, 116, 117, 118, 119, 120, 121, 122, 123, 124, 125
Honda : p. 78 (hd), 126, 127, 128, 129, 130, 131, 213 (b)
Hyundai : quatrième de couverture (d) ; p. 48, 132, 133, 134, 135, 215, 223 (b), 224 (b)
Jacques Duval : couverture (b) ; quatrième de couverture (g) ; p. 7, 10, 19, 27, 31, 46, 51, 70, 74, 77 (bd), 79 (h), 90, 91, 92, 94, 95 (h), 96, 97 (h), 98, 106, 108, 109 (h), 111 (b), 136, 137, 138, 139 (b), 140, 147 (b), 151 (h), 156, 157, 159, 162, 163, 165, 174, 175, 176, 177, 184, 185, 186, 187, 188 (h), 189 (g), 196, 197, 198, 206, 213 (h), 217, 222 (c, b), 223 (h), 224 (c)
Justin Sullivan/Getty Images : p. 30
Kia : p. 139 (h), 216
Leonard G. : p. 78 (hg)
Lexus : p. 78 (bg), 141, 142, 143, 144, 145, 147 (h), 148, 149, 150, 151 (b), 219 (h)
Lincoln : p. 219 (b)
Louise Bilodeau : p. 239 (b)
Mazda : p. 152, 153, 154, 155
Mercedes-Benz : p. 77 (bg), 220 (h)
Mitsubishi : p. 158, 220 (b)
Natal Witness Archives/Gallo Images/Getty Images : p. 15
Nissan : p. 160, 161, 164, 166, 167
Nova Bus : p. 17
Patrick T. Fallon/Bloomberg via Getty Images : p. 33 (h)
Photo Hydro-Québec : p. 47, 50
Porsche : p. 72, 168, 169
Ram : p. 170, 171, 225 (b)
Roberto Machado Noa/LightRocket via Getty Images : p. 69
Roulezelectrique.com : p. 41
Shutterstock : p. 6, 9, 11, 18, 24, 29, 34, 35, 37, 40, 42, 44, 53, 54, 58, 59, 60, 61, 63, 64, 67, 68, 76, 181, 222 (h)
Smart : p. 172, 173
Subaru : p. 178, 179, 225 (h)
Sylvain Juteau : p. 183 (h), 239 (hg)
Tesla Motors : couverture (h) ; quatrième de couverture (c) ; p. 23, 45, 180, 182, 183 (b), 188 (b), 189 (d), 211
Toyota : p. 56, 57, 78 (bd), 190, 191, 192, 193, 194, 195, 199, 200, 201, 202, 203, 204, 205, 221 (h), 225 (c)
Universal History Archive/UIG via Getty Images : p. 14
Volkswagen : p. 77 (hg), 207, 208, 209
Volvo : p. 221 (b)
Yalcin/Anadolu Agency/Getty Images : p. 33 (b)